Blackbox

Das Buch

Mißverständnisse zwischen Pilot und Bodenpersonal, ausgehender Treibstoff, kleine technische Pannen, bodenloser Leichtsinn – die verschiedensten Ursachen können auf einem Flug zum Desaster führen. Meist wird dann nur eins unversehrt aus dem Flugzeugwrack geborgen: die Blackbox, die den Cockpit-Voice-Recorder birgt, ein Endlosband, das sämtliche Gespräche zwischen Pilot und Crew aufzeichnet.

Malcolm MacPherson hat in seinem packenden Buch 28 dieser Protokolle von richtigen und Beinah-Katastrophen gesammelt. Wort für Wort können Sie dort nachlesen, welche dramatischen Szenen sich während der letzten Flugminuten in Cockpit und Kabine abgespielt haben. Die meisten der Abstürze sind nach allzu klar im Gedächtnis: der Absturz der Boeing 707 vor Long Island etwa, der desaströse Birgen-Air-Flug aus der Dominikanischen Republik, die El-Al-Maschine, die mitten in Amsterdam in einen Wohnblock einschlug, oder die Explosion des Space Shuttles »Challenger«. Aber auch die unbekannteren Fälle sind erschütternde Beispiele technischen und menschlichen Versagens.

Der Herausgeber

Malcolm MacPherson hat als Autor bereits zahlreiche Sachbücher und Romane veröffentlicht. Zudem schreibt er als Journalist unter anderem für *Newsweek, New York Magazine* und *International Herald Tribune*. Durch die Untersuchung der Blackbox-Protokolle versuchte er sich von seiner Flugangst zu kurieren. Vergebens...

Malcolm MacPherson (Hg.)

Blackbox

Die authentischen Tonband-Aufzeichnungen von Flugzeugkatastrophen, die die Welt erschütterten

Aus dem Amerikanischen von
Heike Rosbach

Econ Taschenbuch Verlag

Econ Taschenbuch Verlag 1999
Der Econ Taschenbuch Verlag ist ein Unternehmen der
Econ Ullstein List Verlag GmbH & Co. KG, München
Deutsche Erstausgabe
3. Auflage 2000

Titel der amerikanischen Originalausgabe: The Black Box
(Quill/William Morrow and Company, Inc., New York)
Übersetzung: Heike Rosbach
Umschlagkonzept: Büro Meyer & Schmidt, München – Jorge Schmidt
Umschlaggestaltung: Reinhard Soll, München
Titelabbildung: Premium
Redaktion: SWB Communications, Dr. Sabine Werner-Birkenbach
Satz: Verlagshaus Goethestraße
Gesetzt aus der Meta
Druck und Bindearbeiten: Ebner Ulm
Printed in Germany
ISBN 3-612-26647-0

Inhalt

Einführung zur überarbeiteten Ausgabe

Fast jeder, der schon einmal mit einem zivilen Verkehrsflugzeug flog, weiß, was Flugangst ist. Ob der Himmel klar oder bewölkt war, ob auf einem Routineflug oder in einem Notfall, wir alle erlebten ein Gefühl der Furcht, das zumeist von feuchten Handflächen, weiß gewordenen Knöcheln und wildem Herzrasen begleitet war.
Diese Angst, wenn sie uns denn zwischen Start und Landung beschleicht, ist anscheinend weder mit einer guten Ausbildung oder dem Intellekt noch durch die beruhigende Baritonstimme aus der Bordsprechanlage, noch durch mehrere Drinks und auch nicht durch eine noch so starke Verwirrung zu besiegen. Ein Windstoß rüttelt die Maschine, in der wir praktisch wie Gefangene sitzen, mit Macht durch, und selbst wenn wir uns einem Mantra gleich immer wieder einreden, wie sicher das Fliegen doch ist, wird diese ängstliche Stimme in uns nicht zum Schweigen gebracht, die da sagt: »Ich will wirklich nicht an diesem Ort sein.«
Doch die Binsenwahrheit hat nach wie vor Gültigkeit: Von der Fortbewegung auf unseren eigenen zwei Beinen abgesehen, ist eine zivile Verkehrsmaschine noch immer das sicherste Transportmittel. Auch wenn es Sie überrascht: Die Reise in einem Verkehrsflugzeug ist sogar sicherer als die Nahrungsaufnahme – das sollte Ihnen doch etwas zu denken geben, wenn Ihnen das nächste Mal während eines Flugs eine Mahlzeit serviert wird.
Dank des hohen Grads an Professionalität der Flugzeugbauer, der Fluggesellschaften (quer durch die jeweilige Hierarchie) und vor allem der Cockpitbesatzungen der Airlines sowie der Wachsamkeit des Luftfahrtbundesamts FAA (Federal Aviation Administration) und

des Interesses für Details seitens des Nationalen Amts für Transportsicherheit NTSB (National Transportation Safety Board) sind Flugzeugunglücke (und für die folgende Formulierung bitte ich um Entschuldigung) nach unten gesackt, seit Anfang der sechziger Jahre die Großraumflugzeuge aufkamen.

In Amerika kommen durchschnittlich ungefähr einhundert Menschen jährlich durch zivile Flugzeugkatastrophen ums Leben. 1996, ein Jahr mit einer überdurchschnittlich hohen Zahl von Todesfällen bei Flugzeugabstürzen, wurden weltweit 1187 Menschen bei Flugzeugkatastrophen in aus dem Westen stammenden Jets getötet (394 Personen in den USA bei vorrangig zwei Unglücken – dem von TWA-Flug 800 vor Long Island, New York, mit 230 Opfern und dem des ValuJet in Florida mit 110 Toten). Diese 394 Menschenleben muß man den 19 000 Amerikanern gegenüberstellen, die in jenem Jahr ermordet wurden, den 41 907 Personen, die in Amerika bei Autounfällen ums Leben kamen, und den 714 Menschen, die bei Schiffsunglücken starben. 1993 wurde nur eine Person im Zusammenhang mit einem Flugunglück getötet, und dieser Mann wurde auf dem Boden von einem durch die Luft schwirrenden Propellerblatt getroffen.

Insgesamt gesehen ist der Prozentsatz, bezogen auf jeweils eine Million Flugstunden in der zivilen Luftfahrt, der durch Flugzeugkatastrophen zu Tode Gekommenen in den letzten Jahrzehnten in den Vereinigten Staaten von einem Niedrigststand von 0,013 auf einen Höchststand von 0,7 Prozent geklettert; 1996 lag diese Rate bei 0,439 – das war der fünfthöchste Stand in den letzten fünfzehn Jahren. In Europa liegt der Durchschnitt bei 0,9 und in Australien bei 0,3. In Südamerika und Afrika, China und Rußland ist die Rate im Steigen begriffen. In Afrika kommt es im Durchschnitt zu 13 Unglücksfällen mit Toten pro einer Million Flugstunden, in Südamerika liegt diese Zahl, nach Auskunft der Flight Safety Foundation in Alexandria, Virginia, bei 5,7.

Seit der Veröffentlichung der ersten Auflage von »Blackbox« im Jahr 1984 hat sich die Unglücksrate der Fluggesellschaften stabilisiert.

Eine beruhigende Erklärung für diese Tatsache enthüllt gleichzeitig einen verwirrenden neuen Trend. In Amerika und Europa sind Flugzeugkatastrophen so selten, daß praktisch alles, was die Behörden und Fluggesellschaften unternehmen, um das Fliegen noch sicherer zu machen, die Unglücksrate nicht mehr weiter um ein statistisch ins Gewicht fallendes Maß zu senken vermag. Doch seit in den anderen Teilen der Welt immer mehr und mehr Menschen mit dem Flugzeug unterwegs sind, wird, wie am 9. Dezember 1996 in einem Bericht der *New York Times* nachzulesen war, »die Branche ihre Absturzrate reduzieren müssen, will sie die Anzahl der Abstürze Jahr für Jahr relativ konstant halten«. Der Bericht schloß mit der bedenklichen Folgerung: »Wenn die augenblickliche Unglücksrate gleich bleibt und der Luftverkehr weiterhin so schnell wächst, kann im Jahr 2010 jede Woche eine Passagiermaschine abstürzen.«

Doch auch dies muß man in der richtigen Relation sehen. Das Fliegen in den als »gefährlich« eingestuften Teilen der Welt ist nach wie vor viel, viel sicherer als Autofahren in den Vereinigten Staaten.

Die zivile Luftfahrtindustrie versucht das Flugreisen ständig sicherer zu machen. Mit enormem Aufwand wird fortwährend nach neuen Möglichkeiten gesucht, die Sicherheit zu erhöhen. Windscherungen waren ein großes Problem, doch nach mehreren Katastrophen, die auf Windscherungen zurückzuführen waren und Todesopfer forderten (etwa der Delta-Flug 191 auf dem Flughafen Dallas-Fort Worth im August 1985), hat die Branche das Problem genauestens daraufhin erforscht, wie Windscherungen zustande kommen und was Piloten dagegen tun können. Im Zuge dessen wurden Techniken entwickelt, wie man aus einer Windscherung herausfliegen kann. Heutzutage sind, mit Hilfe der Forschung und neuer Technologien, Windscherungskatastrophen stark zurückgegangen. Nimmt man hierzu noch die Einführung von Maßnahmen zur Verbesserung der passiven Sicherheit wie die Ground-Proximity-Warning-Systeme zur Warnung vor zu großer Bodennähe, die die Piloten auffordern, die Maschine hochzuziehen, die Bodenbeleuchtung in den Kabinen, mit deren Hilfe die Passagiere zu den Notausgängen finden, die rauchhemmenden Stoffe in den Materialien und Hilfsmittel wie Rauchmelder und Feuerlöscher in den Toiletten und in den Frachträumen, so wird das Fliegen einfach sicherer, trotz der steigenden Zahl der weltweiten Starts.

Warum sagt die feige Stimme in unseren Köpfen, wenn wir fliegen, also immer noch: »Ich will wirklich nicht an diesem Ort sein?«

Zum einen geht es bei den Statistiken um andere Menschen, zum anderen blasen die Medien ihre Berichterstattung über Flugzeugkatastrophen weit mehr auf als die Berichte über Todesfälle bei anderen Transportformen, und sie machen uns damit angst. Wann landete denn zum letzten Mal der Bericht über einen Autounfall auf der Titelseite der *New York Times*, wenn wir von Prinzessin Diana einmal absehen? Was die Medien dazu veranlaßt, liegt auf der Hand: Wenn eine Zivilmaschine abstürzt, bedeutet dies häufig eine große Zahl von Toten. Auch kann so einem Unglück etwas Mysteriöses anhaften, das sich nicht so einfach lösen läßt, man denke nur an den TWA-Flug 800, die Boeing 747, die 1986 nach dem Start vom John F. Kennedy International Airport in New York explodierte; die Zerstörung des Flugzeugrumpfs von Flug 800 rief sofort ein unbeschreibliches Grauen hervor. Als der ValuJet am 11. Mai 1996 in die Everglades abstürzte, versank der Rumpf in einem Sumpf voller Alligatoren, und bis die Sauerstoffgeneratoren als Ursache ausgemacht waren, schien es sich bei diesem Unglück ebenfalls um ein sehr düsteres Mysterium zu handeln. Und es gibt noch immer keine einleuchtende Erklärung dafür, warum der USAir-Flug 427 am 8. September 1994 in Pittsburgh abstürzte und 132 Menschen dabei ihr Leben lassen mußten.

Selbst bei Flugzeugabstürzen, deren Ursachen schnell klar werden, ist nicht zu leugnen, daß derartige Katastrophen eine große Faszination auf Medien wie Öffentlichkeit ausüben, die wir nicht wirklich erklären können.

Die Fluggesellschaften tun alles ihnen Mögliche, um uns mit mehr als nur Statistiken und beruhigenden Worten die Angst zu nehmen.

Sie versuchen uns als Passagiere einzubeziehen und wollen, daß wir unsere Sicherheit im Bewußtsein behalten. Für die Sitzgurte, die No-Smoking-Anzeigen, die Leuchtstreifen am Boden und die geradegestellten Rückenlehnen während der kritischen Perioden von Start und Landung gibt es offensichtlich praktische Gründe. Die Kabinenbesatzungen führen den Umgang mit Sauerstoffmasken, Schwimmwesten und Notausgängen in der Gewißheit vor, daß dies Unfälle verhüten und Leben retten kann. Diese Maßnahmen beruhigen uns auch, da sie uns vermitteln, daß sich die Fluggesellschaft um unsere Sicherheit sorgt. Tatsächlich können wir sogar glauben, wir besäßen ein klein wenig Kontrolle über unser Schicksal, wenn wir den Sitzgurt eng über die Hüften ziehen. Das gleiche gilt für die Cockpitbesatzungen, deren amtlich wirkende Stimmen uns über die Bordsprechanlage selbst noch beruhigen, wenn – ganz besonders wenn – sie bei einem Notfall aufgeregt sind.

Unsere mysteriösen Ängste in der Passagierkabine, in der alles ganz normal zu sein scheint, können ein Drama verstärken, von dem wir nie erwarten würden, daß es sich im Cockpit abspielen könnte. Wenn hinter dieser verschlossenen Tür etwas schiefgeht, kollabiert oftmals ein Mechaniksystem nach dem anderen. Plötzlich gehen akustische Warnsignale los, rufen Stimmen vom Band »Terrain! Terrain! Pull up! Pull up!« – »Boden! Boden! Hochziehen! Hochziehen!«. Lämpchen blinken vor den Augen der Besatzung auf. Häufig folgt dann Verwirrung. Automatische Reaktionen werden in den Männern und Frauen ausgelöst, die besser ausgebildet, nachgeschult und regelmäßiger auf ihre Leistungsfähigkeit geprüft werden als alle anderen Profis in unserer Gesellschaft – einschließlich der Herzchirurgen. Bei einer wirklich erstaunlich hohen Zahl von Vorfällen, von denen wir nie etwas erfahren, bringen diese Besatzungen ihre Maschinen sicher auf den Boden zurück, ohne daß die Passagiere bemerkt hätten, daß ihr Leben auf dem Spiel stand.

Bei einer winzigen Prozentzahl von Flügen stürzen Maschinen ab und sterben Passagiere. Der einzige wahre Bericht über das, was schiefging, befindet sich in einem Elektronikkästchen, das man

Blackbox nennt und das seit 1957 von den Bundesbehörden als Standardausrüstung an Bord aller Zivilmaschinen oberhalb einer bestimmten Gewichtsgrenze vorgeschrieben ist. In Wirklichkeit ist die Blackbox in hellem internationalem Orange mit zwei weißen Diagonalstreifen zur leichten Wiedererkennung gestrichen und auf einer Seite in Schwarz mit den Worten »Flight Recorder do not open«, »Flugschreiber nicht öffnen«, bedruckt. Auf der anderen Seite stehen dieselben Worte auf französisch: »Enregistreur de vol ne pas ouvrir«.

Die Blackbox enthält zwei Komponenten. Die eine ist das Flugdatenaufzeichnungsgerät, der Flight Data Recorder oder kurz FDR. Dieser dokumentiert die Flugleistung des Flugzeugs – unter anderem seine Kompaßkurse, Geschwindigkeit, Flughöhen, vertikale Beschleunigung und Mikrofontastungen. Die zweite Komponente, die seit 1966 durch ein Bundesgesetz in der zivilen Luftfahrt Vorschrift ist, ist das Cockpit-Stimmen-Aufzeichnungsgerät, der Cockpit Voice Recorder oder CVR, der rund 20,5 Pfund wiegt und die Geräusche im Cockpit aufnimmt.

In der orangefarbenen äußeren CVR-Blackbox schützt – bis zu einer Fallbeschleunigung von 3300 g – eine zusätzliche Box aus verschweißtem, etwa sechs Millimeter starkem rostfreiem Stahl ein sich selbst löschendes, dreißigminütiges Magnetband, das in allen neuen Zivilmaschinen nunmehr durch einen zwei Stunden lang laufenden, sich selbst löschenden festmontierten Rekorder ersetzt wird. Die Blackbox ist im Flugzeug hinter dem Leitwerk angebracht. Von dort führen Kabel am Rumpf entlang zu den zweieinhalb Zentimeter großen runden Mikrofonen am Plafond des Cockpits und zu den »Boom mikes« (ähnlich dem Mikro, das Madonna bei ihren Lifeauftritten trägt), die Pilot und Copilot nach einer Anordnung der FAA beim Flug unterhalb von 18 000 Fuß tragen müssen. Die zwei Komponenten der Blackbox (CVR, FDR) enthalten Unterwasser-Ortungssender, die nach einem Absturz sechzig Tage lang sekündlich Ultraschalltöne aussenden, damit sie von Suchmannschaften leichter gefunden werden. Die Boxen sind unglaublich widerstandsfähig. Noch nie wurde eine durch die Macht des Aufpralls zerstört, nicht einmal der Rekorder, der einen Absturz mit einer Fallbeschleunigung von 9000 g an Bord des gekidnapten PSA-Flugs aushielt, der 1987 nahe San Luis Obispo zu Boden ging. Bevor neue Brandschutzverordnungen sie vor einigen Jahren verbesserten, verloren einige Rekorder durch Feuer ihre Funktionsfähigkeit. Und nur ein einziges Boxenset ruht noch immer auf dem Grund des Meeres – das eines Alitalia-Jets, der Anfang der achtziger Jahren vor Libyen über dem Mittelmeer angeblich von der Luftwaffe Muammar al Gaddhafis abgeschossen wurde.

Ich habe die Abschriften von CVR-Aufzeichnungen erstmals zu lesen begonnen, als ich als Korrespondent für *Newsweek* in Nairobi in Kenia lebte. Ich habe mich nie für einen Fan makabrer Geschichten gehalten – ganz im Gegenteil. Ich konnte mir das Drama, das diese Abschriften darstellen, vorstellen, und sie waren ganz anders als alles, was ich bis dahin in Büchern, auf dem Bildschirm oder im Theater gesehen hatte. Sie dokumentierten die Realität und waren auf dem gedruckten Papier zu neuem Leben erwacht.

Ursprünglich griff ich zu diesen Abschriften aus Angst um meine eigene Sicherheit beim Fliegen. In jener Zeit startete und landete ich an Orten und saß in Maschinen, die jeden geistig gesunden Menschen automatisch in Angst versetzen würden. (Einmal flog ich von Nouakchott in Mauretanien mit lebenden Hühnern in der Kabine ab, und als wir die Startbahn hinunterrollten, entdeckte ich auf dem Taxiway zwischen den Rollbahnen draußen in der Sahara-Sonne einen silberfarbenen Haufen, in dem ich meinen Zero-Haliburton-Koffer wiedererkannte.) In jenen Tagen glaubte ich, je mehr ich über das Verhalten von Besatzungen bei Unglücksfällen erfahren würde, desto weniger Angst vorm Fliegen hätte ich.

Seit damals versuche ich, die Untersuchungsergebnisse des NTSB über die größten Katastrophen mit Zivilmaschinen zu lesen. Es gibt nichts, das mir ein besseres Gefühl dafür hätte vermitteln können, wie es da oben ist, wenn etwas schiefgeht. Leider konnten diese

Abschriften, obwohl ich mich nach wie vor für die darin geschilderten Dramen interessiere, meine Flugangst nicht mindern. (Vor kurzem las ich, daß die Cockpitcrew einer China Northern Boeing MD-82 im November 1993 über Westchina beim Landeanflug im Nebel vom Höhenleitstrahl abkam. Nach der Aufzeichnung wurde die Besatzung vom GPWS auf englisch aufgefordert: »Pull up ... Pull up.« Auf dem CVR konnte man später, nach dem Absturz, hören, wie der Pilot seinem Copiloten auf chinesisch die Frage stellte: »Was heißt denn ›Pull up‹?« Da fragte ich mich doch, ob meine Ängste nicht wohlbegründet seien, selbst wenn ich niemals beabsichtige, irgendwo in der Nähe von China in einem Flugzeug zu sitzen.)
Nein, die CVR-Transkripte haben mir meine Angst gewiß nicht genommen, und Ihnen wird es vermutlich nicht anders ergehen. Doch vielfach können sie höchst anschaulich und dramatisch die Professionalität, wenn nicht sogar den Heroismus vieler Zivilpiloten und -besatzungen sowie die außergewöhnlichen Maßnahmen demonstrieren, mit denen sie für unsere Sicherheit sorgen.
In den Abschriften, die Sie gleich lesen werden, habe ich mich nicht bemüht, die Crewmitglieder, deren Gespräche direkt von den CVR-Bändern übertragen wurden, zu »charakterisieren«. Ich möchte nicht, daß diese Transkripte wie Arthur Haileys Roman »Airport« wirken, so gut dessen Fiktion auch sein mag. Ob der Kapitän eines Flugzeugs nett zu Tieren ist oder eine Ehefrau und Kinder hat, erscheint mir im Zusammenhang mit einem Absturz unwichtig; das gleiche gilt für die Passagiere, über deren Leben ich nichts weiß. Aber ich habe versucht, den Lesern den jeweiligen Kontext – die Wetterbedingungen, Zeitangaben, die Anzahl der Menschen in der Kabine, das Gesehene und die Geräusche – zu vermitteln. Teilweise habe ich die Dialoge zur Verdeutlichung und besseren Verständlichkeit bearbeitet, und manchmal habe ich den Jargon der Piloten in eckigen Klammern in für Laien verständlichen Begriffen erklärt. Das Glossar am Ende des Buches dient als weitere Verständnishilfe.
Der Leser von »Blackbox« möge sich nicht vorstellen, daß er in die-

sen Flugzeugen sitzt, sondern daß er am Funkgerät eine Notfrequenz eingestellt hat. Er wird die Unterhaltung zwischen den Leuten im Cockpit während eines Notfalls hören – wenn auch lesend – sowie von Zeit zu Zeit die Gespräche zwischen dem Cockpit und den Lotsen auf dem Boden, die dem in Not befindlichen Flug Hilfestellung geben. Selbst wenn Sie sich nicht alles bildlich vorstellen können, so werden Sie doch, wie ich hoffe, meiner seit langem bestehenden Überzeugung beipflichten, daß es kaum etwas Spannenderes zu lesen gibt als diese Aufzeichnungen, denn sie sind die minutiösen, ungeschminkten Berichte darüber, was tatsächlich passiert ist.

Malcolm MacPherson
E-mail: m.macpherson@erols.com

1. East Grandby, Connecticut
12. November 1995

American Airlines – Flug 1572

Ich habe beschlossen, dieses CVR-Band an den Anfang der Auswahl zu stellen, da es zeigt, wie eine gut ausgebildete und erfahrene Crew im Cockpit die Passagiere vor einer Katastrophe bewahrt hat.

An Bord des Flugs 1572 der American Airlines befanden sich an jenem stürmischen Herbstabend dreiundsiebzig Passagiere, darunter ein Kind, sowie eine Crew bestehend aus drei Stewardessen, einem Piloten und einem Copiloten. Die Maschine war mit zweistündiger Verspätung um 23.05 Uhr vom O'Hare International Airport in Chicago gestartet. Der Flug zum Bradley International Airport (BDL) in Hartford, Connecticut, verlief überwiegend problemlos, wenngleich der Kapitän die Flughöhe von 33 000 Fuß auf 35 000 Fuß anhob, um Turbulenzen aus dem Weg zu gehen. Größtenteils verlebten die Passagiere einen angenehmen Flug.

Gegen Ende des Flugs, ungefähr dreihundert Meilen vor dem Flugplatz, erhielt Flug 1572 die Freigabe zur Landung direkt in Bradley. Außerhalb der Maschine lag ein Tiefdruckgebiet, das sich im Süden von Quebec bis nach New York City erstreckte und starken Wind und Regen aus südlicher und westlicher Richtung mitbrachte. Zur gleichen Zeit herrschte auf dem Zielflughafen von Flug 1572 ein stürmischer Wind mit einer Geschwindigkeit von neunundvierzig Meilen pro Stunde. Als sich der Flug BDL näherte, erhielt die Crew zwei Informationen: Zum einen wurde sie über eine geänderte Höhenfestsetzung informiert und zum anderen vor Turbulenzen und Windscherung beim Endanflug gewarnt.

Zweiunddreißig Minuten nach Mitternacht sank der Flug auf 19 000

Fuß. Unterhalb von 10 000 Fuß wurde eine starke Turbulenz gemeldet. Um 00.32:23 Uhr bat der Kapitän die Stewardessen, wegen der zu erwartenden Turbulenz die Kabine zu sichern. Die Bodenkontrolle wies die Crew an, Landebahn 15 anzufliegen. Um 00.45 Uhr erhielt die Crew von der Approach Control, der Anflugkontrolle, in Bradley die Instruktion, auf 4000 Fuß zu sinken. Vier Minuten später wurde der Crew mitgeteilt, daß der Tower wegen eines klappernden Fensters, das der starke Sturmwind gelockert hatte und das repariert werden müsse, vorübergehend geschlossen werde.
Beim Landeanflug unterschritt das Flugzeug die Mindesthöhe von 1008 Fuß. Der Pilot blickte aus dem Fenster. Als er wieder auf seine Instrumente sah, flog die Maschine in einer Höhe von nur 350 Fuß – fünf Sekunden später würde sie mit einigen hochgewachsenen Koniferen dicht hinter dem Ende von Bahn 15 kollidieren. Durch eine überholte Höheneingabe hatte der Autopilot das Flugzeug unter die erlaubte Mindestanflughöhe sinken lassen. Die Vorder- und Hinterkanten der Tragflächen köpften die Baumspitzen. Fast sofort fiel ein Triebwerk aus; das zweite setzte kurz darauf aus.
Wir schalten uns in das CVR-Band in dem Augenblick ein, als das Flugzeug gerade in den Landeanflug nach Bradley übergeht.

Stewardeß: *[Zum Kapitän über Interphon]* Wollten Sie etwas von mir?
Kapitän: Wir haben die Meldung gerade erhalten. Es wird ... auf dem Weg nach unten zur Landung reichlich böig werden.
Stewardeß: Okay.
Kapitän: Also verstauen Sie alles oder machen Sie was auch immer, sobald wir tiefer gehen. Ah, tatsächlich gehen wir jetzt schon in den Sinkflug. Also können Sie alles verstauen und zur Landung vorbereiten.
Stewardeß: Okay, danke.
Kapitän: *[Zum Copiloten]* Gehen wir runter.
Copilot: Von drei fünf oh [35 000 Fuß] Flughöhe auf eins neun oh [19 000], American Fünfzehn Zweiundsiebzig.

Kapitän: *[Zum Copiloten]* Das könnte auch etwas ruhiger gehen. Es wird holprig [und die Passagiere werden] durchgeschüttelt werden.

Der Bradley Tower informiert American 1572, daß nun unterhalb von 10 000 Fuß starke Turbulenzen herrschen.

Bradley: Bradley Airport Information Viktor, null drei fünf eins ... Temperatur sechs zwei [Grad Fahrenheit, etwa 17 Grad Celsius], Luftfeuchtigkeit Komma fünf sieben, Wind eins sechs null aus zwei acht, mit dreimal neun, Höhe zwei neun fünf null. Zum Anflug in Betrieb ist ILS [Instrument Landings System, Instrumentenlandesystem] Bahn 24 oder VOR [Very high frequency Omnidirectional Radio range, UKW-Drehfunkfeuer mit Peilanzeige für das Flugzeug] Bahn 15.

Eine Minute später bittet der Copilot Bradley um nochmalige Durchgabe der Wetterbedingungen auf dem Flugplatz. Wieder werden Windscherungen und starke Turbulenzen gemeldet.

Kapitän: *[Zu den Passagieren über Bordsprechanlage]* Wir befinden uns im Landeanflug. Es sind jetzt ungefähr noch einhundert Meilen bis zum Flughafen Bradley. Wir werden in rund fünfundzwanzig Minuten landen ... Die Temperatur beträgt im Augenblick rund 17 Grad und es, ah, regnet leicht. Doch der Wind [ist] ziemlich, ah, ziemlich stark. Man hat uns gemeldet, der Wind hat eine Geschwindigkeit von ungefähr dreißig Meilen die Stunde. Deshalb kann es jetzt ein bißchen unruhig werden. Man meldet uns leichte Turbulenzen bei der Landung. Es kann auf dem Weg nach unten ein wenig unruhig werden.
Kapitän: *[Zum Copiloten]* Schauen Sie mir einfach zu, in Ordnung?
Copilot: Ja, Mann. Sie sagen es.
Kapitän: Wenn Sie was anmerken wollen, schreien Sie einfach.
Copilot: Sie werden einen Haufen Turbulenzen bekommen. Sie wissen, wie man sie landet. Ich sag' Ihnen was, als ich Ingenieur war, neu bei den Airlines war, hab' ich einem Kerl zugesehen. Er ist,

ah – keiner mag ihn. Er ist [Boeing]-72[7]-Kapitän. Seinen verdammten Namen hab' ich vergessen. Alle [ehemaligen] Kumpels von der Marine, Mann, die hassen ihn wie die Pest. Er ist immer noch auf der 72[7]. Er glaubt, er ist ein IP [Instruktor] vom RAG [Schulungsabteilung].

Kapitän: Ah.

Copilot: Ich hab' zugesehen, wie er bei dreißig Knoten Seitenwind auf Bradley landete, als ich noch Flugingenieur war, und ich hatte Heidenangst. Das hat mir wirklich schreckliche Angst eingejagt. Wie wir hier fliegen [in Bradley], ist viel härter als ...

Kapitän: Jaa, jaa, da stimme ich Ihnen bei, stimme Ihnen bei.

Copilot: Sie müssen sie einfach nach unten durchkämpfen.

Kapitän: Oh, zu welchem Gate gehen wir?

Copilot: Gate Acht.

Kapitän: Da draußen gießt es ja heftig.

Copilot: Höhen?

Kapitän: Ich kann Ihnen sagen, nachts zu fliegen. Ich mag es überhaupt nicht. [Höhe] bei neunundzwanzig fünfzig?

Copilot: Ja, sie sagten neunundzwanzig siebenundvierzig, als wir zu sinken anfingen.

Kapitän: Okay.

Copilot: Pumpen sind offen. Wollen Sie die Scheinwerfer?

Kapitän: Ich denke, wir können sie [die Scheinwerfer] jetzt noch ausgeschaltet lassen.

Copilot: *[Über die Bordsprechanlage]* Stewardeß, bereiten Sie bitte alles zur Landung vor.

Cockpit: *[Gähnen.]*

Kapitän: *[Zum Copiloten]* Wo ist es bewölkt?

Copilot: Siebenundzwanzighundert [Fuß].

Bradley Approach Control: American Fünfzehn Zweiundsiebzig, fliegen Sie Kurs, ah, eins null null.

Copilot: Eins null null, American Fünfzehn Zweiundsiebzig.

Kapitän: Eins null null, eins null neun, eins achtundvierzig. Ich werde die Bremsen auf Medium stellen.

Copilot: Kann [den Flughafen] noch nicht sehen.
Kapitän: Starker Regen.
Copilot: Das sehe ich auch.
Approach: American Fünfzehn Zweiundsiebzig, sinken und viertausend [Fuß] halten.
Copilot: Von elf- auf viertausend, American Fünfzehn Zweiundsiebzig.
Approach: American Fünfzehn Zweiundsiebzig, der Wind ist eins sieben null aus zwei neun, Geschwindigkeit drei neun.
Copilot: Verstanden.
Cockpit: *[Lachen.]*
Kapitän: Was halten Sie von Slats [vordere Klappen an den Tragflächen]. Fahren Sie [sie] bitte aus.
Cockpit: [*Rütteln, als ob die Maschine durch eine Turbulenz fliegt.]*
Copilot: Nähern uns viertausend [Fuß Höhe].
Kapitän: Okay, verlangsamen.
Approach: American Fünfzehn Zweiundsiebzig, Sie sind fünf Meilen vom [Endanflug] auf oder über dreitausendfünfhundert Fuß entfernt, freigegeben zur Landung auf VOR Bahn 15.
Copilot: Okay, wir sind zur Landung freigegeben, und wir überfliegen die [Endmarke] auf oder oberhalb von, ah, fünfunddreißighundert. American Fünfzehn Zweiundsiebzig.
Kapitän: Eingestellt. Kommt runter.
Approach: American Fünfzehn Zweiundsiebzig, der Tower ist im Augenblick geschlossen. Es handelt sich um eine vorübergehende Schließung, wir haben ein Problem mit einem der Fenster, deshalb kann ich mich nicht um Sie kümmern, aber Sie können auf dieser Frequenz bleiben.
Copilot: Roger. Was ist mit dem Fenster?
Approach: Es ist nur locker. Es sind jetzt Schreiner da, die es vernageln ... Sobald sie fertig sind, wird der Tower wieder geöffnet.
Copilot: Verstanden.
Kapitän: Klappen auf elf, bitte.
Copilot: Gemacht.

Cockpit: *[Man hört, daß das Flugzeug durch eine Turbulenz fliegt.]*
Copilot: Okay, fünfunddreißighundert Fuß. Sieht gut aus ... Ich denke, es wird ruhiger, sobald wir aus dem Wetter raus sind.
Kapitän: Ja.
Copilot: Okay, Sie sind auf fünfunddreißighundert.
Kapitän: Okay, für welche Höhe haben wir die Freigabe?
Copilot: Sie dürfen auf zweitausend runter...
Kapitän: Okay, zweitausend eingestellt und auf Automatik.
Copilot: Fünf Meilen, alles in Ordnung. Zweitausend ist eingestellt und auf Automatik.
Kapitän: Klappen auf fünfzehn [die Klappen ausfahren].
Copilot: Klappen runter auf fünfzehn.
Cockpit: *[Man hört die Bewegung des Klappenhebels sowie ein Rütteln, als fliege das Flugzeug durch eine Turbulenz.]*
Kapitän: Okay, wir kommen runter.
Copilot: Zehn Meilen.
Kapitän: Geht zurück auf Leerlauf.
Copilot: Roger.
Approach: American Fünfzehn Zweiundsiebzig, melden Sie sich beim Endanflug? Sieht aus, als wären Sie, ah, ein wenig zu weit links.
Copilot: Verstanden.
Kapitän: Ja, sieht aus, als wären wir zu weit links.
Approach: American Fünfzehn Zweiundsiebzig, roger, und der Wind ist jetzt eins sieben null aus zwei vier, Geschwindigkeit drei fünf [35 mph, miles per hour, Meilen pro Stunde].
Copilot: Roger.
Kapitän: Bitte Fahrwerk ausfahren.
Cockpit: *[Man hört, wie der Fahrwerkshebel bewegt wird und sich die Tür des Bugfahrwerks öffnet.]*
Copilot: ... Eintausendundfünf.
Approach: American Fünfzehn Zweiundsiebzig, es ist [wieder] jemand im Tower. Er ist nicht offiziell offen, doch Sie können auf die Towerfrequenz wechseln, eins zwei null Komma drei.

Copilot: Okay, Sie brauchen diese Auszeit [im Tower] nicht?
Approach: Negativ.
Copilot: Tschüs.
Approach: Schönen Tag noch.
Kapitän: Okay, zweitausend Fuß bis fünf Meilen [vor der Landebahn].
Copilot: Genau.
Kapitän: Geht zurück. Klappen achtundzwanzig.
Cockpit: *[Man hört, wie der Klappenhebel bedient wird.]*
Copilot: Okay, gehen runter auf neun null acht [908 Fuß], häh?
Kapitän: Ja.
Copilot: Eingestellt und auf Automatik. VOR genau auf der Linie.
Kapitän: Okay.
Copilot: Fahrwerk ist raus und grüner Spoilerhebel?
Cockpit: *[Klickgeräusch, als würde der Spoilerhebel eingestellt.]*
Kapitän: Eingestellt.
Copilot: Die Bremsen ... müssen auf Medium stehen.
Copilot: *[An Approach]* Hej, Tower, American Fünfzehn Zweiundsiebzig, wir sind im Endanflug sechs Meilen auf Bahn 15.
Approach: American Fünfzehn Zweiundsiebzig, Sie können landen, Sir. Der Wind ist eins sieben null aus zwei fünf, Spitzengeschwindigkeit bei vier null ... und, ah, die Landebahn sieht frei aus. Sie können nach Belieben landen und zum Gate rollen.
Copilot: *[Zum Kapitän]* Sie sollen den Kurs halten. *[An Approach]* Wie steht der Wind jetzt?
Approach: Eins sieben null aus zwei vier.
Copilot: Verstanden.
Cockpit: *[Rüttelgeräusch, als fliege das Flugzeug durch eine Turbulenz.]*
Kapitän: Klappen auf vierzig.
Cockpit: *[Klickgeräusch, als würde der Klappenhebel bewegt.]*
Copilot: Anzeigenlichter gecheckt, Flaps und Slats auf vierzig-vierzig und landen. Sie sind zur Landung freigegeben, Mann.
Kapitän: Okay, gehen Sie mir runter auf tausend.

Copilot: Runter auf eintausend. Gemacht.
Approach: Windscherung-Warnung, ah, Zentrum eins sieben null aus zwei fünf. Die Nordostgrenze ist eins sieben null mit zwei vier, eins neun null mit zwölf an der Südostgrenze.
Copilot: Verstanden.
Copilot: *[Zum Kapitän]* Wir sind auf tausend Fuß. Sie haben Landeklappen vierzig-vierzig, klar zur Landung.
Kapitän: Okay.
Copilot: Neunhundertundacht Fuß ist Ihr, ah …
Kapitän: Richtig.
Copilot: … Ihr Limit.
Cockpit: *[Geräusch einer Turbulenz.]*
Copilot: Sie gehen unter [Ihr Limit].
Cockpit: *[Automatische Ansage: »Sinkrate, Sinkrate.«]*
Cockpit: *[Geräusch eines ersten Aufpralls.]*

In einer Höhe von unter 900 Fuß und 2,54 Meilen vor der Landeschwelle von Bahn 15 köpft die American 1572 die Baumwipfel, weicht erst stark nach links, dann nach rechts vom Kurs ab und wieder nach links auf die Linie der Landebahn.

Cockpit: *[Automatische Ansage: »Sinkrate.« Vier Piepstöne. »Windscherung, Windscherung, Windscherung.«]*
Copilot: Starten Sie durch, starten Sie durch.

An diesem Punkt gibt der Kapitän Vollgas, um die Landung abzubrechen. Das Fahrgestell wird hochgefahren, und die Klappen werden von 40 Grad auf 15 Grad zurückgenommen.

Kapitän: Wir starten, starten, starten durch, starten durch…
Cockpit: *[Automatische Ansage: »Fahrwerk.« Warnhorn ertönt. Vier Piepstöne. »Windscherung, Windscherung, Windscherung.«]*
Kapitän: Klappen fünfzehn, positiv [sie steigen], Fahrwerk rauf.
Cockpit: *[Automatische Ansage: »Fahrwerk.«]*

Copilot: Sie wollen das Fahrwerk oben haben?
Kapitän: Ja, klar.
Cockpit: *[Warnhorn. Automatische Ansage: »Fahrwerk, Fahrwerk.«]*

Ein paar Sekunden, nachdem die Tragflächen die Baumspitzen abrasiert haben, verringert sich wegen des Schadens an den beiden Motoren die Fluggeschwindigkeit und geht das Flugzeug in einen langsamen Sinkflug über. Es hat aufgehört zu regnen. Der Copilot sieht vor sich die Landebahn.

Kapitän: Der linke Motor ist ausgefallen.
Copilot: Die Landebahn liegt genau vor uns.
Kapitän: Okay, Sagen Sie denen [Bradley Tower], daß wir runterkommen. Erklären Sie den Notfall.
Copilot: Tower, fordern Sie Rettungsgerät und -Mannschaften an. Wir gehen auf der Landebahn runter. *[Zum Kapitän]* Wollen Sie das Fahrwerk wieder unten haben?
Kapitän: Ja, raus damit!
Cockpit: *[Automatische Ansage: »Sinkrate, Sinkrate.«]*
Kapitän: Oh Gott.
Copilot: Sie schaffen das.
Kapitän: Okay.
Cockpit: *[Automatische Ansage: »Sinkrate, Sinkrate.«]*
Copilot: Klappen?
Kapitän: Runter damit. Wie steht's?
Copilot: Wir fliegen noch.
Kapitän: Okay. Gott ...
Copilot: Los, komm. Weiter so.
Cockpit: *[Automatische Ansage: »Sinkrate zu niedrig, Klappen, Terrain, Terrain, Terrain zu nah.«]*
Copilot: *[An Approach]* Erklären Sie den Notfall, fordern Sie Rettungsgerät an.
Approach: Sie kommen schon, sie kommen schon.
Cockpit: *[Automatische Ansage: »Terrain zu nah.«]*

Copilot: Sie haben's, Mann. Sie schaffen es.
Kapitän: Okay, Klappen auf vierzig. Voll rausfahren.
Cockpit: *[Automatische Ansage: »Nicht sinken.«]*
Kapitän: Klappen auf vierzig.
Copilot: Sind sie.
Kapitän: Okay, halt durch, Freund.
Cockpit: *[Aufprallgeräusch, diesmal erwischt die Maschine die ILS-Antenne, die am Ende der Landebahn aufragt.]*
Kapitän: Halt sie nach unten, Junge, halt sie nach unten, halt sie nach unten, halt sie nach unten, halt sie nach unten...

Flug 1572 setzt hart auf der Landebahn auf.

Copilot: Gott segne Sie. Sie haben es geschafft.
Cockpit: [Automatische Ansage: »Fahrwerk.«]

Das Flugzeug rollt zu einem Haltepunkt auf der Landebahn.

Cockpit: *[Man hört, wie das Motorengeräusch leiser wird.]*
Kapitän: Stellen Sie die Motoren ab.
Copilot: Beide?
Kapitän: Ja, ziehen Sie bei beiden die Feuergriffe.

Ende der Aufzeichnung.

Die Passagiere und die Crew verließen die Maschine über die aufgeblasenen Notrutschen. Alle überlebten, und nur ein Passagier trug eine leichte Verletzung davon. Der Schaden am Flugzeug wurde auf 9 Millionen Dollar geschätzt.

2. Lima, Peru
2. Oktober 1996

AeroPeru – Flug 603

Dieser CVR-Mitschnitt ist einer der schmerzlicheren in diesem Buch. Er dokumentiert das Schicksal des AeroPeru-Flugs 603 von Lima nach Santiago in Chile.

An diesem Tag hatte die Bodencrew am Lima International Airport beim Waschen des Flugzeugrumpfes der AeroPeru Boeing 757 die elektronischen Sonden auf der linken Seite der Maschine mit Kreppband überklebt. Diese Sonden, kleine »Meßfühler« aus Metall, die nahe der Flugzeugnase aus dem Rumpf ragen, messen die Außentemperatur, den Luftdruck und die Windgeschwindigkeit. Da die Öffnungsschlitze zugeklebt waren, konnten die Sonden nicht arbeiten. Die hochtechnisierte Boeing 757 war somit quasi blind.

Die Bodencrew hatte vergessen, die Klebebänder wieder zu entfernen, als sie mit dem Reinigen fertig war. Und während der visuellen Preflight-Prüfung der Maschine, durch Herumgehen um das Flugzeug, fiel der Cockpitcrew das Kreppband nicht auf.

Infolgedessen hob die Maschine an jenem Abend ohne Instrumente zum Ablesen der Windgeschwindigkeit oder Höhe ab. Obwohl die Crew das Flugzeug kontrollieren konnte, fehlten den Computerkontrollen des Autopiloten und der Schubautomatik Daten, ohne die sie nicht genau arbeiten konnten.

Vom Start weg versuchte die Crew sich verzweifelt achtundzwanzig Minuten lang ein Bild von der gefährlichen Situation zu machen, da die Maschine über dem Pazifik mehrfach Richtung und Flughöhe änderte.

Die einundsechzig Passagiere und sieben Stewardessen erfuhren nicht, daß etwas nicht stimmte.

Wir greifen das CVR-Band in dem Moment auf, als Flug 603 die Startfreigabe erhält.

Copilot: *[Zum Tower]* Lima Tower, AeroPeru Sechs Null Drei, Bahn 15, startbereit.
Lima Tower: AeorPeru Sechs Null Drei, benutzen Sie die Dämpfung des statischen Rauschens, Wind still. Sie sind freigegeben zum Start auf Bahn 15.
Pilot: Eins fünf, eins fünf, Transponder.
Copilot: Klappen eins fünf, Startcheck beendet. Zeitcheck.
Pilot: Also los.
Kabine: *[Man hört, daß die Triebwerke hochdrehen.]*
Pilot: Schub ist eingestellt.
Copilot: Schub ist eingestellt.
Pilot: Achtzig Knoten.
Copilot: Gecheckt.
Pilot: V 1.
Pilot: Rotieren [abheben].
Pilot: V 2.
Pilot: Positiv (Steigrate).
Copilot: Fahrwerk hoch.
Kabine: *[Man hört, wie der Fahrwerkhebel betätigt wird.]*
Pilot: Gut, V 2 plus zehn.
Copilot: Die Höhenmesser hängen fest!

Hier fällt der Crew erstmals auf, daß die Instrumente nicht arbeiten.

Kabine: *[Windscherung-Warnung ertönt.]*
Copilot: Hej, die Höhenmesser sind hängengeblieben!
Pilot: Ja.
Copilot: Alle?
Pilot: Das ist ja ganz was Neues ... V 2 plus zehn halten ... V 2 plus zehn.
Copilot: Die Geschwindigkeit ...

Pilot: Wie bitte?
Copilot: Die Geschwindigkeit ...
Pilot: Ja, richtig, V 2 plus zehn...
Pilot: Was ist passiert, steigen [wir] nicht?
Copilot: Ich steige, aber die Geschwindigkeit?
Pilot: Halt, nein ... Halten Sie die Geschwindigkeit.
Pilot: Positiv, äh, zehn Grad. Wir sinken.
Copilot: Seitenruder-Ratio.

An diesem Punkt ertönt der Alarm für das Seitenruder-Ratio, was bedeutet, daß die Geschwindigkeitsfühler nicht normal arbeiten. Dieser Alarm warnt den Piloten davor, starke oder abrupte Ruderkommandos zu geben. Es ist ein Signal, das die Aufmerksamkeit der Piloten während des Notfalls wachhält.

Pilot: Wie sonderbar ... Drehen Sie nach rechts ab ... Na gut ... Gehen Sie hoch! Gehen Sie hoch! Gehen Sie hoch! Gehen Sie hoch! Gehen Sie hoch!
Copilot: Ich bin ...
Pilot: Gehen Sie hoch! Sie gehen runter ...
Copilot: Ich bin oben, aber die Geschwindigkeit ...
Pilot: Ja, aber er [der Fahrtmesser] hängt fest ... Mach-Trimmung, Seitenruder-Ratio ... Jetzt sind Sie ... Ziehen Sie hoch! Ziehen Sie hoch! Ziehen Sie hoch! Ziehen Sie hoch! Ziehen Sie hoch, Kurs einhundert ... Wie? Er ist in Ordnung, dieser Kurs.
Copilot: Setzen Sie ... Steigschub ... [Ist der] Center-Autopilot in Betrieb?
Pilot: Ich glaube nicht ... Warten Sie ...
Copilot: Nein. Die Geschwindigkeit ist jetzt besser.
Pilot: Ja, Scheiße. Seitenruder-Ratio.
Copilot: Ja. Ich habe ... schauen wir mal, Quellen-Selektor.

Der Pilot sucht jetzt nach einem anderen Meßfühler für die Eingaben in die Cockpitinstrumente.

Pilot: Ja, Scheiße. Seitenruder-Ratio.
Copilot: Mach-Trimmung, Mach-Trimmung.
Pilot: Die Geschwindigkeit ... Nehmen wir die Basisinstrumente. Alles ist kaputt gegangen.
Kabine: *[Warnsignal ertönt; Alarmsignal ertönt.]*
Copilot: *[An Tower]* Tower, AeroPeru Sechs Null Drei.
Pilot: Wir haben einen Notfall.
Tower: AeroPeru Sechs Null Drei, Tower, reden Sie weiter.
Copilot: *[An Tower]* Okay. Wir erklären den Notfall! Wir haben keine Basisinstrumente, keinen Höhenmesser, keinen Fahrtmesser. Wir erklären den Notfall!
Tower: Roger. Höhe?
Pilot: Ähh ...
Copilot: *[An Tower]* Wir haben keine, wir haben bis eintausend Fuß ... Ungefähr siebzehnhundert.
Pilot: Eintausendsiebenhundert.
Tower: Eintausend Fuß, roger, roger. AeroPeru Sechs Null Drei, bestätigen Sie, ob Sie die Frequenz auf eins eins neun Komma sieben für Anweisungen von der Radarkontrolle wechseln können.
Copilot: Wir gehen auf eins eins neun Komma sieben.
Pilot: Die Schubautomatik hat sich abgeschaltet.
Copilot: Die Schubautomatik hat sich abgeschaltet.
Pilot: Mal sehen, was steht da? Lassen ...

Der Pilot bittet den Copiloten, im Flughandbuch nach Informationen zu suchen, die ihnen helfen könnten. Der Copilot liest die betreffenden Angaben vor.

Copilot: Schubautomatik unterbrochen, Seitenruder-Ratio und Machgeschwindigkeits-Anzeige.
Pilot: Okay.
Copilot: Fünfhundert Fuß. Greift jetzt. Diese Ärsche von der Wartung verstellen alles.

Pilot: Welchen Scheiß haben sie angestellt?
Copilot: Schubautomatik, Seitenruder-Ratio, Machgeschwindigkeits-Trimmung.
Copilot: *[An Air-Traffic Control]* Habt ihr uns auf dem Radar, Tower, AeroPeru Sechs Null Drei.
Pilot: Ich habe das Kommando, he. Machen Sie nicht ...

Der Pilot übernimmt nun vom Copiloten die Kontrolle des Flugzeugs.

Lima Air Traffic Control [ATC]: AeroPeru Sechs Null Drei, Lima.
Pilot: Die Autopiloten sind eingeschaltet worden.

Der Pilot sieht, daß die Kontrolleuchte des Autopiloten leuchtet.

Copilot: Nein, nein, sie sind ausgeschaltet.
Pilot: Äh, sind sie an?
Copilot: Ja, aber sie sind aus, nur der Flight director ist an.
Copilot: *[An ATC]* Lima, Sechs Null Drei.
Pilot: *[Zum Copiloten]* Behält fünf Grad bei.
Copilot: *[An ATC]* Wir bitten um Vektoren für ILS, Bahn 15.

Der Copilot verlangt nach einem Kurs zurück zum Lima International Airport. Flug 603 beginnt eine Kurve aufs Meer, um dann entlang der Küste Richtung Norden zu fliegen.

Pilot: Noch nicht, noch nicht, erst stabilisieren.
ATC: Richtig, wir schlagen eine Rechtskurve auf Kurs drei drei null vor.
Copilot: *[An ATC]* Rechtskurve, Kurs drei drei null.
ATC: Bestätigt, und augenblickliche Höhe halten.
Pilot: Höhe? Wir können ... nicht ... Wir steigen.
Copilot: *[An ATC]* Welche Fläche [Flughöhe] haben wir? Sind wir auf viertausend Fuß? Können Sie das bestätigen?

ATC: Korrekt, viertausend halten.
Copilot: *[An ATC]* Wir halten viertausend.
ATC: Bestätigt.
Pilot: Die Höhe, nur die Höhe. Das Seitenruder-Ratio muß ... sein ... Schubautomatik abgeschaltet.
Copilot: Wirklich ... wir haben überhaupt keine Kontrolle.
Pilot: Wir haben keine Kontrollanzeigen, nicht einmal die einfachsten.
Pilot: Also, alles checken.
Copilot: Viertausend Fuß.
Pilot: Okay, meinetwegen. Wir gehen weiter hoch. Wir fliegen ohne Geschwindigkeit. Das kann nicht sein. Schauen wir mal ... Antworten Sie.
Copilot: Die Geschwindigkeit ist null, alle Geschwindigkeitsanzeigen.
Copilot: *[An ATC]* Wir, äh ... Die Geschwindigkeit bitte, wenn Sie uns auf dem Radar haben?
ATC: Ja, bestätigt, warten Sie zehn Sekunden. Es scheint, daß Sie hoch gehen mit Höhe sechs null, zweiundzwanzig Meilen Süd und Kurs eins neun fünf.
Copilot: *[An ATC]* Okay. Das stimmt. Wir haben Kurs eins neun null, und wir haben siebentausend Fuß auf dem Höhenmesser.
ATC: Ja, korrekt, Sie erreichen jetzt sieben null.
Copilot: *[An ATC]* Wir haben Kontrollprobleme.

Aber Flug 603 hat keine Kontrollprobleme. Er hat Probleme mit den Instrumenten und den Anzeigen wie dem Seitenruder-Ratio und den Geschwindigkeits-Trimmungssignalen.

Pilot: Seitenruder-Ratio.
ATC: Okay, roger.
Pilot: Also, lesen Sie das Seitenruder-Ratio und die Mach-Trimmung.
Copilot: Flugkontrollen ... Seitenruder-Ratio ...

Pilot: Ist das Seitenruder-Ratio an oder nicht?
Copilot: Ja.
Pilot: Wie … ja.
Copilot: Ja, sie sind an.
Pilot: Beide.
Copilot: »Vermeiden Sie große oder abrupte –«

Der Copilot liest nun aus dem Flughandbuch vor.

Pilot: Was?
Copilot: »Vermeiden Sie große oder abrupte Rudereingaben, wenn der normale linke Hydrauliksystemdruck zur Verfügung steht.« Linkes Hydrauliksystem verfügbar. Ja, Seitenwind-Limit. Versuchen Sie keine Auto-Landung, sagt das Handbuch.
Pilot: Ja, Scheiße, wir können nicht mal fliegen!
Copilot: Ich versuche die Geschwindigkeit einzustellen.
Pilot: Aber wir haben nicht einmal …
Copilot: Luftdaten.
Pilot: Luftdaten. Okay?
Copilot: Die anderen Luftdaten. Ich stelle das ein.
Pilot: Warten wir's ab, okay.
Copilot: Nichts. Achttausend … neuntausend …
Copilot: Sie haben uns überhaupt nichts geliefert.
Pilot: Hier ist es.
ATC: AeroPeru Sechs Null Drei, nun haben Sie Flughöhe neun zwei hundert … Äh? Wie ist Ihr Kurs jetzt?

Flug 603 befindet sich nun über dem Pazifik, um Richtung Norden die Küste entlang zu fliegen.

Pilot: Wir fliegen zweihundert.
Copilot: *[An ATC]* Kurs zwei null fünf.
ATC: Bestätigt, Sie kurven langsam nach rechts, richtig?
Copilot: *[An ATC]* Nein, wir halten weiter Kurs weg von der Küste.

Pilot: Nein, wir versuchen den Kurs zu halten. Wir werden versuchen zehntausend Fuß zu halten. Höhe gehalten, einstellen ... zehntausend Fuß.
Copilot: Fast ist jetzt aus. Fast. Höhe gehalten.
ATC: Ihre Entfernung beträgt dreißig Meilen. Sie wollen den Kurs zum Leitstrahl, richtig?
Copilot: *[An ATC]* Korrekt.
Pilot: Noch nicht. Lösen wir erst mal das Problem.
ATC: Kurven Sie nach rechts, Kurs drei fünf null, schlagen wir vor.
Copilot: Aber wir gehen, äh ...
Pilot: Schalten Sie die Autopiloten aus.
Copilot: Autopiloten sind aus.
Pilot: Ja, ich weiß.
Copilot: Jetzt ist es ausgeglichen.
Pilot: Nein. Machen Sie weiter.
Copilot: Wir stellen zehntausend Fuß hier im Auto ein.
Pilot: Vertikale Geschwindigkeit ... Nein, nein, setzen Sie die vertikale Geschwindigkeitsbeibehaltung nicht, Höhenhaltung.

Hier versucht die Cockpitcrew neue Eingaben in den Befehlscomputer einzugeben.

Copilot: Auf elf.
Pilot: Okay, auf elftausend Fuß.
Copilot: Zwölf, nehmen wir zwölf.
Pilot: Okay. Jetzt zeigt er die Geschwindigkeit an.
Copilot: *[An ATC]* Okay. Wir gewinnen wieder Geschwindigkeit und wir bitten darum, zwölftausend halten zu dürfen.
Pilot: Klappen ... äh ... fünf.

Der Pilot merkt, daß die Klappen noch immer vom Startvorgang her auf fünf Grad stehen.

Kabine: *[Man hört, daß die Klappenhebel bewegt werden.]*
ATC: Korrekt, Flugfläche eins zwei null halten. Geben Sie Bescheid,

wenn Sie abzudrehen beginnen ... Kurs nach rechts. Vorgeschlagener Kurs drei fünf null.
Copilot: *[An ATC]* Roger.
Pilot: Nehmen Sie Gas weg. Klappen hoch.
Copilot: Klappen hoch.
Kabine: *[Man hört, wie die Klappenhebel betätigt werden.]*
Pilot: Zwei zwanzig, wir werden zwei zwanzig [mph] halten.
Copilot: Zwölftausend Fuß.
Pilot: Lesen Sie weiter [im Handbuch].
Copilot: Steht nichts weiter. Als einziges habe ich die Luftdaten verglichen.
Pilot: Die Schubautomatik ... Die Autopiloten sind angeschaltet.
Copilot: Sie sind nicht eingeschaltet.

In den nächsten Sekunden experimentiert die Crew mit der Schub- und Klappeneingabe herum.

Kabine: *[Alarmsignal.]*
Copilot: Jetzt stimmt es.
Pilot: Ja, jetzt stimmt es.
Copilot: Wollen Sie den Center-Autopiloten?
Pilot: Ja.

Das Umschalten auf Autopilot war vermutlich ein Fehler. Der Kapitän hätte die Maschine weiter selbst fliegen sollen.

Copilot: Los, bringen wir die Sache in Ordnung.
Pilot: Nehmen Sie für mich die Geschwindigkeit weg.
Copilot: Center-Autopilot. Ziehen Sie hier.
Pilot: Versuchen Sie es weiter.
Copilot: Schubautomatik funktioniert nicht.
Pilot: Die Geschindigkeit ... Autopilot aus.
Copilot: Luftgeschwindigkeit ... Autopilot aus.
Pilot: Bei zwei zwanzig werden wir sie [die Kontrollanzeigen] selbst kontrollieren.

Copilot: Okay.
ATC: AeroPeru Sechs Null Drei, Sie sind vierzig Meilen vor Lima und nach den Angaben auf dem Schirm auf Flugfläche eins zwei null [12 000 Fuß]. Ungefähre Geschwindigkeit über Grund ist dreihundertundzehn Knoten [357mph].
Pilot: Roger.
Copilot: *[An ATC]* Roger. Wir haben zwei dreißig und drehen auf Kurs drei dreißig.
ATC: Okay. Roger.
Copilot: Seitenruder-Ratio folgt ... Machgeschwindigkeits-Trimmung.
Pilot: Okay. Warten Sie, äh ... Lesen Sie all das ... Schubautomatik ist eingeschaltet. Befehl, eins zwei null Fuß hier, korrekt?
Copilot: Zwölftausend Fuß.

Wieder glaubt die Crew dem Autopiloten.

Copilot: Äh, Auto-Flight, was ist jetzt? Schubautomatik, Seitenruder-Ratio, ich lese es schon. Machgeschwindigkeits-Trimmung, Machgeschwindigkeit ist in Navigation, Fluginstrumente, Fluginstrumente, Auto-Flight, Auto-Flight, Höhenalarm, Autopilot ausgeschaltet, Seitenruder-Ratio, okay.
Pilot: Hej, Scheiße, wir sinken jetzt! Hej, Scheiße, die Schubautomatik ... Der Autopilot ist, verdammt, aus!
Copilot: Geschwindigkeit, Höhenalarm, Autopilot ausgeschaltet.
Pilot: Drei dreißig.
Copilot: Autopilot geht nicht, Fluginstrumente schalten um, Machgeschwindigkeit, ich finde die Machgeschwindigkeits-Trimmung nicht. Geschwindigkeit, wir haben Probleme mit der Geschwindigkeit, Instrumenten-Quellen-Selektor, Flight director.
Pilot: Das kann nicht sein. Hej, die Geschwindigkeit. Schauen Sie nur. Unsere Triebwerksleistung ... Das kann nicht sein!
Copilot: Das kann nicht sein, es stimmt, es stimmt nicht ... Drei dreißig [Knoten].

Pilot: Ja, aber sie sind gleich, oder nicht?
Copilot: Okay, stellen Sie ihren auf andere Luftdaten, den hier unten, den unteren Knopf.
Copilot: Oh Scheiße. Schlimmer. Ihr Höhenmesser funktioniert nicht!
Pilot: Verdammt. Basisinstrumente, nehmen wir die Basisinstrumente!
Copilot: Basisinstrumente.
Pilot: Wie ... die Luftdaten sind Scheiße.
Copilot: Ich gebe hier Abflug und Ankunft ... ILS Bahn 15 ... Einsetzen.

Jetzt gibt der Copilot die zur Landung notwendigen Daten ein.

Pilot: Okay. Ihres bescheißt. Die Luftdaten.
Copilot: Zwei vier acht, zwei vier acht, neunzehn sieben.
Pilot: Wir sind auf drei drei null [Kurs].
Copilot: Auf drei dreißig.
ATC: AeroPeru Sechs Null Drei, Sie sind bei vierzig Meilen, korrekt? Fliegen einen Parallelkurs drei drei null. Sie fliegen links [vom] Kurs knapp westlich an Lima vorbei.
Copilot: Sie sinkt ...
Copilot: *[An ATC]* Korrekt, wir bitten um Vektoren von jetzt an.
Pilot: Wir werden stabilisieren und ... Warten Sie ...
ATC: Roger, wir empfehlen Kurs drei sechs null.
Copilot: *[An ATC]* Drei sechs null.
ATC: Lima-VOR, empfangen Sie es richtig?
Copilot: *[An ATC]* Bestätigt.
Pilot: Da ist kein Flight director. Auch keine Schubautomatik. Und wo ... wo ...? Gehen sie hoch?
Kabine: *[Man hört, wie die Triebwerke hochdrehen.]*
Copilot: *[An ATC]* Okay, Ich verstehe, auf ... drei eins fünf, Rechtskurve zum Auffangen des Leitstrahls. Äh, wir haben immer noch kein ... äh ...

Pilot: Schubautomatik aus. Hej, wissen Sie, sie ist ...
Copilot: Sie fällt!
Pilot: Scheiße, ja.
Copilot: [Windgeschwindigkeit] geht zu stark hoch.
Pilot: Er schaltet sich nicht ... Offenbar schaltet der Auto-
Kabine: *[Alarmsignal.]*
Copilot: Autopilot ausgeschaltet, besser, wir kontrollieren selbst die Basisinstrumente, oder nicht?
Pilot: Geben Sie uns die Trimmung.
ATC: Wie es aussieht [auf dem Radar], kreuzen Sie radial zwei drei null von Lima, Entfernung Westsüdwest ist siebenunddreißig Meilen.
Copilot: *[An ATC]* Korrekt. Wir werden ... Wir haben hier Probleme, die Instrumente abzulesen. Sie werden uns mit den Höhen- und Geschwindigkeitsangaben helfen müssen, wenn Sie können.
ATC: Okay, roger.
Copilot: *[An ATC]* Bis wir den Leitstrahl erreichen, und wir werden ungefähr dreißig Meilen nördlich vom Leitstrahl des Lima-VOR navigieren, um uns ins ILS zu zentrieren.
Pilot: Er hat keine Höhenangabe. Auf Anflug einstellen bitte.
Copilot: Hab' ich gemacht, hab' ich gemacht.
Pilot: Also dann los.
Copilot: Okay, der Anflug ...
Pilot: Wir werden versuchen runterzugehen. Okay mit diesem Kurs und ... Warum taucht er nicht auf ...? Äh ... okay, okay. Ich versuche mit allem ausgeschaltet zu landen ... Äh ... okay.
Copilot: [Die Geschwindigkeit] steigt.
Pilot: Gehen wir runter auf zehntausend Fuß ... Warum nimmt die Geschwindigkeit so stark zu? Ist das die tatsächliche Geschwindigkeit?
Copilot: Genau das macht mir Sorgen ... Nein, ich glaube nicht ...
Pilot: Das kann nicht sein ... Dann ... das Seitenruder-Ratio, Machtrimmung ... Wenn da nicht das ... ist ... Machgeschwindigkeits-Trimmung?

Copilot: Nein, da ist keine Machgeschwindigkeits-Trimmung. Ich finde keine ... Augenblick, fliegen Sie so weiter ... Das wird ... *[An ATC]* Können Sie uns bitte die Geschwindigkeit sagen?
ATC: Drei zwei null [320 Knoten] werden angezeigt.
Copilot: *[An ATC]* Korrekt, wir haben alle Motoren abgeschaltet, und sie beschleunigt ... beschleunigt.
Copilot: Fahren Sie die Speed brakes aus.
Pilot: Nein ... äh, nein. Na ja, vielleicht. Moment, nehmen Sie...
Copilot: Die Geschwindigkeit ist okay. Alle drei Anzeigen für die Geschwindigkeit stimmen. Fast, fast. Alle Motoreninstrumente sind in Ordnung, alle Motoreninstrumente sind okay. Scheiße!
Pilot: Wie hoch wäre die wirkliche Geschwindigkeit?
Copilot: Die hier ist in Ordnung. Sie stimmen, die Geschwindigkeit ... Luftgeschwindigkeit ...
Pilot: Doch wenn die Leistung ganz zurückgenommen ist, kann das nicht sein, wenn sie ganz abgestellt ist ... Da gibt's ein Problem mit dem Quellen-Instrument. Moment, wie viele Meilen ...? Wenn wir dreißig Meilen vor Lima sind, gehen wir mit Luftbremsen und Flughöhenwechsel in Sinkflug.
ATC: Sie kreuzen zwei sechs null von Lima mit einunddreißig Meilen West. Flughöhe ist eins hundert plus siebenhundert, und die ungefähre Geschwindigkeit beträgt zwei acht null über Grund.
Pilot: Ja ... perfekt.
Copilot: *[An ATC]* Ja, aber bei uns werden dreihundertfünfzig Knoten angezeigt.
Pilot: Checken wir das. Warum sind die da klarer?
Kabine: *[Der Zweiton-Alarm für zu hohe Geschwindigkeit ertönt.]*
Pilot: Zu hohe Geschwindigkeit. Verdammte Scheiße! Ich habe die Speed brakes ausgefahren. Alles ist weg, alle Instrumente sind hinüber. Alles ist kaputt. Alle ...

Der Kapitän hat die Luftbremsen ausgefahren, doch die Instrumente zeigen keine Verlangsamung der Maschine an. Vielmehr zeigen sie eine Zunahme der Geschwindigkeit an, während sich das

Flugzeug in Wahrheit fast bis zum Strömungsabriß verlangsamt hat. Die Warnung vor zu hoher Geschwindigkeit tönt dem Kapitän in den Ohren, während ihm der Stick shaker an der Steuersäule sagt, daß er sich in einem Stall (Sackflug) befindet.

Kabine: *[Stall-Warnung.]*
Copilot: Wir gehen runter!
Pilot: Äh ...
Copilot: Ich glaub' das nicht. Wir können keine überhöhte Geschwindigkeit haben.
Kabine: *[Stall-Warnung.]*
Copilot: Wir fliegen ...
Kabine: *[Stall-Warnung.]*
Copilot: *[An ATC]* Besteht die Möglichkeit, daß –
Kabine: *[Stall-Warnung.]*
Copilot: *[An ATC]* Wir haben immer noch überhöhte Geschwindigkeit.
Pilot: Aber die Spoiler. Alle –
ATC: Korrekt, die Rettung ist alarmiert worden.
Copilot: *[An ATC]* Wir bitten um ... Gibt es ein Flugzeug, das starten kann, um uns zu retten?
Pilot: Wie? Warten Sie, nein, nein, nein, nein.
ATC: Ja, korrekt. Wir koordinieren das sofort. Das ist gleich koordiniert.
Copilot: *[An ATC]* Gibt es eine Maschine, die uns führen kann, eine AeroPeru, die in der Nähe ist? Irgend jemand?
Pilot: Sagen Sie ihm nichts dergleichen!
ATC: Achtung, es wird eine [Boeing] 707 starten. Wir sagen es ihm.
Pilot: Wir kommen nicht in einen Strömungsabriß. Das ist Einbildung, das ist Einbildung.

Die Fahrtmesser zeigen überhöhte Geschwindigkeit an, was der Pilot für zutreffend hält. Inzwischen reißen die Luftbremsen das Flugzeug in einen Stall. Der Kapitän hat nun zwei Möglichkeiten;

er entscheidet sich dafür, den Instrumenten Glauben zu schenken, und merkt nicht, daß die Instrumente ihm keine genauen Werte liefern können. Der Copilot wiederum glaubt, was der Stick shaker ihm sagt – daß sie sich in einem Strömungsabriß befinden.

Copilot: Nein! Wenn der Stick shaker an ist, wieso soll es dann kein –
Pilot: Stick shaker ... Aber es ist ... Wie, aber selbst mit ausgefahrenen Luftbremsen halten wir neun fünf null Fuß ... Warum haben wir dasselbe auf den Anzeigen. Ich versteh' das nicht ... Der Schub. Wieviel Schub haben wir?

Der Pilot glaubt weiter seinen Instrumenten, jetzt seinem Höhenmesser. Doch die Schubeinstellungen stimmen nicht mit der Geschwindigkeit überein, die die Instrumente anzeigen, – 454 mph.

Copilot: Er kommt wieder, schauen Sie. Mein Fahrtmesser kommt wieder.
Pilot: Nein, er ist auf Aus gegangen.
Copilot: Er ist auf Aus gegangen.
ATC: AeroPeru Sechs Null Drei, Sie sind leicht nach links gekurvt. Sie haben jetzt den Kurs drei zwei null und ihre Flugfläche beträgt einhundert, ungefähre Geschwindigkeit zweiundzwanzig Knoten und eine Entfernung von zweiunddreißig Meilen nordwestlich von Lima.
Kabine: *[Doppelalarm-Warnung.]*
Copilot: Wir gehen runter! Was ... eins null null bis zur Bahn, schauen Sie. Programmieren wir. Ich glaube ... äh.
Copilot: *[An ATC]* Wir haben hier ein Problem.
Copilot: Überhöhte Geschwindigkeit. Geht nicht zurück. Die überhöhte Geschwindigkeit ... Wo ist die überhöhte Geschwindigkeit? Wo ist die Warnung vor überhöhter Geschwindigkeit? Scheiße!
Pilot: Neuntausend Fuß, wenn er Ihnen ... anzeigt ... Das stimmt nicht. Alles ist falsch. Die Luftdaten sind unbrauchbar.

ATC: AeroPeru Sechs Null Drei, Ihre Basis [fragt], ob Sie beide Computersysteme außer Betrieb haben.
Copilot: *[An ATC]* Wir haben ... Kein Instrument bis auf den Fahrtmesser arbeitet, wir haben Alarm wegen überhöhter Geschwindigkeit, und kein ... Offenbar ist das aber nicht der Fall. Wir haben den Shaker für überhöhte Geschwindigkeit. Der Fast-forward zeigt zu hohe Geschwindigkeit an. Wir haben die Triebwerke runtergefahren und offenbar wird [die Maschine] nicht langsamer.
Pilot: Offenbar.
Copilot: Augenblick. Drehen Sie ein Triebwerk hoch. Nein, der Hebel schnellt zurück.
Pilot: Weil die Schubautomatik in Betrieb ist.
Copilot: Schubautomatik aus. Schauen wir mal. Beschleunigen!
ATC: Die Sieben Null Sieben wird in ungefähr fünfzehn Minuten bereit sein, Richtung Westen Ihnen zu Hilfe zu fliegen.
Kabine: *[Automatische Ansage des Ground Proximity Warning Systems (GPWS): »Zu große Bodennähe.«]*
Pilot: Was ist los?
Copilot: Zu nah am Boden.

Die Crew könnte die Funk-Höhenmesser zu Rate ziehen, die unabhängig von den Elektroniksonden arbeiten. Doch sie verläßt sich lieber auf die Höhenmessung per Elektroniksonden und verschlimmert so ihre mißliche Lage.

Pilot: Aber ... Ziehen wir nach links.

Der Pilot nimmt an, sie flögen über festem Boden anstatt über Wasser.

Copilot: *[An ATC]* Wir haben Bodenalarm, wir haben Bodenalarm!
Kabine: [Die Warnung vor Windscherungen ertönt: »Zu große Bodennähe.«]
ATC: Roger, nach dem Monitor fliegen Sie auf eins null null über Wasser mit Nordwestkurs drei null null.

Copilot: *[An ATC]* Wir haben Bodenalarm und sollen auf zehntausend Fuß sein?
Pilot: Scheiße, wir haben alles.
Kabine: [Die Warnung vor Windscherungen ertönt.]
ATC: Nach dem Monitor sind Sie auf eins null fünf.
Copilot: *[An ATC]* All unsere Computer spinnen.
Pilot: Scheiße, was zum Teufel haben diese Ärsche nur gemacht?
ATC: Roger, AeroPeru Sechs Null Drei, nach unseren Anzeigen kurven Sie nach links, Richtung Westen [aufs Meer hinaus].
Copilot: *[An ATC]* Versteh' ich nicht.
ATC: Sie drehen gerade nach links ab, Sie fliegen Richtung Westen.
Copilot: *[An ATC]* Bestätigt, wir fliegen Kurs zwei fünf null, aber wir drehen aufs Meer, weil wir Bodennähe-Alarm haben.
Pilot: Wir gehen aufs Meer.
ATC: Ja, bestätigt. Der Monitor zeigt an, daß Sie bei zweiundvierzig Meilen sind und mit Westkurs fliegen, Kurs zwei fünf null Richtung Westen.
Copilot: *[An ATC]* Wir sind über dem Meer, oder nicht?
ATC: Bestätigt, über dem Wasser, zweiundvierzig Meilen von hier.
Copilot: *[An ATC]* Okay.
Pilot: Gehen wir jetzt runter?
Copilot: *[An ATC]* Wir haben kein ... Wir haben so was wie drei sieben null Knoten. Sinken wir jetzt?
ATC: Er zeigt dieselbe Geschwindigkeit. Sie haben ungefähr eine Geschwindigkeit von zwei null null.
Copilot: *[An ATC]* Eine Geschwindigkeit von zweihundert?
ATC: Zwei zwanzig über Grund, wobei sich Ihre Geschwindigkeit leicht reduziert.
Pilot: Scheiße! Jetzt kommen wir in den Stall.
Kabine: *[Der Sinkrate-Alarm ertönt.]*
Ein steiler Sinkflug aktiviert eine Warnung wegen der Sinkrate.

Copilot: Ziehen wir hoch, Moment. Ziehen wir hoch.

Das Flugzeug steigt auf 2400, sinkt auf 1300 und steigt wieder auf 4000 Fuß. Doch die Höhenmesser zeigen 9000 Fuß an. Die Crew glaubt, sie fliege auf 10 000 Fuß Höhe.

Copilot: Überhöhte Geschwindigkeit. So ein Mist.
Pilot: Überhöhte Geschwindigkeit nein, die ... äh Kabinenhöhenwarnung, Mach, jetzt müssen wir –
Copilot: Scheiße.
Pilot: Wie ... Lesen Sie eins nach dem anderen ab, ich werde fliegen ... Und fünfundvierzig Meilen ... Sie schauen auf die Anzeigen. Sie erklären den Notfall.
Copilot: Überhöhte Geschwindigkeit ... Verdammt ... Gehen Sie höher.
Pilot: Diese Hurensöhne.
Copilot: Ihr Lautsprecher, Augenblick ... Wieder überhöhte Geschwindigkeit. Ich habe keine überhöhte Geschwindigkeit ... Schubautomatik, Kabinenhöhenmesser außer Betrieb.
ATC: AeroPeru Sechs Null Drei, Sie fliegen fünfzig Meilen von Lima entfernt Richtung West, Kurs zwei sieben null auf Flughöhe eins null.
Pilot: Okay ... Gehen wir zurück, setzen wir Kurs hundert. Hundert ...

Nun gibt der Pilot den Kurs für die Rückkehr nach Lima ein und beginnt das Flugzeug auf den Sinkflug und die Landung vorzubereiten.

Copilot: *[An ATC]* Äh, bestätigt, wir gehen auf Kurs drei sechs null.
ATC: Okay. Roger, korrekt.
Copilot: *[An ATC]* Äh, haben Sie [unsere] Geschwindigkeit?
ATC: Ja, ich habe eine Geschwindigkeit von rund dreihundert Knoten.
Copilot: *[An ATC]* Haben Sie irgendeine Maschine, die uns [Höhen- und Geschwindigkeits-]Angaben machen kann?

ATC: Korrekt. Eine Boeing 707 ist koordiniert worden. Sie wird in rund fünfzehn Minuten soweit sein, hat der Tower vor ein paar Minuten gemeldet.
Copilot: Autopilot, überhöhte Geschwindigkeit, ich finde keine überhöhte Geschwindigkeit.

Der Copilot sucht im Betriebshandbuch von Boeing nach Anweisungen bei überhöhter Geschwindigkeit.

Pilot: Wie kriegen wir raus, wie schnell wir fliegen?
Copilot: Schnell, schnell. Die Horizonte sind okay ... Die Horizonte stimmen. Das ist das einzige, was stimmt.
Pilot: Flugflächenwechsel.
Copilot: *[Liest aus dem Handbuch vor.]* »APU-Motoren, Auto-Flight, APU-Motoren, Auto-Flight-Instrumente, Frachtraumfeuer, Notlandung auf dem Wasser, Notfallausrüstung, Passagierevakuierung, Elektrik, Flugkontrollen, Treibstoff, Hydraulik, Eis und Regen, Fahrwerk, Fluginstrumente, Schubautomatik unterbrochen« ...Wenn wir –
Pilot: Kabinenhöheanzeige außer Betrieb.
Copilot: Ja, ist egal. Schalten wir auf Hand und gehen manuell runter. Null zehn. Genau. Auto-Abschaltung ... Drei neunzig Knoten, steht hier, wie ... auf der Fahrtanzeige. Ich versuche das ILS aufzufangen. Ich versuche runterzugehen. *[An ATC]* Lima, AeroPeru Sechs Null Drei, wir versuchen das ILS aufzufangen. Können Sie uns sagen, ob wir in –
Kabine: *[Warnhorn ertönt.]*
ATC: Roger, AeroPeru Sechs Null Drei, Sie sind jetzt auf Flugfläche neun sieben hundert.
Copilot: Das stimmt.
ATC: Bleiben Sie dran, wir prüfen die Geschwindigkeit. Die [Boeing] 707 startet gleich. Sie rollt an.
Pilot: Das ist ... verdammt.
Copilot: *[An ATC]* Prüfen Sie die Geschwindigkeit. Das ist sehr wich-

tig. Wir haben an Bord keine Geschwindigkeitsanzeige.
ATC: Korrekt. Sie beginnen zu wenden und haben eine Geschwindigkeit über Grund von zwei siebzig.
Copilot: *[Zum Piloten]* Nicht soviel, da haben wir es. Zwei siebzig ist gut.

Der Copilot bittet den Kapitän, die Geschwindigkeit nicht zu erhöhen.

Pilot: Warnungen, Höhenwarnung.
Copilot: Höhe, Autopilot. Keinen Autopiloten anschalten, Kapitän. Höhenalarm, Autopilot unterbrochen.
Pilot: Gehen wir auf –
Copilot: Autopilot unterbrechen, null sechs null drei.
Pilot: Bitten Sie ihn, uns zu sagen –
Copilot: *[Liest aus dem Handbuch vor.]* »Autopilot unterbrechen ... Eingreifen der Crew.« Sagt sonst nichts ... »Autopilot außer Betrieb, Schubautomatik unterbrechen ... Eingreifen der Crew. Höhenalarm, Kabinenhöhe außer Betrieb, Seitenruder-Ratio, nichts Neues. Aber die überhöhte Geschwindigkeit ...
ATC: Kurs zum Auffangen des Leitstrahls. Ungefähr bei dreißig Meilen. Sie müssen ungefähr Kurs null sieben null fliegen. Halten Sie den Kurs stabil.
Copilot: Ja, gehen auf ... null siebzig.
Copilot: *[An ATC]* Wir werden null sieben null halten. Wir halten den Kurs. Anscheinend haben wir den richtigen Kurs. Was wir nicht haben, sind Geschwindigkeitsanzeige und Höhe neun siebenhundert.
Pilot: Wechsel der Flugfläche.
ATC: Korrekt. Die Höhe ist neun siebenhundert. Und die Geschwindigkeit ist zwei vierzig Knoten über Grund, nach dem Monitor.
Kabine: *[Gefahrensignal ertönt.]*
Copilot: Was halten Sie davon, wenn wir die Landeklappen [runter-]stellen? ... Zweihundertvierzig.

Pilot: Was?
Copilot: Wenn wir die Klappen [runter-]fahren?
ATC: ... Und einundfünfzig Kilometer vor Lima.
Pilot: Okay.
Copilot: Null siebzig ... Ich will den Scheiß hier rausnehmen!
Pilot: Die überhöhte Geschwindigkeit? Aber das geht nicht.
Kabine: *[Alarmwarnung.]*
Copilot: Geht nicht?
Pilot: Schauen wir mal ... Sie schalten Ihr Ding...
Copilot: Luftdaten? Nein ... Aber sie fliegt gut, ich habe die ... Wenn nicht, werde ich ... Scheiße.
Pilot: Wie können wir mit dieser Geschwindigkeit fliegen, wenn wir mit ganz zurückgefahrenem Gas runtergehen?
Copilot: *[An ATC]* Können Sie mir bitte unsere Höhe sagen, denn wir haben den Steigflug, der nicht –
Pilot: Neun.
Kabine: *[Alarm: »Zu große Bodennähe.«]*
ATC: Ja, Sie halten nach der Angabe [auf dem Radar] neun siebenhundert [9700 Fuß], Sir.
Copilot: *[An ATC]* Neun siebenhundert?
ATC: Ja, korrekt. Welche Höhenanzeige haben Sie an Bord? Haben Sie irgendeine Sichtkontrolle?
Copilot: *[An ATC]* Neun siebenhundert, aber es wird zu große Bodennähe angezeigt ... Sind Sie sicher, daß Sie uns bei fünfzig Meilen auf dem Radar haben?
Pilot: Hej, schauen Sie ... Bei drei sieben null haben wir –
Copilot: Haben wir was? Drei sieben null was? Fahren wir das Fahrwerk aus?
Pilot: Aber was sollen wir mit dem Fahrwerk? Ich kenne nicht ... das.
Kabine: [Geräusch von erstem Aufschlag auf dem Wasser.]
Copilot: *[An ATC]* Wir schlagen aufs Wasser auf! Ziehen Sie hoch!!
ATC: Ziehen Sie hoch, ziehen Sie hoch, wenn Hochziehen angezeigt wird.
Pilot: Hab' ich, hab' ich.

Kabine: *[Warnansage: »Zu große Bodennähe.«]*
Pilot: Wir invertieren [drehen auf den Rücken]!
Kabine: *[Alarm: »Whoop ... Whoop ... Pull ...«]*
Kabine: *[Aufschlaggeräusch.]*

Ende der Aufzeichnung.

Beim Aufschlag auf dem Wasser wiesen die Höhenmesser an Bord eine Flughöhe von 9700 Fuß aus. Die linke Tragfläche und das dazugehörige Triebwerk trafen das Wasser zunächst in einem Winkel von zehn Grad mit einer Geschwindigkeit von 300 mph. Dann stieg das Flugzeug auf 200 Fuß, drehte sich auf den Rücken, stürzte erneut in die Tiefe und schlug auf dem Meer auf. Das Wrack wurde später geborgen. Neun Besatzungsmitglieder und einundsechzig Passagiere starben.

3. Ban Nong Waeng, Thailand 26. Mai 1991

Lauda Air – Flug 004

Dieses CVR-Transkript dokumentiert ein groteskes Unglück. Die zweihundertdreizehn Passagiere und zehn Besatzungsmitglieder in jener Nacht an Bord des Lauda Air Flugs 004, einer Boeing 767 namens »Mozart«, vom Bangkok International Airport mit Zielflughafen Schwechart in Wien hätte auch der erfahrenste Pilot nicht zu retten vermocht. Die Passagiere waren überwiegend Österreicher, Deutsche, Schweizer und Chinesen aus Hongkong. Viele befanden sich auf dem Heimflug von einem Urlaub in Thailand; einige waren geschäftlich unterwegs.
Der Flug, der in Hongkong gestartet war, hob in Bangkok um 23.10 Uhr ab. Zwölf Minuten später erhielt die Crew eine optische Warnung auf dem Anzeigenpanel, daß aufgrund eines Systemausfalls bei Triebwerk eins die Schubumkehr im Flug ausgelöst werden könnte, die das Flugzeug auf dem Boden abbremst, indem sie den Schub der Düsentriebwerke durch mechanische Schaufeln zur Vorderseite der Flügel schickt. Das Einschalten der Schubumkehr im Flug ist per Definition katastrophal. Das ist nahezu undenkbar. Die Crew nahm an, das Warnsignal zeige wegen Feuchtigkeit im System falsch an. Die Besatzung konnte nicht ernsthaft der Meinung sein, daß die Schubumkehr sich im Flug aktivieren würde, ganz gleichgültig was auch geschehe. Außerdem vermeldete die Emergency/Malfunction-Checkliste der Boeing 767, in der die Crew sofort nachsah, »Kein Eingreifen erforderlich«.
Nach einundzwanzig Flugminuten und neun Minuten nach der Warnung schaltete Triebwerk eins auf Schubumkehr. Die Boeing brach in 4000 Fuß Höhe auseinander.

Wir nehmen den CVR-Mitschnitt genau in dem Augenblick auf, als der Kapitän den Hinweis »eines zusätzlichen Systemausfalls, [der] die Schubumkehr im Flug auslösen könnte« erhält. Dies war die erste und einzige Warnung.

Kapitän: Scheiße. Die hält ... Die geht an.
Copilot: Obwohl wir die Übergangshöhe eins null eins drei überschritten haben.
Kapitän: Okay. Was sagt das da über diese [Auslösung der Schubumkehr im Flug], nur äh ...
Copilot: *[Liest aus dem Boeing-767-Handbuch vor]* »Zusätzliche Systemausfälle können Einsetzen im Flug verursachen. Gehen Sie nach der Landung von normalem Umkehrbetrieb aus.«
Kapitän: Okay. Äh, warten wir's ab. Okay.
Copilot: Soll ich das Bodenpersonal fragen?
Kapitän: Was?
Copilot: Soll ich die Techniker [auf dem Boden] fragen?
Kapitän: Äh, Sie können es ihnen sagen. Es ist einfach, es ist, es ist, einfach – äh, nein, äh, es ist wahrscheinlich, äh, na ja ... äh, Feuchtigkeit oder irgendwas, denn es, oh, es [das Signallämpchen auf dem Panel] geht an und aus.
Copilot: Ja.
Kapitän: Aber, äh, Sie wissen doch, es ist ein ... Es besagt nichts, es ist nur ein Hinweis, ich, äh ... Könnte Feuchtigkeit drin sein oder so was.
Copilot: [Ich] glaube, Sie müssen das Seitenruder ein bißchen nach links trimmen.
Kapitän: Was?
Copilot: Sie müssen das Seitenruder ein bißchen nach links trimmen. *[Er fängt an, auf deutsch Zahlen zu addieren.]*
Kapitän: *[Blickt offenbar auf die Instrumente]* Äh, die Umkehr ist an.
Kabine: *[Schnappgeräusch.]*
Kapitän: Jesus Christus!
Kabine: *[Vier Warntöne; Sirenenwarnton setzt ein; Sirenenwarnton*

stoppt; Sirenenwarnton setzt ein und schrillt bis zum Ende des Bandes weiter.]
Kapitän: Hier, Moment! Verdammt!
Kabine: *[Knall.]*

Ende der Aufzeichnung.

Lauda Air Flug 004 brach in einer Höhe von knapp 4000 Fuß auseinander; der Rumpf stürzte in einem Winkel von 45 Grad in den thailändischen Dschungel. Das Cockpit und eine Tragfläche wurden über eine Meile vom Hauptaufschlagsort entfernt gefunden. Die vermutliche Ursache des Absturzes war die Umschaltung auf Schubumkehr bei Triebwerk eins im Flug, was wiederum durch den Ausfall des Isolierventils der Schubumkehr ausgelöst wurde. Der offizielle Untersuchungsbericht kam zu dem Schluß, daß »die Beherrschung des Vorfalls für eine überraschte Flugcrew unkontrollierbar [sic] war«. Alle Menschen an Bord starben.

4. San Diego, Kalifornien 25. September 1978

Pacific Southwest Airlines – Flug 182

An jenem Morgen befand sich Pacific Southwest Flug 182, eine Boeing 727–214 mit sieben Besatzungsmitgliedern und 128 Passagieren, bei klarem kalifornischem Himmel nach einem kurzen Flug vom International Airport von Los Angeles im Anflug auf Lindbergh Field in San Diego. Der Landeanflug erfolgte nach Sichtflugregeln auf Bahn 27 über die Bürotürme auf den Hügeln von San Diego, die über den Hafen blicken.
Die PSA-Crew wußte von dem weiteren Flugverkehr in dem Gebiet, auch von einer kleinen einmotorigen Cessna 172, die um 8.16 Uhr vom nahegelegenen Montgomery Field abgehoben hatte und sich auf dem Weg nach Lindbergh befand, wo sie bereits zwei Instrumentenlandungen absolviert hatte. Um 9.00 Uhr erhielt der Cessnapilot die Anweisung, auf oder knapp unterhalb von 3500 Fuß nach Sichtflugregeln zu fliegen und einen Kurs von siebzig Grad zu halten. In diesem Augenblick flog die PSA Flug 182 in 2600 Fuß Höhe über San Diego.
Wir schalten uns in das CVR-Band ein, als das PSA-Cockpit über den Verkehr in dem Gebiet informiert wird.

Approach Control: PSA Eins Zweiundachtzig, Verkehr [auf] zwölf Uhr, eine Meile nach Norden fliegend.
Kapitän: Wir halten nach ihm Ausschau.
Approach: PSA Eins Zweiundachtzig, außerdem Verkehr, äh, zwölf Uhr, drei Meilen genau im Norden des Flugplatzes Richtung Nordwest, eine Cessna Eins Zweiundsiebzig im Steigflug VFR [Visual Flight Rules] aus eintausendvierhundert [Fuß].

Copilot: Okay, wir haben die andere [auf] zwölf [Uhr].
Approach: *[Zur Cessna 172]* Cessna Sieben Sieben Eins Eins Golf, San Diego Departure Radarkontakt, halten Sie VFR-Zustand auf oder unter dreitausendfünfhundert, fliegen Sie Kurs null sieben null, Endanflugkurs.
Approach: PSA Eins Zweiundachtzig, Verkehr auf zwölf Uhr, drei Meilen von eintausendsiebenhundert.
Copilot: Haben wir.
Kapitän: Verkehr in Sicht.
Approach: Okay, Sir, halten Sie Sichtabstand und kontaktieren Sie Lindbergh Tower auf eins drei drei Komma drei, schönen Tag noch.
Kapitän: Okay.
Kapitän: Lindbergh, PSA Eins Zweiundachtzig Rückenwind.
Lindbergh
Tower: PSA Eins Zweiundachtzig, Lindbergh Tower, äh, Verkehr zwölf Uhr, eine Meile, eine Cessna.
Copilot: *[Zum Kapitän]* Klappen fünf.
Kapitän: Ist das der [Verkehr]?
Copilot: Ja, aber ich sehe ihn jetzt nicht.
Kapitän: Okay, wir hatten ihn vor einer Minute da.
Tower: Eins Zweiundachtzig, roger.
Kapitän: Ich glaube, er [der Verkehr ist] rechts an uns vorbei.
Tower: Ja.
Kapitän: Er war vor einer Minute hier rechts drüben.
Tower: Wie weit werden Sie Ihre Rückenwindlandung ziehen? Der Verkehr wartet auf den Start.
Kapitän: Äh, vermutlich drei bis vier Meilen.
Tower: Okay. PSA Eins Zweiundachtzig, freigegeben zur Landung.
Kapitän: Eins Zweiundachtzig zur Landung freigegeben.
Copilot: Ist diese Cessna weg?
Flugingenieur: Anscheinend.
Kapitän: Ich denke schon.
Ein PSA-Kapitän: *[Der als Beobachter im Cockpit stand]* Ich hoffe es.

Kapitän: Oh, ja, bevor wir auf Rückenwind drehten, sah ich ihn ungefähr auf ein Uhr. [Er ist] jetzt wahrscheinlich hinter uns.
Copilot: Da ist eins [ein Flugzug] unter [uns]. Ich habe auf das da hinten geschaut.
Kapitän: Uuuups!
Copilot: Äghhh!
Kabine: *[Geräusch des Zusammenstoßes mit der Cessna mitten in der Luft.]*
Kapitän: Ruhig, Baby, ruhig, Baby. Was war denn das?
Copilot: Es ist schlimm. Wir sind getroffen, Mann, wir sind getroffen.
Kapitän: Tower, wir kommen runter, hier spricht PSA ...
Tower: Okay, wir fordern für Sie Rettungsgerät an.
Kabine: *[Stall-Warnung.]*

Ende der Aufzeichnung.

Nach der Kollision mit der Cessna stürzte die PSA in ein Wohngebiet von San Diego. Alle 135 Passagiere und Crewmitglieder starben; neun Menschen auf dem Boden wurden ebenfalls getötet.

5. Sachalin, Rußland
1. September 1983

Korean Air – Flug 007

Flug 007 der Korean Airways (KAL 007) gehört mittlerweile zur Schattenseite des Kalten Krieges. Die koreanische Boeing 747 wurde fälschlicherweise für ein US-amerikanisches Spionageflugzeug gehalten, als sie sich gerade weitab vom Kurs im gesperrten sowjetischen Luftraum befand, und von einem MIG-Abfangjäger abgeschossen, der die KAL gesichtet und eine wärmesensible Rakete auf ihren Rumpf abgefeuert hatte. Die KAL geriet außer Kontrolle und stürzte ins Meer; erst Wochen später gelang es, ihren Flugschreiber zu bergen.
Wir beginnen mit dem Abdruck der Aufzeichnung wenige Sekunden, bevor die Rakete das Flugzeug traf, und erleben die nachfolgenden sieben Minuten mit, bis die Boeing 747 aus einer Höhe von 35 000 Fuß auf dem Wasser aufschlug.

Tokyo Air Traffic Control: Korean Air Null Null Sieben freigegeben, Tokyo ATC erteilt Korean Air Null Null Sieben die Freigabe zum Steigflug auf Flughöhe drei fünf null [35 000 Fuß], diese dann halten.
Kapitän: Äh, roger, Korean Air Null Null Sieben, steigen und auf drei fünf null halten, wir gehen von jetzt drei drei null [33 000 Fuß] hoch.
Control: Tokyo roger.
Cockpit: *[Das Höhen-Warnhorn ertönt.]*
Kapitän: Tokyo-Funk, Korean Air Null Null Sieben erreicht Höhe drei fünf null [35 000 Fuß].
Control: Korean Air Null Null Sieben, Tokyo roger.

Cockpit: *[Explosionsgeräusch.]*
Kapitän: Was ist passiert?
Copilot: Was?
Kapitän: Nehmen Sie Gas weg.
Copilot: Triebwerke normal.
Kapitän: Fahrwerk.
Cockpit: *[Das Höhen-Warnhorn ertönt.]*
Kapitän: Fahrwerk.
Cockpit: *[Der Warnton für Höhenabweichung setzt ein; man hört, daß sich der Autopilot abschaltet.]*
Kapitän: Der Höhenmesser steigt. Der Höhenmesser steigt. Die Speed brakes fahren aus.
Copilot: Was? Was?
Kapitän: Überprüfen Sie das.
Cockpit: *[Gong der Bordsprechanlage.]*
Copilot: Ich krieg' die Höhe nicht runter; unmöglich.
Cockpit: *[Bordsprechanlage: »Achtung, wir müssen notlanden.«]*
Kapitän: Der Höhenmesser steigt. Er funktioniert nicht. Er funktioniert nicht. Von Hand.
Copilot: Geht nicht von Hand.
Cockpit: *[Bordsprechanlage (auf japanisch): »Achtung, wir müssen notlanden.« Warnhorn für Autopilotabschaltung ertönt.]*
Copilot: Funktioniert auch nicht manuell. Die Triebwerke arbeiten normal, Sir.
Cockpit: *[Bordsprechanlage: »Stellen Sie das Rauchen ein. Wir müssen notlanden. Stellen Sie das Rauchen ein. Wir müssen notlanden.«]*
Kapitän: Liegt's an der Schubkompression?
Flugingenieur: Stimmt das?
Cockpit: *[Bordsprechanlage: »Stellen Sie das Rauchen ein. Wir müssen notlanden.«]*
Flugingenieur: An beidem ...
Kapitän: Stimmt das?

Cockpit: *[Bordsprechanlage: »Setzen Sie die Maske auf Nase und Mund und streifen Sie den Haltegurt über den Kopf.«]*
Copilot: Tokyo-Funk, Korean Air Null Null Sieben.
Cockpit: *[Bordsprechanlage: »Setzen Sie die Maske auf Mund und Nase und streifen Sie den Haltegurt über den Kopf.«]*
Control: Korean Air Null Null Sieben, Tokyo.
Copilot: Roger, Korean Air Null Null Sieben ... Äh, wir haben ...
Cockpit: *[Bordsprechanlage: »Setzen Sie die Maske auf Mund und Nase und streifen Sie den Haltegurt über den Kopf.«]*
Flugingenieur: Volle Kompression.
Kapitän: Rascher Druckabfall. Auf eins null tausend [10 000 Fuß] sinken.
Cockpit: *[Bordsprechanlage: »Achtung, wir müssen notlanden. Achtung, wir müssen notlanden.«]*
Flugingenieur: Ja ... wir müssen den einstellen.
Tokyo: Korean Air Null Null Sieben, Funkcheck auf eins null null vier acht.
Cockpit: [Bordsprechanlage: »Achtung, wir müssen notlanden.«]
Flugingenieur: Geschwindigkeit. Halten. Halten. Halten. Halten. Geschafft.
Cockpit: *[Bordsprechanlage: »Stellen Sie das Rauchen ein. Wir müssen notlanden. Stellen Sie das Rauchen ein. Wir müssen notlanden. Stellen Sie das Rauchen ein. Wir müssen notlanden. Setzen Sie die Maske auf Mund und Nase und streifen Sie den Haltegurt über den Kopf. Setzen Sie die Maske auf Mund und Nase und streifen – «]*

Ende der Aufzeichnung.

Es gab keine Überlebenden.

6. Absturz in den Indischen Ozean 28. November 1987

South African Airways – Flug 295

Wie kaum ein anderer zeigt Flug 295 der South African Airways Boeing 747-244B mit 140 Passagieren und neunzehnköpfiger Crew an Bord die Verwirrung, die eine Cockpitbesatzung befallen kann, wenn sie mit einer Notsituation konfrontiert wird – in diesem Fall mit einem verhängnisvollen Brand im Frachtraum.
Flug 295 startete an jenem Nachmittag vom Chiang Kai-shek Airport in Taiwan nach Südafrika. Kurz vor Mitternacht, als sich die Maschine über dem südlichen Teil des Indischen Ozeans befand, meldete die Crew den Brand einer der sechs Frachtpaletten im Hauptfrachtraum. Die Boeing 747 ging in den Sinkflug, und die Luftraumüberwachung von Mauritius (Air-Traffic Control) gab der Maschine die Anflugerlaubnis.
Wir schalten uns genau in dem Augenblick in die CVR-Aufzeichnung ein, als die Cockpitbesatzung die Anflugkontrolle von Mauritius (Mauritius Approach) über den Brand an Bord unterrichtet und um die Erlaubnis bittet, auf 14 000 Fuß sinken zu dürfen.

Kapitän: *[An Mauritius Approach]* Äh, guten Morgen. Wir haben, ärrh, ein Rauchproblem und gehen im Sinkflug auf eins fünf, äh, eins vier null [14 000 Fuß].
Mauritius Approach: Bitte bestätigen Sie, Sie wollen auf Flughöhe eins vier null sinken?
Kapitän: Ja, wir sind schon dabei, äh, wegen Rauchs im Flugzeug.
Approach: Äh, roger. Sie können sofort auf Flughöhe eins vier null sinken.
Kapitän: Roger, wir würden es begrüßen, wenn Sie äh Feueralarm äh geben könnten äh, äh, äh.

Approach: Fordern Sie volle Notfallversorgung ... an? Die volle Notfallversorgung ...?
Kapitän: Bestätigung, das heißt Charlie, Charlie [ja].
Approach: Roger, ich erkläre den vollen Notfall.
Kapitän: Danke.
Approach: *[Fragt die Besatzung nach der Position der Maschine.]*
Kapitän: Ein Großteil der Elektrik ist ausgefallen. Wir haben jetzt kein Licht mehr in der Maschine.
Approach: *[Fragt nach der geschätzten Ankunftszeit und bittet erneut um Durchgabe der Position; informiert, daß beide Landebahnen frei seien.]*
Kapitän: Äh, wir würden gerne auf Eins, äh, Eins Drei [Bahn 13] reinkommen.
Approach: Bestätigen Sie, Bahn Dreizehn?
Kapitän: Charlie, Charlie.
Cockpit: *[Feueralarm ertönt, gefolgt von der Bordsprechanlage.]*
Flugingenieur: Was ist denn jetzt los ...? Der Frachtraum? Da kam jetzt doch noch was? Hauptfrachtdeck ... dann kam der andere. Ich habe zwei.
Kapitän: *[Verlangt das Verlesen der Checkliste.]* Es sind tatsächlich beide angegangen. Das ist beunruhigend.
Stimme im Cockpit: Äääh!
Kapitän: Was ist jetzt los?
Cockpit: *[Plötzlicher Knall.]*

Ende der Aufzeichnung.

Die vermutliche Absturzursache war ein Feuer unbekannter Herkunft, das möglicherweise: 1. die Crew handlungsunfähig machte; 2. wegen dicken Qualms die Crew desorientierte; 3. die Crew ablenkte; 4. dieFlugzeugstruktur schwächte und ein Auseinanderbrechen der Maschine verursachte; 5. mehrere Kontrollkabel zerstörte: 6. aufgrund einer Deformierung des Flugzeugrumpfs die Maschine unkontrollierbar machte.
Alle an Bord befindlichen Personen starben.

7. Cove Neck, New York
25. Januar 1991

Avianca – Flug 052

Diese Katastrophe wurde sorgfältig daraufhin untersucht, was die Cockpitbesatzung rechtzeitig getan oder nicht getan hat.
Der Kapitän des Avianca Flugs 052, eine Boeing 707 aus Medellín, Kolumbien, mit Ziel John F. Kennedy Airport (JFK) in New York, hatte seinen Copiloten mehrfach aufgefordert, einen »Treibstoff-Notfall« bei der Luftverkehrskontrolle auf dem JFK Airport zu erklären. Der Treibstoffstand an Bord der 707 war bei Erreichung des Stadtgebiets von New York unerklärlich niedrig. Die Flugbesatzung, die schon lange Zeit über die Treibstoffsituation Bescheid wußte, hatte versucht, die Effizienz der Kerosinpumpen zu maximieren, so daß auch noch die letzten Tropfen Flugbenzin in den Tanks die vier Pratt-Whitney-Motoren erreichten. Die Erklärung eines Treibstoff-Notfalls gegenüber der New Yorker Anflugkontrolle oder dem Kennedy Tower hätte Flug 052 Priorität vor allen anderen Flugzeugen verschafft und ohne jeden Zweifel die Maschine vor dem Absturz bewahrt. Ohne Notfallerklärung und ohne Unterrichtung der Anflugkontrolle über die dringend gebotene Landung der Maschine zog Flug 052 fast eine Stunde lang Warteschleifen über dem JFK Airport. Der Kapitän flog die Maschine und der Copilot hielt den Kontakt mit New York Approach und dem Tower. Es war gegen 21.00 Uhr.

Copilot: New York Approach, Avianca Null Fünf Zwei auf Flugfläche fünftausend [Fuß].
New York Approach: Avianca Null Fünf Zwei Heavy, New York Approach, guten Abend. Fliegen Sie Kurs null sechs null.

Copilot: Kurs null sechs null, Avianca Null Fünf Zwei Heavy.
Flugingenieur: Sobald wir ... tausend Pfund oder weniger in jedem Tank haben, ist es notwendig, eine [Notlandung] zu machen.
Copilot: Ja, Sir.
Flugingenieur: Die Anweisungen zum Durchstarten besagen, man soll den Schub langsam erhöhen, eine rasche Beschleunigung vermeiden und die Nase nur auf Minimum nach oben halten.
Kapitän: Was halten?
Copilot: Auf dem Minimum, geringstmögliche Nasen-Höhe. Das heißt, die Nase so wenig wie möglich nach oben halten.
Flugingenieur: Das wird gehen.
Copilot: Dann Klappen auf Position fünfundzwanzig und V ref. plus zwanzig halten ... Der höchste Durchstartvorgang fängt jetzt an.
Flugingenieur: *[Liest aus dem Flughandbuch vor.]* »Die Klappen« – Entschuldigung – »das Fahrwerk mit positiver Steigrate hochziehen ... Falls ein Unterdrucklicht aufleuchtet, nicht den Schalter auf Aus stellen ...« Die Unterdrucklämpchen der [Treibstoff-]Pumpen gehen an. Die Nasenhöhe reduzieren, die Nasenhöhe.
Copilot: Die vorderen [Treibstoff-]Pumpen ...
Kapitän: Welchen Kurs haben Sie da? Suchen Sie Kennedy auf meiner Seite.
Copilot: Kennedy ist auf Nummer zwei, aber wenn [Sie] wollen, Kommandant, kann ich die Funkeinstellung gleich jetzt durchführen, damit wir geführt werden. Wir sind nun fast auf Rückenwind-Position.
Kapitän: Wir sind schon [am Flughafen] vorbei, nein?
Copilot: Ja, Sir.
Approach: Avianca Null Fünf Zwei Heavy, steuern Sie eine Linkskurve, Kurs drei sechs null.
Copilot: Links, Kurs drei sechs null, Avianca Null Fünf Zwei Heavy.
Flugingenieur: Drei sechs null.
Copilot: Ja, Kommandant, genau das sagt er.
Kapitän: Machen Sie das Funk-Setup, aber überlassen Sie mir das VOR ... Zwei was?

Copilot: Zwei dreiundzwanzig.
Kapitän: Zwei dreiundzwanzig. Welchen Kurs hat er für uns?
Copilot: Neu. Er gibt uns drei sechs null.
Kapitän: Okay.
Copilot: Ich mach' jetzt das Funk-Setup auf Nummer zwei.
Kapitän: Machen Sie das Funk-Setup.
Kabine: *[Geräusch des Warnhorns für das Fahrwerk.]*
Kapitän: Hej, [ich] versteh' das so, daß die Nase so niedrig wie möglich gehalten werden muß, ja?
Flugingenieur: Das ist korrekt. Es sagt, daß die vorderen Pumpen ...

Der Flugingenieur versucht die Versorgung der Motoren mit Treibstoff aufrechtzuerhalten. Die »Pumpen«, von denen er spricht, versorgen die Triebwerke mit Treibstoff.

Approach: Avianca Null Fünf Zwei Heavy, machen Sie eine Linkskurve auf Kurs drei null null.
Copilot: *[An Approach]* Linkskurs drei null null. Avianca Null Fünf Zwei Heavy. Drei null null auf dem Kurs.
Flugingenieur: In den vorderen Förderpumpen könnte während des Durchstartens die Treibstoffzufuhr abreißen. Was heißt, sie enthalten keinen Treibstoff und es kann zu einem Flame-out kommen [mit anderen Worten, die Pumpen können keinen Treibstoff zum Pumpen haben und infolgedessen erlöschen in den Brennkammern der Triebwerke die Flammen], und es ist nötig, die Nase wieder nach unten zu drücken [damit Benzin in die Pumpen fließt].
Kapitän: Kurs dreihundert.
Copilot: Dreihundert. Genau jetzt nähern wir uns dem Flugplatz wieder und wir haben siebenundzwanzig, siebzehn Meilen.
Flugingenieur: Roger.
Copilot: Das heißt, wir werden heute Hamburger zu Abend essen.
Approach: Avianca Null Fünf Zwei Heavy, biegen Sie nach links Kurs auf zwei neun.

Copilot: Linkskurs zwei neun null, Avianca Null Fünf Zwei Heavy. Auf Kurs zwei neun null, bitte.
Kapitän: Kurs zwei dreiundzwanzig auf der Anzeige, bleiben Sie auf der Frequenz.
Copilot: Auf Frequenz bleiben.
Kapitän: Lassen Sie die ILS-Frequenz in Kennedy, bis ich es Ihnen sage. Suchen Sie sie selbst aus.
Copilot: Ist geschehen.
Kapitän: Gut ...
Copilot: Die Marker sind gesetzt.
Approach: Avianca Null Fünf Zwei Heavy, sinken und halten, äh, sinken und halten auf dreitausend [Fuß].
Copilot: Sinken und halten auf dreitausend, Avianca Null Fünf Zwei Heavy.
Flugingenieur: Sie haben uns. Sie führen uns schon.
Copilot: Sie helfen uns [lassen uns landen] vor einem –
Kapitän: Was?
Copilot: Sie helfen uns.
Flugingenieur: Sie wissen bereits, daß es uns nicht gut geht.
Kapitän: Nein, sie holen uns runter [senken uns ab].
Copilot: Eintausend Fuß.
Kapitän: Äh, ja.
Copilot: Sie geben uns Priorität.
Approach: Avianca Null Fünf Zwei Heavy, kurven Sie nach links auf zwei sieben null.
Copilot: Linkskurve auf zwei sieben null.
Copilot: Kurs zwei sieben null.
Kapitän: Zwei siebzig.
Copilot: [Die Landebahn] liegt vor uns.
Flugingenieur: Ja.
Kapitän: Bleiben Sie auf dem Leitstrahl.
Copilot: Ja, Sir. Bis zum Outer Marker sind es noch sieben Meilen.
Approach: Avianca Null Fünf Zwei Heavy, fliegen Sie eine Linkskurve mit Kurs zwei fünf null, setzen Sie auf den Leitstrahl auf.

Copilot: Kurs zwei fünf null, Leitstrahl auffangen, Avianca Null Fünf Zwei Heavy. Das ist der Endanflugskurs. Wollen Sie das ILS, Kommandant?
Approach: Avianca Null Fünf Zwei Heavy, Sie sind eins fünf Meilen vom Outer Marker entfernt. Halten Sie zweitausend [Fuß], bis Sie auf dem Leitstrahl eingependelt sind. Freigabe für ILS [Bahn] 22 links.
Flugingenieur: Zweitausend.
Kapitän: Nehmen Sie das ILS auf meiner Seite.
Copilot: ILS Nummer eins, einhundertzehn Komma neun, gesetzt auf zweitausend Fuß.
Flugingenieur: Leitstrahl ist an.
Kapitän: Geben Sie mir Klappen vierzehn.
Copilot: Wir sind dreizehn Meilen vom Outer Marker weg. Klappen vierzehn.
Kapitän: Navigation Nummer eins. Haben Sie schon Klappen vierzehn eingestellt, nein?
Copilot: Ja, Sir, [sie] sind eingestellt. Navigation Nummer eins.
Approach: Avianca Null Fünf Zwei Heavy, Geschwindigkeit eins sechs null, wenn machbar.
Kapitän: Geben Sie mir Klappen fünfundzwanzig.
Copilot: Vor uns ist Verkehr.
Kapitän: Wir können mit der Landeklappenstellung einhundertvierzig [mph] halten. Wie viele Meilen ist das Ding entfernt?
Copilot: Es befindet sich sieben Meilen vor uns, Kommandant, und wir sind im Augenblick zehn Meilen vom Outer Marker entfernt.
Kapitän: Wechseln Sie die Freuquenz, das ILS, bitte.
Copilot: Jetzt wird der Kurs am Outer Marker aufgefangen. Das heißt, wir bekommen keine Probleme, Kommandant. Landekurssender ist auf der linken Seite.
Approach: Avianca Null Fünf Zwei Heavy, nehmen Sie Kontakt mit dem Kennedy Tower auf, auf eins eins neun Komma eins, auf Wiederhören.
Copilot: Eins eins neun Komma eins, tschüs. Kennedy Tower, Avianca Null Fünf Zwei auf 22 Links.

Kennedy Tower: Avianca Null Fünf Zwei Heavy, Kennedy Tower, 22 links. Sie sind Nummer drei [dritte Maschine im Landeanflug] nach [einer Boeing] 727-Verkehr auf, äh, neun Meilen Endanflug.
Copilot: Avianca Null Fünf Zwei, roger.
Kapitän: Kann ich das Fahrwerk schon ausfahren?
Copilot: Nein, ich denke, das ist noch zu früh. Wenn wir das Fahrwerk ausfahren, müssen wir die Nase zu hoch halten.
Flugingenieur: Und es ist nicht sehr ...
Tower: Avianca Null Fünf Zwei, wie ist Ihre Geschwindigkeit?
Copilot: Avianca Null Fünf Zwei, eins vier null Knoten.
Kapitän: Sie fragen wegen der American [Airlines 727, die vor der Avianca landen sollte].
Tower: Avianca Null Fünf Zwei, können Sie Ihre Geschwindigkeit um eins null Knoten erhöhen?
Kapitän: Eins null.
Copilot: Okay, eins null Knoten, steigend.
Tower: Beschleunigen Sie, beschleunigen Sie!
Kapitän: Was?
Copilot: Beschleunigend.
Kapitän: Was?
Tower: Okay.
Flugingenieur: Zehn Knoten mehr.
Copilot: Zehn winzige Knoten mehr.
Kapitän: Machen wir. Reden Sie lauter mit mir, ich verstehe nichts. [Der Kapitän hört schlecht.]
Copilot: Wir sind jetzt drei Meilen vom Outer Marker entfernt.
Kapitän: Ich korrigiere gerade das ILS.
Copilot: Wir haben es schon aufgefangen. Gleitpfad steht.
Kapitän: Ich werde mit einhundertvierzig [mph] anfliegen. Das will er doch, oder welchen Wert will er haben?
Copilot: Einhundertfünfzig. Wir hatten einhundertvierzig, und er wollte zehn winzige Knoten mehr haben.
Kapitän: Fahrwerk ausfahren.
Copilot: Fahrwerk unten.

Kapitän: Mode-Selektor auf Landeanflug-Checkliste.

Sie gehen die Landeanflug-Checkliste durch.

Tower: Avianca Null Fünf Zwei, 22 links. Wind aus eins neun null mit zwei null. Freigegeben zur Landung.
Flugingenieur: Fahrwerk.
Copilot: Freigegeben zur Landung, Avianca Null Fünf Zwei Heavy. Wind, bitte?
Tower: Aus eins neun null mit zwei null.
Copilot: Danke. Einhundertneunzig mit zwanzig ist der Wind.
Kapitän: Mit was?
Tower: Avianca Null Fünf Zwei, wie hoch ist Ihre Geschwindigkeit?
Copilot: Null fünf zwei ist, äh, eins vier fünf Knoten.
Tower: TWA Acht Null Eins Heavy, wenn machbar, nehmen Sie die Geschwindigkeit auf eins vier fünf zurück.
Kapitän: Geben Sie mir fünfzig [Landeklappen]. Sind wir zur Landung freigegeben?
Copilot: Ja, Sir. Wir sind zur Landung freigegeben.
Flugingenieur: Hydraulikdruck normal.
Copilot: Klappen fünfzig bereit.
Kapitän: Geben Sie mir fünfzig.
Flugingenieur: Alles für die Landung bereit.
Copilot: Unter dem Gleitpfad.
Kapitän: Bestätigen Sie den Wind.
Tower: Avianca Null Fünf Zwei Heavy, können Sie Ihre Geschwindigkeit um eins null Knoten erhöhen?
Copilot: Ja, machen wir gerade.
Tower: Okay, danke.
Kapitän: Bestätigen Sie den Wind.

In den folgenden eineinhalb Minuten folgt der Avianca-Flug seinem Gleitpfad zum Kennedy International Airport.

Kabine: *[Das GPWS ertönt: »Whoop, whoop! Pull up! Pull up! Hochziehen!«]*
Copilot: Sinkrate. Fünfhundert Fuß.
Kapitän: Landescheinwerfer. Wo ist die Landebahn! Die Landebahn! Wo ist sie?
Kabine: *[Das GWPS schlägt Alarm: »Gleitpfad.«]*
Copilot: Ich sehe sie nicht! Ich sehe sie nicht!
Kapitän: Holen Sie das Fahrwerk hoch. Fahrwerk hoch.
Kabine: *[Das Warnhorn des Fahrwerks ertönt.]*
Kapitän: Fordern Sie einen zweiten Anflugkurs an.
Copilot: *[An Tower]* [Wir] haben den Anflug verpaßt, Avianca Null Fünf Zwei Heavy.
Flugingenieur: Vorsicht mit der Nase, Vorsicht mit der Nase, Vorsicht mit der Nase.
Tower: Avianca Null Fünf Zwei Heavy, roger. Äh, steigen und zweitausend halten, nach links kurven, Kurs eins acht null.

An diesem Punkt startet der Avianca-Flug, nachdem er seine Anflugbahn verpaßt hat, durch.

Kapitän: *[Zur Cockpitbesatzung]* Wir haben dafür [zum Durchstarten] nicht genug Treibstoff ...
Copilot: Zweitausend Fuß halten, auf Kurs eins acht null.
Kapitän: Klappen fünfundzwanzig. Ich weiß nicht, was mit der Landebahn passiert ist. Ich habe sie nicht gesehen.
Flugingenieur: Ich habe sie nicht gesehen.
Copilot: Ich habe sie nicht gesehen.
Tower: Avianca Null Fünf Zwei, Sie machen eine Linkskurve, richtig, Sir?
Kapitän: Sagen Sie ihnen, daß wir einen Notfall haben.
Flugingenieur: Zweitausend Fuß.
Copilot: *[An Tower]* Das [die Kurve] ist richtig, auf Kurs eins acht null, und, äh, wir versuchen es [eine Landung] noch einmal. Uns geht der Treibstoff aus.

Der Copilot erwähnt dem Tower gegenüber, daß der Treibstoff knapp wird, aber er erklärt nicht den Notfall; die Erklärung muß formell erfolgen, damit der eine Notsituation meldende Flug allerhöchste Landepriorität erhält.

Tower: Okay.
Kapitän: Was hat er [der Kennedy Tower] gesagt?
Copilot: Zweitausend Fuß halten, Kurs eins acht. Ich habe ihm schon mitgeteilt, daß wir es noch einmal versuchen, weil es jetzt nicht klappt.
Kapitän: Sagen Sie [Kennedy Tower], daß wir [einen] Notfall haben! Haben Sie es ihm gesagt?
Copilot: Ja, Sir. Ich habe es ihm schon gesagt.
Kapitän: Klappen vier ... fünfzehn.
Tower: Avianca Null Fünf Zwei Heavy, setzen Sie die Linkskurve fort, Kurs eins fünf null, und halten Sie zweitausend Fuß.
Kapitän: Sie [sagten] uns, wir sollen die Geschwindigkeit zurücknehmen, das ist es, Mann. Hundertfünfzig [mph].
Copilot: Einhundertfünfzig, auf Kurs.
Kapitän: Klappen fünfzehn.
Copilot: *[An Approach]* Approach, Avianca Null Fünf, äh, Zwei Heavy – wir haben gerade [unseren] Anflug verpaßt, und wir, äh, halten zweitausendfünf auf ...
Approach: Avianca Null Fünf Zwei Heavy, New York, guten Abend. Auf dreitausend steigen und halten.
Kapitän: Sagen Sie ihnen, daß wir keinen Treibstoff mehr haben.

Der Copilot erklärt noch immer nicht den vollen Notfall.

Copilot: *[An Approach]* Auf dreitausend steigen und halten, und, äh, uns geht der Treibstoff aus, Sir.
Approach: Okay, fliegen Sie Kurs null acht null.
Kapitän: *[Zum Copiloten]* Haben Sie denen schon gesagt, daß wir keinen Treibstoff mehr haben?

Copilot: Ja, Sir. Ich habe es ihm schon gesagt ... Wir sollen dreitausend Fuß halten, und er wird uns zurückbringen.
Kapitän: Okay.
Approach: Avianca Null Fünf Zwei Heavy, ziehen Sie nach links, Kurs null sieben null.
Copilot: Kurs null sieben null, Avianca Null Fünf Zwei Heavy.
Approach: Und, Avianca Null Fünf Zwei Heavy, äh, ich bringe Sie ungefähr fünfzehn Meilen nach Nordosten und führe Sie dann auf den Anflug zurück. Geht das für Sie und Ihren Treibstoff?
Copilot: Ich denke ja, dankeschön.
Kapitän: Was hat er gesagt?
Flugingenieur: Der Knabe [von der Anflugkontrolle] ist verärgert.
Copilot: Fünfzehn Meilen, damit wir wieder zum Landesender kommen.
Kapitän: Das werde ich befolgen.
Copilot: Wir müssen dem identifizierten ILS folgen.
Kapitän: Bis in den Tod. Nur die Ruhe, nur die Ruhe.
Copilot: *[An Tower]* Äh, können Sie uns jetzt einen Endanflug geben? Avianca Null Fünf Zwei Heavy.
Approach: Avianca Null Fünf Zwei, bestätigt, Sir. Kurven Sie nach links, Kurs null vier null.
Flugingenieur: Ich habe die [Lande-]Scheinwerfer angeschaltet.
Approach: *[An TWA Flug 801]* TWA Acht Null Eins Heavy, ziehen Sie eine Linkskurve, Kurs zwei fünf null, Sie sind fünf Meilen vom Outer Marker entfernt. Halten Sie zweitausend, bis Sie auf dem Landesender sind. Freigegeben für ILS 22 links.
Copilot: Avianca Null Fünf Zwei Heavy, Linkskurve zwei fünf null, und, äh, wir sind fürs ILS freigegeben.
Kapitän: Welcher Kurs? Sagen Sie ihn mir.
Copilot: Zwei fünf null.
Approach: Avianca Fünf Zwei, auf dreitausend steigen und halten.
Kabine: *[Warnhorn des Fahrwerks ertönt.]*
Copilot: *[Zum Piloten]* Äh, negativ, Sir. Uns geht gerade der Treibstoff aus. Wir sind auf dreitausend. Sind jetzt drauf.

Kapitän: Nein, nein, drei ... dreitausend, dreitausend.
Approach: Okay, Linkskurve, Kurs drei eins null, Sir.
Copilot: Drei eins null, Avianca Null Fünf Zwei.
Kapitän: Sagen Sie mir ...
Copilot: Drei eins null im ...
Kapitän: Klappen vierzehn.
Copilot: Drei eins null.
Flugingenieur: Nein, Sir, wir sind in ...
Kapitän: Stellen Sie Klappen vierzehn ein.
Approach: Avianca Fünf Zwei, fliegen Sie Kurs drei sechs null, bitte.
Copilot: Vierzehn Grad.
Kapitän: Sagen Sie mir den Kurs. Welcher?
Copilot: Okay, wir sollen jetzt drei sechs null halten.
Approach: Okay, und Sie sind Nummer zwei [in der Schlange] für den Anflug. Ich muß Ihnen nur genug Raum geben, damit Sie es nicht, äh, noch mal machen [durchstarten] müssen.
Copilot: Okay, wir sind Nummer zwei und fliegen jetzt drei sechs null.
Kapitän: Drei sechzig, oder?
Copilot: Drei sechzig.
Kapitän: Klappen vierzehn.
Approach: *[An TWA 801]* TWA Acht Null Eins Heavy, Sie sind acht Meilen hinter einem schweren Jet [Avianca]. Nehmen Sie Kontakt mit Kennedy Tower auf, eins eins neun Komma eins. Danke für Ihre Hilfe.
TWA 801: *[An Approach]* Okay, Acht Null Eins, roger, und wie ist seine Grund- ... wie ist seine Geschwindigkeit, wissen Sie das?
Approach: Äh, er zeigt zehn Knoten weniger an, acht Meilen.
TWA 801: Okay, danke.
Approach: *[An PanAm Flug 1812]* Clipper Achtzehn Zwölf Heavy, Geschwindigkeit eins sechs null, wenn möglich.
PanAm 1812: Achtzehn Zwölf Heavy verlangsamt auf eins fünfzig.
Approach: Avianca Null Fünf Zwei Heavy, drehen Sie nach links, Kurs drei drei null.

Copilot: Auf Kurs drei drei null, Avianca Null Fünf Zwei. Kurs drei drei null.
Flugingenieur: Flame out *[Flammen in Brennkammern sind ausgegangen]*! Flame out in Motor Nummer vier.

Die Tanks sind leer.

Kabine: *[Geräusch zeitweiliger Energieunterbrechung des CVR.]*
Kapitän: Flame out in ihm [dem Motor].
Flugingenieur: Flame out in Motor Nummer drei, erlöschend auch in Nummer zwei, in Nummer eins.
Kapitän: Zeigen Sie mir die Landebahn.
Copilot: *[An Approach]* Avianca Null Fünf Zwei, wir haben gerade, äh, zwei Motoren verloren und wir, äh, brauchen bitte Priorität.
Approach: Avianca Null Fünf Zwei, ziehen Sie nach links, Kurs zwei fünf null, gehen Sie auf den Leitstrahl.
Kabine: *[Man hört, daß ein Motor leiser wird.]*
Copilot: Zwei fünf null. Roger.
Kapitän: Gehen Sie aufs ILS.
Approach: Avianca Null Fünf Zwei Heavy, Sie sind eins fünf Meilen [fünfzehn Meilen] vom Outer Marker entfernt, halten Sie zweitausend [Fuß], bis Sie auf dem Leitstrahl sind. Freigegeben für ILS 22 links.
Copilot: Roger, Avianca.
Kapitän: Haben Sie das ILS?
Copilot: Es ist bereits auf zwei.

Ende der Aufzeichnung.

Da den Motoren der Treibstoff ausgegangen war, stürzte der Avianca-Flug auf Cove Neck. Kapitän, Copilot und Flugingenieur kamen genau wie fünf der sechs Stewardessen ums Leben. Von den 158 Passagieren an Bord starben 73 Personen, 82 wurden schwer und 3 Personen leicht verletzt. Das Flugzeug schlug um 21.35 Uhr auf dem Boden auf.

8. Puerto Plata, Dominikanische Republik 6. Februar 1996

Birgen Air ALW301

Sieben Minuten nach dem Start vom Flughafen Gregorio Luperon flog die Birgen Air Boeing 757, als Charterflug ALW301, mit 176 Passagieren und einer dreizehnköpfigen Besatzung an Bord, auf dem Weg nach Frankfurt am Main durch das spätnächtliche Dunkel der Ostkaribik. Während des Rollvorgangs beim Start war der Fahrtmesser des Piloten ungenau, und so las der Copilot die Geschwindigkeit von dem Fahrtmesser auf seiner Seite des Cockpits ab. Die Crew sah keine Veranlassung, den Flug abzubrechen; doch der Fehler bei der Geschwindigkeitsmessung, der durch eine blockierte Strömungssonde an der Außenseite der Maschine (ähnlich den Elektroniksonden bei dem verhängnisvollen AeroPeru-Flug; siehe Kapitel 2) ausgelöst wurde, verwirrte den Piloten, und das Flugzeug erlitt einen Strömungsabriß. Der Pilot konnte die Maschine nicht mehr abfangen. So stürzte sie fünf Meilen vor der Küste der Dominikanischen Republik ins Meer und sank 7200 Fuß tief auf den Grund. Die Flugschreiber konnten am 28. Februar 1996 mit einem Aufwand von 1,4 Millionen Dollar aus der Tiefe geborgen werden.
Wir schalten uns in die CVR-Aufzeichnung an der Stelle ein, als die Boeing 757 auf der Startbahn zum Abheben beschleunigt.

Gregorio Luperon Tower: Einen angenehmen Flug.
Cockpit: *[Geräusch der hochdrehenden Triebwerke.]*
Copilot: Schub ist eingestellt.
Kapitän: Okay, gecheckt.
Copilot: Achtzig Knoten.

Kapitän: Gecheckt. Mein Fahrtmesser funktioniert nicht.
Copilot: Ja. Ihrer geht nicht. Eins zwanzig [mph].
Kapitän: Arbeitet Ihrer?
Copilot: Ja, Sir.
Kapitän: Sagen Sie sie mir [die Geschwindigkeit].
Copilot: V 1. Rotieren [Abheben].
Kapitän: Positiv, Steigflug. Fahrwerk rein.
Copilot: Positiv, Steigflug.
Cockpit: *[Man hört, daß der Fahrwerkshebel betätigt wird.]*
Copilot: Fahrwerk eingefahren. LNAV [Horizontale Navigation auf Autopilot]?
Kapitän: Ja, bitte.
Copilot: LNAV.
Kapitän: Ja.
Copilot: Läuft.
Kapitän: Lassen sich die Wischer [der Windschutzscheibe] auch abstellen?
Copilot: Okay, Wischer aus.
Cockpit: *[Man hört, wie die Wischblätter stoppen.]*
Kapitän: Steigschub.
Copilot: Steigschub.
Kapitän: VNAV [Vertikale Navigation auf Autopilot].
Copilot: VNAV. Okay, Klappen.
Kapitän: Klappen auf fünf, Klappen auf eins.
Copilot: Klappen auf eins.
Kapitän: Fahrwerkshebel auf Aus.
Copilot: Fahrwerkshebel ist auf Aus.
Kapitän: Klappen hoch.
Copilot: Klappen hoch.
Kapitän: [Beginnen Sie mit der] After-Takeoff-Checkliste.
Copilot: After-Takeoff-Checkliste: Fahrwerk hoch und aus; Klappen sind drin, gecheckt, Höhenmesser später, After-Takeoff beendet.
Kapitän: Auf Center-Autopilot, bitte.

Copilot: Center-Autopilot ist bereit.
Kapitän: Danke. Eins null eins drei. Seitenruder-Ratio. Mach-Geschwindigkeit trimmen.
Copilot: Ja, trimmen.
Kapitän: Irgend etwas stimmt nicht. Wir haben da ein paar Probleme. Okay, irgend etwas spielt verrückt. Sehen Sie es?
Copilot: Im Augenblick spielt da was verrückt. Zweihundert [mph] nur auf meinem [Fahrtmesser] und [die Geschwindigkeit ist] sinkend, Sir.
Kapitän: Beide [Fahrtmesser] gehen falsch. Was können wir machen? Überprüfen wir die Druckknopfsicherungen.
Copilot: Ja.
Kapitän: Die andere geht richtig.
Copilot: Die andere geht richtig.
Kapitän: Als das Flugzeug noch nicht flog und auf dem Boden [war], ist irgend etwas passiert ... Wir glauben ihnen nicht [den Fahrtmessern].

An dieser Stelle bemerken wir erste Anzeichen, daß der Pilot völlig verwirrt ist.

Flugingenieur: Soll ich die Druckknopfsicherung neu einstellen?
Kapitän: Ja, tun Sie das.
Flugingenieur: Damit wir dahinterkommen, was nicht stimmt?
Kapitän: Ja.
Cockpit: *[Warnhorn für überhöhte Geschwindigkeit ertönt.]*
Kapitän: Okay, das ist kein Problem. Nehmen Sie die Geschwindigkeit [zurück]. Wir werden sehen ...
Cockpit: *[Warnhorn für überhöhte Geschwindigkeit verstummt.]*
Copilot: Jetzt steht er auf dreihundertfünfzig [mph], ja.
Kapitän: Dann glauben wir das mal so ...
Cockpit: *[Vier Warnhörner ertönen; man hört das Rütteln der Steuersäule, das Warnsignal für einen Strömungsabriß, auch Stall genannt; es bleibt bis zum Ende der Aufzeichnung zu hören; vier Warnhörner ertönen.]*

Copilot: Sir ... [drücken Sie] die Nase nach unten.
Flugingenieur: Jetzt ...
Copilot: [Geben Sie mehr] Schub ...
Kapitän: Schalten Sie den Autopilot aus. Ist der Autopilot ausgeschaltet?
Copilot: Schon ausgeschaltet, ausgeschaltet, Sir.
Kapitän: [Sie will] nicht steigen? Was soll ich machen?
Copilot: Sie können horizontal fliegen. Höhe ist okay. Ich nehme den Höhengriff, Sir.
Kapitän: Nehmen Sie ihn, nehmen Sie ihn.
Copilot: Höhe gehalten. Okay, fünftausend Fuß.
Kapitän: Schubhebel, Schub, Schub, Schub, Schub.
Copilot: Bremsen.
Kapitän: Schub. Nehmen Sie ihn nicht zurück, nehmen Sie ihn nicht zurück, nehmen Sie ihn nicht zurück, nehmen Sie ihn nicht zurück.
Copilot: Okay, offen [die Drosselklappen], offen ...
Kapitän: Nicht schließen. Bitte nicht schließen.
Copilot: Offen, Sir, offen ...
Flugingenieur: Sir, drehen Sie auf.
Kapitän: Was ist da los?
Copilot: Oh, was ist los?
Cockpit: *[Das Warnsystem für zu große Bodennähe löst aus: »Whoop, whoop! Pull up, pull up! Hup, hup, ziehen Sie hoch«, schallt es bis zum Ende der Aufzeichnung.]*
Copilot: Dann machen wir das ...

Ende der Aufzeichnung.

Die Birgen Air Chartermaschine sackte durch und befand sich eine Minute und einundvierzig Sekunden lang im freien Sturzflug, bevor sie auf dem Meer aufschlug. Alle Personen an Bord kamen ums Leben.

9. Elmendorf Air Force Base, Alaska 22. September 1995

Yukla – Flug 27

Eine zum Radar-E-3a-Aufklärungsflugzeug umgebaute Boeing 707 des 3rd Wing der US Airforce bereitete sich am 22. September 1995 um 7.47 Uhr mit zwanzig Passagieren und vier Besatzungsmitgliedern an Bord zum Start vor. Es war ein freundlicher, aber bedeckter Morgen. Da es Herbst war, hatten sich Schwärme von kanadischen Fluggänsen auf den Grasflächen rund um den Flugplatz niedergelassen, während andere Gänse sich in die Luft erhoben hatten und in der Nachbarschaft der Startbahn umherflogen. Die Crew der Luftwaffen-Boeing, Yukla 27 Heavy genannt, bemerkte die Vögel nicht.
Wir schalten uns genau in dem Augenblick in die CVR-Aufzeichnung ein, als sich die Yukla 27 zum Start vorbereitete.

Elemendorf Tower: Yukla Zwei Sieben Heavy, der Wind ist drei eins null mit eins eins, freigegeben zum Start [auf] Startbahn Fünf. Verkehr ist eine C-Eins dreißig drei Meilen nördlich von Elmendorf auf Kurs Nordwest und steigt auf zweitausend.
Cockpit: [Lichtschalter.]
Copilot: [Haben die C-130] in Sicht. Und Yukla Zwei Sieben klar zum Start, Verkehr in Sicht. *[Zum Cockpit]* Startbereit, Crew.
Flugingenieur: Check beendet.
Cockpit: *[Die Triebwerke heulen auf.]*
Kapitän: Ingenieur, geben Sie Startschub.
Cockpit: *[Die Triebwerke heulen auf.]*
Kapitän: Achtzig Knoten, Flugzeug des Copiloten *[der Copilot fliegt die Maschine].* Ihr Flugzeug. V 1. Rotieren [abheben].

Copilot: [Sehen Sie nur] all diese Vögel.
Flugingenieur: [Hier sind aber] eine Menge Vögel.

An diesem Punkt saugten die Triebwerke eins und zwei mehrere Gänse ein, die die Fanblätter beschädigten.

Kapitän: Verdammt, wir haben einen erwischt.
Copilot: Was hab' ich erwischt?
Flugingenieur: Wir haben zwei erwischt.
Kapitän: Wir haben zwei Motoren.
Flugingenieur: Flugstart.

Der Flugingenieur bittet um den Versuch, die ausgefallenen Motoren nochmals starten zu dürfen.

Copilot: Roger.
Kapitän: Überlassen Sie mir die Maschine.
Copilot: Übernehmen Sie auf, auf ... Elmendorf Tower, Yukla Zwei Sieben Heavy hat einen Notfall. Verloren, äh, zwei Triebwerke. Wir haben ein paar Vögel erwischt.
Ein Flugingenieur-Ausbilder im Cockpit: Sie sind im Override [Korrektur-Modus]. Da ist das Seitenruder.
Flugingenieur: Ich habe es.
Instructor: Sie sind im Override.
Kapitän: Dankeschön.
Flugingenieur: Beginne Kerosin abzulassen.
Kapitän: Fangen Sie mit dem Ablassen an.
Tower: Yukla Zwei Sieben Heavy, roger. Sagen Sie, was Sie vorhaben.
Cockpit: *[Der Stick shaker, der vor einem Strömungsabriß warnt, geht an und bleibt bis zum Aufprall in Betrieb.]*
Copilot: Yukla Zwei Sieben Heavy kommt zur Notlandung zurück. Drücken Sie die Nase runter, drücken Sie die Nase runter, drücken Sie die Nase runter.

Tower: Zwei Sieben Heavy, roger.
Kapitän: Gehen runter.
Copilot: Oh mein Gott.
Kapitän: Oh, Scheiße.
Copilot: Geben Sie ihr alles, was Sie haben; geben Sie ihr alles, was Sie haben. Zwei Sieben Heavy, Notfall ...
Tower: Raus mit dem Crash[-gerät, -ausstattung], raus mit dem Crash-
Copilot: *[Über die Bordsprechanlage]* Bruch[-landung].
Kapitän: Wir gehen rein. Wir kommen runter.

Ende der Aufzeichnung.

Die Luftwaffe gelangte zu dem Schluß, daß die Ursache für die Bruchlandung ein »mehrfacher Treffer« kanadischer Gänse in den Motoren Nummer eins und zwei kurz nach dem Start gewesen sei. Das Flugzeug stürzte in einen Wald und fing Feuer. Alle vierundzwanzig Personen an Bord starben.

10. Amsterdam, Niederlande
4. Oktober 1992

El Al – Flug 1862

Der El Al Flug 1862 mit drei Besatzungsmitgliedern und einem Passagier an Bord transportierte Fracht vom Amsterdamer Flughafen Schiphol zum Ben Gurion Airport in Israel. Die Boeing 747 startete um 17.21 Uhr von der Startbahn 01L in Amsterdam. Sechs Minuten später, um 5.27:30 Uhr, als die Maschine gerade die 6500-Fuß-Marke erreicht hatte, lösten sich Triebwerk Nummer drei und die Aufhängung, die das Triebwerk mit dem Flügel verbindet, von eben dem Flügel und schlugen auf Triebwerk Nummer vier auf, das daraufhin ebenfalls vom Flügel abgerissen wurde. Die Crew erklärte sofort den Notfall und verlangte die Freigabe, auf Landebahn 27 aufsetzen zu dürfen. Die einzelnen Stimmen auf dem CVR-Band sind nicht zu identifizieren, deshalb wird hier der Begriff »Crew« anstatt der verschiedenen Personen im Cockpit benutzt. Die nachfolgende Aufzeichnung setzt in dem Augenblick ein, als die Crew den Notfall meldet.

Crew: El Al Eins Acht Sechs Zwei, Mayday, Mayday, wir haben einen Notfall ...

Die Air-Traffic Control bestätigt die Notfallmeldung und gibt sofort allen anderen in der Luft befindlichen Flugzeugen mit dem Kommando »Break« die Anweisung, sich vom Flugplatz fernzuhalten.

Air-Traffic Control: El Al Eins Acht Sechs Zwei, roger. Break, KLM Zwei Drei Sieben, drehen Sie nach links ab auf null neun null. El Al Eins Acht Sechs Zwei, wollen Sie nach Schiphol zurückkehren?

Crew: Bestätigt. Mayday, Mayday, Mayday.
Control: Drehen Sie nach rechts auf zwei sechs null, Flugplatz, äh ... hinter Ihnen, äh ... in Ihrem – nach Westen, äh ... Entfernung achtzehn Meilen.
Crew: Wir haben einen Brand in Triebwerk Nummer drei, wir haben Feuer in Triebwerk Nummer drei.
Control: Roger, gehen Sie auf zwei sieben null Rückenwind.
Crew: Zwei sieben null Rückenwind.
Control: El Al Eins Acht Sechs Zwei, Bodenwind aus null vier null mit einundzwanzig Knoten.
Crew: Roger.
Crew: El Al Eins Acht Sechs Zwei, Triebwerk Nummer drei und Nummer vier verloren, Triebwerk Nummer drei und Nummer vier.
Control: Roger, Eins Acht Sechs Zwei.
Crew: Welche Landebahn kann ich in Amsterdam nehmen?
Control: Landebahn 6, Sir. Bodenwind aus null vier null mit einundzwanzig Knoten.
Crew: Wir erbitten [Landebahn] 27 zum Landen.
Control: Roger, können Sie jetzt auf Approach [auf die Funkfrequenz wechseln] eins zwei eins Komma zwei zum Einreihen?
Crew: Eins zwei eins Komma zwei, tschüs.
Control: Tschüs.
Crew: Schiphol, El Al Eins Acht Sechs Zwei, wir haben einen Notfall, äh ... wir ... die Triebwerke Nummer drei und vier sind ausgefallen ... [kommen] zum Landen.
Control: El Al Eins Acht Sechs Zwei, roger, Ihren Notfall verstanden, gehen Sie auf die [Funkfrequenz] eins eins acht Komma vier zum Einreihen.
Crew: Eins eins acht Komma vier, tschüs. Schiphol, El Al Eins Acht Sechs Zwei, wir haben einen Notfall, die Triebwerke Nummer drei und Nummer vier sind ausgefallen, erbitten [Landebahn] 27 zum Landen.
Control: Sie erbitten die 27, gehen Sie in diesem Fall auf drei sechs null ... drei sechs null ist der Kurs. Sinken Sie auf zweitausend

Fuß auf eins null eins zwei, vergessen Sie nicht, der Wind kommt aus null fünf null mit zweiundzwanzig [Knoten].

Crew: Roger, können Sie den Wind bitte noch mal wiederholen?

Control: Null fünf null mit zweiundzwanzig.

Crew: Roger, welcher Kurs für Landebahn 27?

Control: Kurs drei sechs null, Kurs drei sechs null und [dann] machen Sie eine Rechtskurve, zuerst über den Leitstrahl, und Sie haben nur noch sieben Meilen von [Ihrer] jetzigen Position.

Crew: Roger, drei sechs [Kurs 360] verstanden.

Control: El Al Acht Sechs Zwei, welche Distanz brauchen Sie bis zum Aufsetzen?

Crew: Wir brauchen zwölf Meilen Endanflug für die Landung.

Control: Ja, wie viele Meilen [für den] End[-anflug] ... äh, Korrektur ... wie viele Meilen, Gleitmeilen brauchen Sie?

Crew: Wir brauchen ... äh ... einen Endanflug von zwölf Meilen zum Landen.

Control: Okay, Rechtsrechtskurs eins null null, Rechtsrechtskurs eins null null.

Crew: Kurs eins null null.

Control: El Al Eins Acht Sechs Zwei, nur um sicherzugehen, Ihre Motoren Nummer drei und vier sind aus?

Crew: Nummer drei und vier sind aus und wir haben ... äh ... Probleme mit unseren Landeklappen.

Control: Probleme mit den Landeklappen, roger.

Crew: Kurs eins null, null, El Al Eins Acht Sechs Zwei.

Control: Danke, Eins Acht Sechs Zwei.

Crew: Okay, Kurs ... äh ... und wenden, äh ... halten ...

Control: Eins Acht Sechs Zwei, wie ist Ihre Geschwindigkeit?

Crew: Wiederholen Sie das bitte.

Control: Ihre Geschwindigkeit?

Crew: Unsere Geschwindigkeit ist ... äh ... zwei sechs null.

Control: Okay, Sie haben noch ungefähr dreizehn Meilen bis zum Aufsetzen. Die Geschwindigkeit liegt bei Ihnen. Sie sind freigegeben für Bahn 27.

Crew: Zur Landung freigegeben auf 27.
Control: El Al Eins Acht Sechs Zwei, eine Rechtsrechtskurve auf Kurs zwei sieben null. Gehen Sie auf den Leitstrahl. Freigegeben zum Anflug.
Crew: Rechts rechts zwei sieben null.
Control: El Al Eins Acht Sechs Zwei, Sie werden je nach Ihrer Geschwindigkeit den Leitstrahl überqueren. Setzen Sie die Rechtskurve fort auf Kurs zwei neun null, Kurs zwei neun null,noch zwölf Gleitmeilen, zwölf Gleitmeilen.
Crew: Roger, zwei neun null.
Control: El Al Eins Acht Sechs Zwei, weiter nach rechts, Kurs drei eins null ... Kurs drei eins null.
Crew: Drei eins null.
Control: El Al Eins Acht Sechs Zwei, sinken Sie fünfzehnhundert Fuß ... fünfzehnhundert.
Crew: Fünfzehnhundert, und wir haben ein Kontrollproblem.
Control: Sie haben auch ein Kontrollproblem, roger.
Crew: Wir gehen runter, Eins Acht Sechs Zwei, wir gehen runter ... wir gehen runter ...
Control: Verstanden, [Sie] gehen runter.
Crew: Alle Landeklappen hoch, alle Landeklappen hoch, Fahrwerk runterlassen.
Control: Ja, El Al Eins Acht Sechs Zwei, Ihr Kurs –

Ende der Aufzeichnung.

Flug 1862 stürzte in einen Wohnkomplex; die Besatzung und der einzige Passagier kamen ums Leben. Am Boden fielen der Katastrophe 47 Menschen zum Opfer.
An der Aufhängung von Motor drei stellte man im innenseitigen Mittelholm eine Metallermüdung fest. Dadurch trennten sich die Aufhängung und das Triebwerk von der Tragfläche. Durch den Aufprall der Motoren Nummer drei und vier wurde der Vorflügel der Tragfläche zum Teil beschädigt, und infolgedessen fielen mehrere Kon-

trollsysteme aus. Der Ermittler gelangte zu dem Schluß, die Kontrollmöglichkeiten der Cockpitbesatzung seien so stark eingeschränkt gewesen, daß eine heile Landung höchst unwahrscheinlich, wenn nicht gar unmöglich war.

11. Nagoya-Komaki International Airport, Japan 26. April 1994

China Airlines – Flug 140

China Airlines Flug 140, ein Airbus, startete von Taipeh in Taiwan mit Ziel Nagoya, Japan, wo er um 20.12:26 Uhr über dem Outer Marker anlangte. Der Copilot begann den Anflug auf Bahn 34 ILS mit eingeschalteter Schubautomatik auf einer Höhe von 1070 Fuß, als er unbeabsichtigt und unwissentlich den Schalter für Durchstarten TOGA (Take Off-Go Around) auf dem Kontrollpanel umlegte, wodurch automatisch die Motorenleistung hochgefahren und das Flugzeug zum Abbruch der Landung und erneuten Durchstarten vorbereitet wurde. Unter Mißachtung der Eingaben, mit denen sie den Autopiloten gefüttert hatte, versuchte die Besatzung dennoch die Maschine zu landen. Um auf dem Gleitpfad zu bleiben, schaltete der Copilot die Schubautomatik aus, nahm von Hand die Leistung zurück und unterbrach den Autopiloten.

Auf 1030 Fuß gab die Crew dem Autopiloten den Befehl ein, das Flugzeug auf den Gleitpfad zu setzen. Doch der Autopilot ging zurück in den Durchstart-Modus. Um erneut auf den Gleitpfad zu gelangen, senkte die Crew die Maschine, während der Autopilot das Flugzeug anwies, die Nase hochzunehmen und durchzustarten. Kapitän und Copilot kämpften mit dem Autopiloten um die Kontrolle über das Flugzeug.

Zweiundvierzig Sekunden nach dem unbeabsichtigten Befehl zum Durchstarten schaltete die Crew die Autopiloten erneut aus, doch das Flugzeug stieg weiter. Acht Sekunden danach trieb der Computer, der Anweisung zum Durchstarten hatte, die Airbusmotoren auf vollen Schub. Der Kapitän zog den Schubhebel zurück und die Geschwindigkeit sank. Der Airbus erlitt auf 1800 Fuß einen Strö-

mungsabriß. Das Flugzeug stürzte mit dem Heck voran 300 Fuß weit rechts von der Landebahn auf den Boden und ging in Flammen auf. An jenem Abend herrschte klares Wetter mit leichtem Wind, die Sicht betrug neun Meilen.
Der Airbus hatte eine fünfzehnköpfige Besatzung und 271 Passagiere an Bord.
Wir schalten uns in das CVR-Band ein, als Flug 140 zur Landung freigegeben ist und sich auf dem Gleitpfad befindet. Der Copilot fliegt die Maschine.

Kapitän: Schalten Sie ihn ein. Schieben Sie ihn vor. Das ist zu hoch. Sie ... im Durchstart-Modus. Keine Angst, langsam, langsam, fangen Sie an. Halten Sie ihn mit Ihrer Hand fest. Schieben Sie, schieben Sie ihn vor.
Copilot: Er läßt sich nicht schieben.
Kapitän: Nur ruhig, machen Sie es langsam. Okay, ich versuche es.
Copilot: Ich schalte ihn ein. Ich schalte ihn ein.
Kapitän: Was ist das?
Copilot: Ich schalte ihn ein.
Kapitän: Gott verdammt noch mal! Warum kommt sie jetzt so herum?

Flug 140 hatte den Landeanflug abgebrochen und das automatische Durchstart-System zog die Nase hoch.

Nagoya-Komaki Tower: Warten Sie weitere Anweisungen ab.
Crew: Das Flugzeug gerät bei dieser Rate in einen Strömungsabriß.
Copilot: Keineswegs! Keineswegs!
Kapitän: Einschalten, einschalten, einschalten. Keine Bange. Keine Bange. Regen Sie sich nicht auf. Regen Sie sich nicht auf.
Kabine: *[Automatische Warnung: »Terrain, Terrain.«]*
Crew: Gas!
Kabine: *[Stall-Warnung: »Pull up. Pull up. (Hochziehen)«]*
Copilot: Äh ... keineswegs! Keineswegs!

Ende der Aufzeichnung.

Die Crew wurde durch den Autopiloten und die Schubautomatik verwirrt. Die Crew hätte das Flugzeug selbst in den letzten Sekunden vor dem Aufschlag noch retten können, wenn sie sich auf die grundlegenden Flugverfahren besonnen hätte – wenn sie den Autopiloten ausgeschaltet und das Flugzeug manuell geflogen hätte.
Die fünfzehnköpfige Besatzung kam bei dem Absturz ums Leben; von den 271 Passagieren an Bord überlebten nur 7 Personen die Katastrophe.

12. Cheju Island Airport, Südkorea 10. August 1994

Korean Air – Flug 2033

Korean Air Flug 2033, ein Airbus, näherte sich an jenem Sommermorgen dem regennassen Flugplatz, als zwischen dem Piloten und seinem Copiloten ein Streit ausbrach.
Der Copilot Chung Chan Kuy, ein Koreaner, fragte den kanadischen Kapitän Barry Woods mehrmals, ob dieser »go around« (durchstarten) wolle. Offenbar bereitete dem Copiloten die Länge von Landebahn 06 Sorgen. Als der Kapitän seinem Copiloten mitteilte, er beabsichtige nicht durchzustarten, griff der Copilot nach den Schubhebeln. Woods befahl ihm: »Hände weg!«
Sie durchflogen einen tropischen Sturm mit Wind, der bis auf eine Geschwindigkeit von 30 Meilen pro Stunde böig auffrischte.
Wir schalten uns in das CVR-Band in dem Augenblick ein, als die Landebahn in Sicht kommt.

Copilot: Landebahn in Sicht, Landebahn in Sicht.
Kapitän: Ich seh' sie, ich seh' sie.
Copilot: Okay. Rechte Seite? Rechts?
Kapitän: Ja ... okay. Geben Sie mir die, ah, vierhundert [Fuß] ... drei ... Minimum-Sinkrate.
Copilot: Sinkrate, Sinkrate.
Kapitän: Okay, okay.
Copilot: Einhundert [Fuß]. Geschwindigkeit?
Kapitän: Ja, fünfzig [Fuß].

Zu diesem Zeitpunkt entscheidet der Copilot, daß die Entfernung für eine sichere Landung des Airbus ohne Überschreiten der hin-

teren Landebahnschwelle nicht ausreicht. Der Copilot beschließt, als die Maschine sich nur noch dreißig Fuß über dem Boden befindet, durchzustarten und zieht die Steuersäule zurück.

Copilot: Durchstarten, vierzig [Fuß], dreißig [Fuß] ...
Kapitän: Nehmen Sie die Hände ... Hände weg! Hände weg! Sagen Sie mir, wie [hoch] wir sind. Zwanzig [Fuß]. Hände weg.
Copilot: Durchstarten?
Kapitän: Nein, nein, zehn, fünf [Fuß].

Hier setzen sie auf – mit Bremsen und eingeschalteter Schubumkehr; trotzdem möchte der Copilot noch immer die Landung abbrechen und durchstarten – entgegen dem Wunsch des Kapitäns, der ihm befiehlt, nicht durchzustarten, sondern das Flugzeug abzubremsen.

Kapitän: Umkehr [des Schubs]. Bremsen. Was machen Sie da. Lassen Sie das. Was, Mann, ...? Sie bringen uns um. Halten Sie die Steuersäule gerade.
Kabine: *[Geräusch des Crash.]*

Die Maschine rast durch einen Zaun und schlittert in ein Reisfeld am Rand des Flugplatzes, wo sie zum Halten kommt.

Kapitän: Yup, okay. Alles in Ordnung bei Ihnen?
Copilot: Alles in Ordnung.
Kapitän: Okay. Stellen Sie das ab. Weshalb haben Sie uns hochgezogen? Weshalb haben Sie uns hochgezogen?
Copilot: [Ich wollte] durchstarten ... durchstarten.
Kapitän: Ja, aber wir waren ... wir waren auf der Landebahn. Warum haben Sie uns hochgezogen? Okay, okay. Wir müssen hier raus. Öffnen Sie Ihr Fenster.
Kabine: *[Man hört, daß ein Cockpitfenster geöffnet wird.]*
Kapitän: Lassen Sie Ihre [Not-]Rutsche runter. Warum haben Sie uns

hochgezogen? Wir hatten vollen Umkehrschub eingeschaltet. Ziehen Sie die Feuergriffe. Ziehen Sie sie.
Copilot: Feuergriffe.
Kapitän: Okay, steigen Sie aus. Steigen Sie aus.

Ende der Aufzeichnung.

Wundersamerweise gelang es der sechsköpfigen Kabinenbesatzung alle 152 Passagiere heil – es gab nur einige wenige Leichtverletzte – aus dem Flugzeug zu bringen, obwohl es Feuer gefangen hatte. Der Pilot und der Copilot stiegen durch die Cockpitfenster aus. Der Airbus war Schrott. Die koreanischen Behörden erwogen, gegen Kapitän und Copilot des Flugzeugs Strafanzeige zu erstatten.

13. Tokyo-Haneda Airport, Japan 12. August 1985

Japan Airlines – Flug 123

JAL Flug 123, eine Boeing 747, startete um 18.12 Uhr von Tokyo-Haneda mit Ziel Osaka und hatte 509 Passagiere sowie 15 Besatzungsmitglieder an Bord. Um 18.24 Uhr, während sie mit einer Geschwindigkeit von 345 Knoten durch 23 900 Fuß stieg, signalisierten eine ungewöhnliche Vibration und ein Knall den desaströsen Bruch des hinteren Spants.
In den folgenden zwei Minuten fiel der Hydraulikdruck ab. Querruder, Höhenruder und Gierdämpfungsregler, die Flugrichtung und -höhe steuern, versagten den Dienst. Das Flugzeug war außer Kontrolle, als es auf 6600 Fuß sank. Die Crew versuchte mit dem Triebwerksschub die Maschine zu manövrieren. Auf 6600 Fuß ging die Fluggeschwindigkeit gefährlich auf 124 Meilen pro Stunde zurück. Dann stieg das Flugzeug steil in die Höhe auf 13 400 Fuß, um sogleich wieder in Sturzflug überzugehen. Schließlich streifte die Maschine einen baumbestandenen Bergkamm, flog aber noch drei Sekunden weiter, bis sie auf einen anderen nahen Kamm traf und in Flammen aufging. Es war das schlimmste Unglück in der Geschichte der japanischen Luftfahrt.
Wir beginnen mit dem Abdruck des CVR-Bandes unmittelbar nach dem Bruch des Heckspants.

Kabine: *[Bordsprechanlage: »Legen Sie die Sauerstoffmasken an. Schnallen Sie sich an. Wir leiten den steilen Gleitflug ein.«]*
Stewardeß: *[Über die Bordsprechanlage zu den Passagieren]* Wir bitten Passagiere mit Kleinkindern ... daneben sitzende Passagiere ... machen Sie sich bitte bereit.

Kapitän: Rechtskurve. Rechtskurve.
Copilot: Ist geschehen.
Kapitän: Ja. Nicht so steil.
Copilot: Ja, Sir.
Kapitän: Nicht so steil.
Copilot: Ja, Sir.
Kapitän: Fangen Sie sie wieder ab.
Copilot: Geht nicht.
Kapitän: Ziehen Sie hoch.

Dreizehn Sekunden vergehen, in denen die Crew die Kontrolle über das Flugzeug wiederzugewinnen versucht.

Kapitän: Die ganze Hydraulik ist ausgefallen.
Copilot: Ja, Sir.
Kapitän: Sinken.
Copilot: Ja, Sir.

Weitere fünfzehn Sekunden vergehen.

Kapitän: Der Hydro-[Hydraulik-]Druck ist weg.
Copilot: Ganz weg?
Kapitän: Ganz weg.

Zweieinhalb Minuten verstreichen.

Flugingenieur: Wie ist der Kabinendruck? Sind die Kabinenmasken heruntergefallen? Wirklich? Na gut, den Kabinendruck bitte.

Etwas mehr als eine Minute vergeht.

Flugingenieur: Kabinendruck gefallen. Was? Weiter hinten ... äh. Was wurde beschädigt? Wo? Die Garderobe? Äh, die Garderobe ... generell ... Sie fiel in den Gepäckraum. Es wäre besser, wir landen. Alle Personen atmen [durch die] Masken. Kapitän?

Kapitän: Ja?
Flugingenieur: Legen wir [unsere] Masken an?
Kapitän: Ja, wäre besser.
Flugingenieur: Ich glaube, es wäre besser, durch die Notmasken zu atmen.
Kapitän: Ja.

Weitere drei Minuten befindet sich die Boeing 747 im Schwimmen, während der Pilot die Maschine mit Hilfe der Motoren »fliegt«, indem er mit der Motorenleistung das Flugzeug nach links oder rechts steuert.

Kapitän: Nase runter. Drücken Sie die Nase nach unten.
Copilot: Ja, Sir.
Kapitän: Drücken Sie die Nase nach unten.
Copilot: Ja, Sir.
Kapitän: Drücken Sie die Nase nach unten.
Copilot: Ja, Sir.
Kapitän: Hören Sie mit diesem Gerede auf. Nehmen Sie beide Hände, nehmen Sie beide Hände.
Copilot: Ja, Sir.
Flugingenieur: [Fahren] wir das Fahrwerk aus?
Copilot: Fahrwerk raus?
Kapitän: Die Geschwindigkeit nimmt nicht ab.
Copilot: Die Geschwindigkeit nimmt nicht ab.
Kapitän: Drücken Sie die Nase nach unten.
Copilot: Ja, Sir.

In den folgenden zehn Minuten kämpft die Crew mit den Kontrollen und den Schubhebeln, erhöht den Schub oder drückt die Nase nach unten.

Kapitän: Gas, Gas, Nase senken. Es ist schwer. Drücken Sie die Nase etwas mehr. Es ist schwer. Es ist schwer. Oh, ist das schwer.

Copilot: Was ist mit der Klappe? Soll ich sie ausfahren?
Kapitän: Dazu ist es ein bißchen zu früh.
Copilot: Es ist zu früh?
Kapitän: Es ist zu früh, zu früh. Wurde das Fahrwerk ausgefahren?
Copilot: Fahrwerk wurde ausgefahren [heruntergelassen].
Kapitän: Drücken Sie die Nase runter.
Stewardeß: *[Über die Bordsprechanlage zu den Passagieren]* Passagiere mit Babys, drücken Sie bitte Ihre Köpfe gegen die Rückenlehnen und halten Sie Ihre Babys ganz fest. Haben Sie sich angeschnallt? Alle Tische bitte hochklappen. Überprüfen Sie das bitte ... Manchmal landen wir ohne Vorankündigung ... Wir halten Verbindung zum Boden ...
Kapitän: Drücken Sie die Nase nach unten. Vielleicht ist es hoffnungslos. Ist das ein Berg? Ziehen Sie die Nase hoch.
Copilot: Ja, Sir.
Kapitän: Steuern Sie nach rechts. Rechtskurve. Nase hoch. Wir treffen sonst den Berg.
Copilot: Ja, Sir.
Kapitän: Rechtskurve.
Kabine: *[Das GPWS meldet zu große Bodennähe.]*
Kapitän: Voller Schub.
Copilot: Voller Schub.
Kapitän: Halten Sie durch.
Kapitän: Linkskurve.
Copilot: Ja, Sir.
Flugingenieur: Halten Sie durch.
Kapitän: Linkskurve, jetzt ... Linkskurve.
Copilot: Nehmen Sie etwas Schub weg.
Kapitän: Richtig, richtig ... Drücken Sie die Nase runter.
Copilot: Jetzt voll unter Kontrolle.
Kabine: *[Warnton hört auf.]*
Copilot: Das ist vollkommen wirkungslos ...
Kapitän: Drücken Sie die Nase runter.
Copilot: Gut.

Kapitän: So geht es.
Copilot: Ja, Sir.
Flugingenieur: Soll ich den Schub erhöhen?
Kapitän: Gas, Gas.
Kabine: *[Warntöne.]*
Kapitän: Gas. Mehr Gas, Gas ...
Kabine: *[Stall-Warnung: »Pull up, pull up.«]*
Kapitän: Ach, es ist hoffnungslos. Vollgas.
Copilot oder Flugingenieur: Vollgas.
Kapitän: Strömungsabriß. Halten Sie durch.
Copilot: Ja, Sir.
Kapitän: Drücken Sie die Nase nach unten. Halten Sie durch, halten Sie durch.
Copilot: Voll unter Kontrolle.
Flugingenieur: Die Geschwindigkeit wird über den Schub gesteuert. Was halten Sie von einer Schubüberprüfung? Schubüberprüfung, Kapitän?
Kapitän: Ja. Die Geschwindigkeit ist zweiundzwanzig Knoten.
Flugingenieur: Ja, Sir.
Kapitän: Drücken Sie die Nase nicht nach unten. Sonst steigt die Geschwindigkeit.
Copilot: Ja, Sir.
Kapitän: Sie geht runter.
Copilot: Ja, Sir. Ziehen Sie die Nase hoch, hochziehen.

Fünf Minuten vergehen, in denen die Crew weiter mit der Steuerung kämpft.

Kapitän: Nase hoch, Nase hoch, Nase hoch. Klappen stoppen. Die Klappe nicht so weit aufstellen. Klappe hoch, Klappe hoch, Klappe hoch, Klappe hoch, Klappe hoch.
Copilot: Ja, Sir.
Kapitän: Gas, Gas. Klappe.
Copilot: Ich ziehe sie [die Klappen] rein.

Kapitän: Nase hoch, Nase hoch, Gas.
Kabine: *[GPWS-Warnung: »Sinkrate. Pull up, pull up, pull up, pull up.«]*
Kabine: *[Man hört, wie die Maschine an den ersten Berg prallt.]*

Drei Sekunden verstreichen.

Kabine: *[Man hört, wie die Maschine gegen den zweiten Berg prallt.]*

Zwei Sekunden verstreichen.

Ende der Aufzeichnung.

Der Abriß des Heckspants, der durch die Hydraulikkontrollen brach, die sich am Rumpf entlang zum Cockpit der Boeing 747 zogen, wurde von durch Metallermüdung entstandenen Rissen verursacht. 505 Menschen kamen an jenem Tag ums Leben. Vier Passagiere überlebten wie durch ein Wunder. Obwohl davon auf dem CVR-Band nichts zu hören ist, wußten die Passagiere, was ihnen bevorstand. Nach dem Absturz fand man im Flugzeugwrack mehrere Abschiedsbriefe von Passagieren an ihre Angehörigen.

14. Mühlhausen-Habsheim, Frankreich 26. Juni 1988

Air France – Flug 296Q

Die Crew hatte an jenem Frühlingstag vor, der Zuschauermenge unten auf dem Flugplatz Habsheim den neuen Airbus A320 der Air France vorzuführen. Zur Demonstration der Fähigkeiten des Flugzeugs für die Menschen auf dem Boden und für die 130 Passagiere an Bord, überwiegend Presseleute, plante die Crew, zweimal den Flugplatz zu überfliegen, einmal in niedriger Höhe und einmal im Überflug mit hoher Geschwindigkeit. Für alle sollte diese Demonstration an diesem Tag ein Blick in die Hölle werden.
Die Besatzung war in jovialer Stimmung und lachte über das Alter einer Maschine, die gelandet war und ihren Weg gekreuzt hatte, als sie den Airbus zum Start rollen ließen. Eine Stewardeß versuchte mit der Crew zu plaudern, während diese die Preflight-Checkliste durchging.
Wir nehmen das CVR-Band in dem Moment auf, als der Copilot den Kapitän um die Erklärung bittet, was sie vorführen werden.

Kapitän: Okay, also. [Wir werden] starten, [dann eine] Rechtskurve fliegen. Lassen Sie die Klappe auf eins. Auf alle Fälle machen wir einen normalen Start, holen das Fahrwerk hoch, und mit den Klappen auf eins fliegen wir nett und ruhig. Sobald wir [den Flugplatz] förmlich identifiziert haben, fahren wir die Klappen auf drei aus, lassen das Fahrwerk runter [und wir] machen den Überflug auf einhundert Fuß, mit Fahrwerk draußen, und dann überlassen Sie alles mir ...
Kapitän: Das hab' ich schon zwanzigmal gemacht.
Copilot: Okay, einverstanden.

Kapitän: Und dann, wenn wir alles [die Klappen] einholen, ziehen wir ab und geben ihr vollen Stoff auf drei vierzig Knoten [391 mph], und [in der] Sekunde [des Überflugs] gehen Sie auch auf einhundert Fuß. Es müssen keine zwei Komma fünf g werden, denn das mögen die da hinten [in der Passagierkabine] nicht.
Copilot: Okay.
Tower: AF Zwei Neun Sechs Q, Basel?
Copilot: Legen Sie los.
Tower: Ja, Zwei Neun Sechs Q, können Sie mir sagen, auf welche Höhe Sie wollen?
Copilot: Zweitausend [Fuß].
Kapitän: Roger, eintausend Fuß, um dahin zu kommen, eintausend Fuß um hinzukommen, eintausend Fuß beim Durchstarten ...
Copilot: Ja, nach dem Start werden wir eine Rechtskurve auf eintausend Fuß ziehen, dann machen wir zwei Überflüge, den zweiten mit hoher Geschwindigkeit.
Tower: Roger, Zwei Neun Sechs Q.
Kapitän: So ist es, eintausend Fuß, Fox Echo.
Copilot: *[An Tower]* Na ja, es wäre gut, wenn wir vor dem zweiten Überflug eine Freigabe hätten, denn wir kommen mit hoher Geschwindigkeit. Wir könnten schnell steigen.
Tower: Roger, Zwei Neun Sechs Q. Sie bestätigen also eintausend Fuß über Grund dann?
Copilot: Eintausend Fuß über Grund, und mit Rechtskurve dort. Dann gehen wir für den Überflug in niedriger Höhe über den Flugplatz runter.
Tower: Okay, ich werde mich bei Ihnen melden.

Noch auf dem Weg zur Startbahn spricht die Crew die Pläne für den Überflug mehrmals durch. Sie informiert den Tower über ihr Vorhaben und erbittet die Freigaben. Jedoch ist dem Copiloten immer noch nicht klar, was er genau zu tun haben wird.

Copilot: Dazwischen [zwischen den Überflügen], wenn ich für den Überflug mit hoher Geschwindigkeit übernehme, handeln Sie die

Einsneunzig-Grad-Freigabe aus, damit wir von hier wegkommen und die Maschine bei zwei g aus dem Sturzflug abfangen.
Kapitän: Nein, ziehen Sie sie nicht wie gestern bei zwei g hoch. Zwei Komma fünf g im Training, das hat mir gereicht, ich habe ...
Purser: [Kommt ins Cockpit.] Also, was machen wir?
Kapitän: Wir starten, fliegen zum Flugplatz Habsheim. Dort machen wir einen niedrigen Überflug, gehen in die Kurve, beschleunigen, fliegen mit Höchstgeschwindigkeit drüber weg und verschwinden.
Copilot: *[Zum Purser]* Ja? Haben Sie etwas gesagt?
Purser: Nein, aber ich habe gesagt, die Kabine ist soweit.
Copilot: Sie bleiben während des ganzen Überflugs sitzen.
Purser: Wegen der Ansagen. Machen Sie da was?
Kapitän: Ich werde es ihnen [den Passagieren] mitteilen, ja. Die Ansagen, die mach' ich.
Purser: Okay. Es sind auch einige [Deutsche an Bord].
Kapitän: *[Über die Bordsprechanlage zu den Passagieren]* Meine Damen und Herren, hallo und willkommen an Bord dieses Airbus Drei Zwanzig, der Nummer drei einer Serie für die Air France ist und erst vor zwei Tagen in Dienst gestellt wurde. Wir werden zu einem kurzen Touristenflug zum Fliegerclub Habsheim starten, wo wir zwei Überflüge ausführen werden, um die [Qualität] der französischen Luftfahrt zu demonstrieren ...
Tower: Hallo, AF Zwei Neun Sechs Q. Halten Sie vor Startbahn 16.

In den folgenden zwei Minuten geht die Crew die Preflight-Checkliste durch. Die beiden Männer besprechen die Eingaben für die computergesteuerte Flugüberwachung. Die Stewardeß kommt ins Cockpit.

Kapitän: *[Zur Stewardeß]* Was? Nein. Ich will Ihnen mal was sagen. Sie kennen sich mit Cockpits nicht aus, oder? Doch wenn wir wie im Augenblick wirklich beschäftigt sind, wie Sie sehen, sollten Sie still sein, sollten Sie nicht mit Reden stören, sollten Sie die Piloten nicht stören. Häh? Sehen Sie, wie das ist?

Der Kapitän und der Copilot sprechen mit zwei Passagieren, die ins Cockpit kommen. Sie reden über die Möglichkeit, nach dem Flug über Habsheim auch Meribel zu überfliegen, wofür sie keine Freigabe haben.

Tower: AF Zwei Neun Sechs Q, freigegeben zum Start von Bahn 16, windstill.
Kapitän: Start. Los.
Kabine: *[Man hört die Motoren hochdrehen.]*
Copilot: Parameter normal.
Kapitän: Gut. Einhundert [mph].

Der Copilot scheint über die Flugeigenschaften der neuen Maschine erstaunt zu sein.

Copilot: Er [der Computer] verlangt »steigen«, der Hund. Sehen Sie das?
Kapitän: Ja, so etwas passiert.
Copilot: Ja, ja. V 1, V rotieren ...
Kapitän: Positiver Steigflug. Fahrwerk hoch.
Copilot: Fahrwerk hoch.
Kapitän: Fahrwerk oben?
Kabine: *[Das Motorengeräusch wird leiser.]*
Copilot: Fahrwerk oben, Klappen eins, After-Takeoff-Checkliste bis auf die Klappen beendet.
Kapitän: Ich schalte die Schubautomatik aus.
Kabine: *[Mehrere Gongschläge.]*
Kapitän: Das ist das Fahrwerk, das. Das ist nicht wichtig. Abstellen, häh [den Gong]? Oh, stellen Sie ihn ab. Der geht mir auf die Nerven.
Copilot: Sie sind acht nautische Meilen weg. Bald werden Sie ihn [den Flugplatz von Habsheim] sehen. Da ist die Autobahn.
Kapitän: Wir lassen die Autobahn links liegen, oder ...? Links ... Nein, auf die rechte Seite von der Autobahn.
Copilot: Er ist leicht rechts von der Autobahn. Also Sie, Sie lassen die Autobahn links liegen.

Kapitän: Okay. Sobald wir [den Flugplatz Habsheim] identifizieren, sinken wir sehr rasch ...
Copilot: Lassen Sie alle angeschnallt bleiben.
Tower: Roger, AF Zwei Neun Sechs. Sie können auf eins zwei fünf Komma zwei fünf Habsheim rufen. Auf Wiedersehen.
Copilot: *[An Tower]* Eins zwei fünf Komma zwei fünf, auf Wiedersehen. Habzeim? [Zum Kapitän] So heißt es doch, nicht?
Kapitän: *[Korrigiert die Aussprache des Copiloten]* Habsheim. Habs ... heim ...
Copilot: Habsheim. Habsheim Luftfracht, Zwei Neun Sechs Q. Hallo.
Kapitän: Da ist der Flugplatz. Da ist er. Sehen Sie ihn?
Tower: Zwei Neun Sechs Q, hallo.
Kapitän: Was? Wir kommen zum Überflug für den Flugplatz in Sicht.
Tower: Ja, ich kann Sie sehen. Sie sind freigegeben, äh. Der Himmel ist klar.
Kapitän: Fahrwerk raus.
Copilot: *[An Tower]* Okay, wir fliegen für den tiefen Überflug mit niedriger Geschwindigkeit rein, Zwei Neun Sechs Q.
Tower: Roger.
Kapitän: Klappen zwei.
Copilot: Gut. Fahrwerk ist draußen. Klappen zwei.
Kapitän: Klappen drei.
Copilot: Klappen drei.
Kapitän: Das ist der Flugplatz. Bestätigen sie?
Copilot: Bestätigt.
Kabine: *[Gongs ertönen zur Warnung vor zu nahem Terrain, zweihundert Fuß.]*
Copilot: Okay, Sie sind auf hundert Fuß. Passen Sie auf, passen Sie auf ...
Kabine: [Automatische Ansage ruft die Höhe in Fuß: »Einhundert«, dann »Fünfzig ... vierzig ... dreißig ...«]
Kapitän: Okay, ich bin richtig. Schalten Sie die Schubautomatik aus.
Copilot: Passen Sie auf die Antennenmasten auf. Sehen Sie sie?

Kapitän: Ja, ja. Keine Sorge.
Copilot: Durchstarten.
Kabine: *[Zunahme der Motorendrehzahl; Aufprallgeräusche.]*
Kapitän: Scheiße.

Ende der Aufzeichnung.

Die Crew kämpfte gegen den Autopiloten und verlor schließlich die Kontrolle über den Airbus, der nicht mehr ausreichend Höhe gewinnen konnte, um über die Bäume am Ende des Flugplatzes Habsheim hinwegzukommen. Bei dem anschließenden Aufprall starben drei Passagiere. Für den Absturz verantwortlich waren mehrere Fehler, darunter Pilotenfehler und deren Verwirrung über das Agieren der Computerbefehlskontrolle des Airbus. Für die französische Luftfahrt war dieser Absturz eine fürchterliche Tragödie.

15. Dallas-Fort Worth, Texas 2. August 1985

Delta Air Lines – Flug 191

Die Delta Air Lines Lockheed L-1011 TriStar, Flug 191, befand sich – aus Fort Lauderdale-Hollywood, Florida, kommend – im Endanflug auf Dallas-Fort Worth in Texas, als sie auf schwere Gewitterstürme traf. Beim Anflug auf Landebahn 17L konnte die Besatzung die Blitze in einer Cumulonimbus-Wolke zucken sehen. Die TriStar mit elfköpfiger Besatzung und 152 Passagieren an Bord setzte den Anflug trotz Regen und Wind fort. Als sie noch 6300 Fuß von der Landebahnschwelle entfernt war, geriet die TriStar in einen bodennahen Microburst, der eine starke Windscherung verursachte. Zu diesem Zeitpunkt mangelte es der Cockpitbesatzung entschieden an Echtzeittraining, in dem man bodennahe Windscherungen zu meiden und ihnen zu entrinnen lernt. Völlig überrascht sah die Crew dem Ganzen einfach nur hilflos zu. Aufgrund der Unwissenheit der Crew war der Absturz der Delta 191 eine doppelt schlimme Tragödie. Die Besatzung wußte schlicht nicht über die Natur von Windscherungen Bescheid.
Wir starten mit den Aufzeichnungen des CVR in dem Moment, als der Tower einen anderen Deltajet – Flug 963 – um eine Richtungsänderung bittet. Diese Besatzung erhebt Einwände, denn sie sichtet das Gewitter vor sich. Die Cockpitcrew von Delta 191 hört den Wortwechsel mit.

Dallas-Fort Worth Tower: Delta Neun Sechs Drei, ich habe ein zwölf Meilen breites Gebiet, durch das der ganze Luftverkehr geht. Alle Flugzeuge fliegen da durch. [Das geht] gut. Ich werde [Sie] wieder hereinholen, bevor Sie bei dem Unwetter [dem Gewitter] sind.

Nun sind der Kapitän und der Copilot von Delta 191 auf dem Cockpitmitschnitt zu hören.

Copilot: Es wäre nett, wenn wir von zwei fünf null nach Süden ausweichen könnten.
Kapitän: Jemand [Delta Flug 963] direkt vor uns hat das versucht, und sie haben ihn nicht gelassen. Sie machen einen zwölf Meilen breiten Korridor aus. Den Flugzeugen, die durchgeflogen sind, ist nichts passiert.
Tower: Delta Eins Neun Eins, auf eins null tausend [10 000 Fuß] sinken und halten, Höhe zwei neun neun eins.
Flugingenieur: Glaube, das war für uns, Freunde.
Kapitän: *[An Tower]* Entschuldigung, war das für Delta Eins Neun Eins?
Tower: Eins Neun Eins, auf eins null tausend sinken und halten, Höhe zwei neun neun eins, und jetzt einen Kurs von zwei fünf null ... Wir haben hier ein gutes Gebiet zum Durchfliegen.
Kapitän: Na gut, ich schaue auf eine [Microburst-]Zelle auf ungefähr Kurs, äh, zwei fünf fünf, und es ist eine ziemlich große Zelle, und ich würde lieber nicht da durchfliegen. Ich würde sie lieber umgehen, auf der einen oder anderen Seite.
Tower: Ich kann Sie nicht nach Süden nehmen. Ich habe da eine Abflug-Warteschlange. Es sind rund sechzig Flugzeuge durch dieses Gebiet hier geflogen, zehn ... zwölf Meilen breit. Sie werden eine guten Flug haben. Keine Probleme.
Kapitän: Na ja, ich sehe jetzt eine Zelle ungefähr auf zwei vier null.
Tower: Okay ... sobald ich kann, drehe ich Sie. Das wird ungefähr am null eins null Radial sein.
Copilot: *[Zum Kapitän]* Er [der Tower] muß uns drehen, bevor wir in das Gebiet [der Gewitterstürme und Zellen] kommen.
Kapitän: Bringen Sie die Mädchen auf die Plätze [sagen Sie den Stewardessen, daß sie sich setzen sollen].
Kabine: *[Eine Glocke klingelt.]*

Ungefähr drei Minuten später befallen die Crew Zweifel an der Erfahrung des Fluglotsen im Tower.

Kapitän: Ich werde langsam sauer auf diesen Fluglotsen. Sehen Sie? So geht's, wenn's an Erfahrung hapert. Sie sind gut. Ich bin froh, daß wir nicht durch diesen Mist mußten. Ich war mir sicher, der Fluglotse würde uns da durchschicken.
Flugingenieur: Sieht so aus, als ob es über Fort Worth regnet.
Copilot: Ja.

Fünf Minuten verstreichen. Die Besatzung beginnt mit dem Endanflug-Check.

Tower: Achtung, an alle Flugzeuge, die mich hören ... Genau im Norden des Flughafens liegt ein kleiner Regenschauer, und sie fangen mit ILS-Anflügen an ...

Delta 191 sinkt durch 7000 auf 5000 Fuß. Nach weiteren Endanflug-Checks sieht der Pilot durch das Fenster den Sturm.

Tower: Delta Eins Neun Eins, kurven Sie nach links auf Kurs eins neun null, und ich drehe Sie gleich zurück [in den Rückenwind].
Crew: All diese Herumtreiberei für nichts und wieder nichts.
Copilot: Unsere Maschine wird eine kleine Wäsche [vom Regen] bekommen.
Kapitän: Was?
Copilot: Unsere Maschine wird eine kleine Wäsche bekommen.

In den nächsten drei Minuten reiht sich Delta 191 für den Anflug und die Landung ein.

Tower: Und wir bekommen einige wechselnde Winde da draußen wegen eines Schauers am nördlichen Ende von DFW [Dalles-Fort Worth].
Crew: [nicht identifiziert, entweder Kapitän oder Copilot] Das Zeug [Gewitter] zieht herein.

Kapitän: Eins sechs null ist die Geschwindigkeit.
Kapitän: Tower, Delta Eins Neun Eins, hier draußen im Regen. Fühlt sich gut an.
Flugingenieur: Fahrwerk [raus].
Tower: Delta Eins Einundneunzig Heavy, 17 links, freigegeben zur Landung, Wind aus null neun null mit fünf auffrischend auf eins fünf.
Copilot: In Ordnung. Fahrwerk?
Kapitän: Unten, drei Grün [Bestätigung, daß das Fahrwerk heruntergelassen wurde].
Flugingenieur: Flaps, slats.
Copilot: Genau durch achtzehn [1800 Fuß].
Kabine: *[Das Horn für Höhenalarm ertönt.]*
Copilot: Aus der [Wolke] kommen Blitze.
Kapitän: Was?
Copilot: Aus der [Wolke] kommen Blitze.
Kapitän: Wo?
Copilot: Genau vor uns. Wir sind zu spät dran.
Tower: [An einen Delta-Flug auf dem Taxiway] Delta Zehn Einundsechzig, kreuzen Sie die 17 rechts ohne Verzögerung, anschließend auf Punkt sechs fünf.
Delta 1061: Sagen Sie das noch mal, Zehn Einundsechzig.
Tower: Zehn Einundsechzig, kreuzen Sie die 17 rechts, auf Punkt sechs fünf.
Kapitän: Wie wär's mit DME [Distance-Measuring Equipment]?
Copilot: Na ja, das hatten Sie die letzten fünf Minuten auch nicht.
Tower: *[An andere Maschinen auf dem Taxiway]* Delta Neun Dreiundsechzig und American Sechs Neunzehn, kreuzen Sie 17 rechts, anschließend auf Punkt sechs fünf.

Bis zu diesem Zeitpunkt des Flugs ahnten weder Passagiere noch die Crew das geringste von dem, was da kommen sollte; was die Passagiere betraf, so war für sie der Flug fast zu Ende. Die Besatzung war vermutlich etwas besorgt wegen des Gewitters, doch da andere Flüge nur Minuten zuvor sicher auf dem Boden aufgesetzt hatten, war sie offenbar nicht allzu beunruhigt.

Flugingenieur: Tausend [Fuß].
Copilot: Eintausend Fuß.
Kapitän: Achten Sie auf Ihre Geschwindigkeit.
Tower: *[An eine Maschine auf dem Taxiway]* American Eins Sechs Sechs, nehmen Sie mit der Abflugkontrolle Kontakt auf.

Nun taucht die Delta TriStar in den Microburst und die Windscherung ein.

Kapitän: Sie werden sie ganz plötzlich verlieren. Da haben wir's. Ziehen Sie sie hoch, ziehen Sie hoch!
Copilot: Hoch[-ziehen].
Kapitän: Hoch. Hoch.
Kabine: *[Motorengeräusch, hohe Drehzahl.]*
Kapitän: Das isses. Bleiben Sie an dem Hurensohn dran.
Copilot: Was ist die V ref.?
Tower: *[An ein Flugzeug auf dem Taxiway]* American Fünf Sechsundachtzig, rollen Sie auf Position 17 rechts und halten.
American 586: Auf Position und halten.
Kabine: *[Automatische GPWS-Warnung: »Whoop, whoop! Pull up (Hochziehen)!«]*
Kapitän: TOGA [herumziehen, Landung abbrechen]!
Kabine: *[»Whoop, whoop! Pull up!« Man hört, daß die Landung abgebrochen wird; Piepstöne.]*
Kapitän: Ziehen Sie sie hoch!

Ende der Aufzeichnung.

Delta 191 schlug 6300 Fuß vor der Landebahn auf den Boden auf. Dann schlitterte sie über den Boden und traf ein Auto auf einem Highway, kollidierte mit zwei Wassertanks, brach auseinander und fing Feuer. Acht der elf Crewmitglieder starben. Von den 152 Passagieren überlebten nur 26 Personen den Absturz.

16. Kelly Air Force Base, Texas 4. Oktober 1986

Southern Air Transport – Flug (Logair) 15

Die Ereignisse im Zusammenhang mit dem Absturz des Southern-Air-Transport-Flugs 15 waren etwas mysteriös.
Die Lockheed L-382G, eine Frachtmaschine mit vier Propellern, kam in den frühen Morgenstunden in Texas an und hatte an Bord eine dreiköpfige Crew sowie Fracht, die aus Explosivstoffen der Klasse B und C-3 (Dynamit-Treibladungen und Raketenmotoren für Kampfjet-Schleudersitze) bestand. Southern Air war eine Inlandsfluggesellschaft, die für das Militär Fracht beförderte. Flug 15, Logair 15 genannt, war vom Luftwaffenstützpunkt Hill in Utah gestartet. Die neue Besatzung war frühzeitig am Morgen des 4. Oktober bei der Abteilung Flight Operations des Stützpunkts eingetroffen, wo sie kurz mit der gerade aus Utah eingeflogenen, sich nun aus dem Dienst verabschiedenden Besatzung sprach. Der vorher diensthabende Kapitän meinte, die Lockheed sei »in gutem Zustand«.
Der Flugingenieur von Flug 15 überwachte das Be- und Entladen der Fracht, um sicherzustellen, daß jede der zehn Frachtpaletten vorne und hinten an den Bodenverriegelungen des Flugzeugs gesichert war. Der militärische Lademeister erinnerte sich später, daß das Höhenruder des Flugzeugs – das Kontrollgerät am Schwanz, das die Maschine nach oben oder nach unten lenkt – hochgestellt wurde, damit es beim Laden nicht beschädigt würde.
Gegen vier Uhr am Morgen war die Besatzung von Flug 15 startbereit. Sie ging alle Preflight-Checks durch, bevor sie hinaus auf Startbahn 15 rollte. Um 4.05 Uhr teilte der Kapitän dem Tower mit, daß sie auf die Erlaubnis zum Starten nach Sichtflugregeln warteten.

An dieser Stelle schalten wir uns in das CVR-Band ein.

Tower: Logair Eins Fünf, eintausend Fuß, kaum Wind aus eins fünf null mit vier – freigegeben zum Start.
Copilot: Eins Fünf, roger. Transponder an.
Kapitän: Okay, Before-Takeoff-Check ...
Flugingenieur: Okay, wann immer Sie mit [den Motoren] eins und vier fertig sind, Kapitän.
Kapitän: Eins und vier normal.
Copilot: Ab um null fünf [4.05 Uhr].
Kapitän: Ja.
Copilot: Startklappen.
Flugingenieur: Before-Takeoff-Check abgeschlossen.
Copilot: Startklappen sind klar.
Kapitän: Okay, acht, zwölf, zwanzig.
Flugingenieur: Lichter aus.
Kapitän: Setzen Sie vollen Schub. Fahrtautomatik ist eingeschaltet.
Copilot: Sechzig Knoten.
Kapitän: Meine Steuersäule [ich übernehme den Start].
Copilot: Ihre Steuersäule. V 1. Rotieren [abheben].

Zwei Sekunden verstreichen, nachdem sie vom Boden abgehoben haben.

Kapitän: Jesus Christus, helfen Sie mir an meiner Steuersäule. Helfen Sie mir an meiner Steuersäule. Gott. Helfen Sie mir. Schieben Sie sie nach vorne.
Copilot: Ich bekomme sie nicht nach vorn.

An diesem Punkt befindet sich das Flugzeug ungefähr 700 Fuß über dem Boden. Zeugen berichteten später, sie hätten einen unnormal steilen Steigflug beobachtet. Dann kippt die Maschine abrupt nach links ab. Und sie rollt weiter nach links.

Kapitän: Sie haben dieses verdammte Ding hier eingeschaltet.
Flugingenieur: Los, ziehen Sie ... Ziehen Sie ein wenig zurück. Ziehen Sie ein wenig zurück. Haben Sie zurückgezogen?
Kapitän: Okay, lassen Sie mich sie in Schräglage drehen.
Copilot: Was macht die Geschwindigkeit?
Kapitän: Scheiß drauf. Okay, los. Bringen wir's hinter uns.
Copilot: Wir sind tot.
Kapitän: Massig Ruder, massig Ruder.
Flugingenieur: Okay, ist jetzt in Ordnung
Kabine: *[Warnhorn und automatische Ansage des GPWS: »Whoop, whoop! Pull up! Pull up!«]*
Flugingenieur: Oh Gott.

Ende der Aufzeichnung.

Flug 15 trudelte und bohrte sich zwischen zwei Hangars geradewegs in den Boden. Die Maschine explodierte beim Aufprall und löste ein Großfeuer aus.
Angesichts der Sorgfalt und Professionalität der Besatzung erscheint die Absturzursache besonders tragisch. Eine metallene Böensperre – ein T-förmiges, zehn Zentimeter langes und fünfundzwanzig Zentimeter breites Aluminiumstück – steckte in der Steuersäule des Copiloten. Die vorherige Besatzung von Flug 15 hatte den Riegel hinter der Steuersäule auf der Copilotenseite des Cockpits eingesteckt, um während der Be- und Entladung der Fracht die Höhenruderkontrolle auf dem horizontalen Stabilisator am Schwanz der Maschine hochzustellen. Die Böensperre sollte vor dem Start entfernt werden, doch der neue Copilot hatte sie übersehen. Der Kapitän, der den Start flog, spürte das blockierte Höhenruder erst, als er das Flugzeug vom Boden abheben ließ. Von diesem Zeitpunkt an waren alle an Bord zum Tode verurteilt. Alle drei kamen ums Leben. Das Flugzeug hatte einen Versicherungswert von 8 Millionen Dollar.

17. Carrollton, Georgia 21. August 1995

Atlantic Southeast Airlines – Flug 529

An jenem Tag hob der Flug 529 der Atlantic Southeast Airlines, ein Turbopro-Regionalflug, kurz nach zwölf Uhr mittags vom Atlanta Hartsfield International Airport ab mit Ziel Gulfport, Mississippi. An Bord waren sechsundzwanzig Passagiere und drei Besatzungsmitglieder. Die zweimotorige Embraer EMB-120RT-Maschine, die in Brasilien hergestellt worden war, hatte 17 151 Stunden mit 18 171 Start-und-Lande-Zyklen auf dem Buckel.
Zum Zeitpunkt des Starts gab es auf zweihundert Fuß Höhe vereinzelt Wolken, auf sechzehnhundert Fuß war der Himmel bewölkt und auf dreitausendvierhundert Fuß bedeckt. Die Sicht betrug zwei Meilen. Es herrschte leichter Regen und Nebel. Die Temperatur lag bei 73 Grad Fahrenheit, und es blies leichter Wind. Das Flugzeug hatte 350 Gallonen Treibstoff an Bord, die gleichmäßig auf die Tanks an der rechten und linken Tragfläche verteilt waren.
Wir klinken uns in das CVR-Band ein, neun Minuten nachdem Flug 529 von Atlanta gestartet ist und auf 12 000 Fuß steigt.

Kapitän: Sagen Sie Robin [der einzigen Stewardeß hinten in der Maschine], es wird nur noch ein paar Minuten [dauern, bis der Flug] ruhiger wird.
Stewardeß: *[Kommt ins Cockpit.]* Hallo.
Copilot: Hej, Robin.
Stewardeß: Hallo.
Copilot: Es wird nur noch ein paar Minuten lang so gehen; dann wird es ruhiger werden.
Stewardeß: Nur noch ein paar Minuten, dann kann ich aufstehen?

Copilot: Jawohl, gnädige Frau.
Stewardeß: Gut, danke.
Copilot: Bis dann.
Atlanta Control: Fünf Neunundzwanzig, auf eins drei tausend [13 000 Fuß] steigen und halten.
Kapitän: Dreizehn. Props neunzig.
Copilot: *[Über die Bordsprechanlage]* Meine Damen und Herren, guten Tag. Willkommen an Bord von Atlantic Southeast Airlines Flug Fünf Neunundzwanzig, Regionalflug nach Gulfport. Wir passieren gerade 13 000 Fuß. Der Kapitän hat die Anzeige »Fasten your seat belt« ausgeschaltet. Sie können sich nach Belieben in der Kabine bewegen ... Gulfport meldet zur Stunde teilweise bewölkten Himmel, Temperatur achtzig Grad [Fahrenheit; 23 Grad Celsius] und Wind mit zehn Meilen pro Stunde aus Nordost. [Wenn] wir Ihnen den Flug irgendwie angenehmer machen können, zögern Sie bitte nicht, es uns wissen zu lassen. Und danke, daß Sie mit ASA fliegen.
Control: Fünf Fünfundzwanzig, eins viertausend [14 000 Fuß] halten. Rufen Sie Atlantic Center auf eins drei vier Komma neun fünf.

In den folgenden Minuten steigt der Flug 529 problemlos auf 20 000 Fuß und der Kapitän beschwert sich ein bißchen über die wiederholten Höhen-Warnpiepstöne. Sie befinden sich nun seit fast einundzwanzig Minuten in der Luft.

Kabine: *[Man hört mehrfaches Rumsen.]*

Die Drehzahl des linken Motors geht auf Null zurück. Die Maschine rollt nach links, kippt ab und geht in den Sinkflug mit 5500 Fuß pro Minute über. In der Kabine hören die Passagiere ein lautes Geräusch, die Kabine erbebt. Zwei der drei Blätter des linken Propellers werden gegen die Vorderseite der Tragfläche gedrückt. Die Stewardeß sieht aus dem Fenster und entdeckt »ein zerfetztes Triebwerk, wo sich zuvor der Propeller und der vordere Teil der Metallverkleidung befanden«.

Kapitän: Der linke Motor ist ausgegangen. Linker Schubhebel. Fluguntaugliche Schaufel im Leerlauf.
Kabine: *[Ein Rüttelgeräusch setzt ein und hält dreiunddreißig Sekunden lang an.]*
Kapitän: Linker Triebwerksüberwachungshebel. Linker Triebwerkskontrollhebel.
Copilot: Ja.
Kapitän: Feather [Propeller auf Segelstellung].
Kabine: *[Eine Sekunde lang hört man mehrere Piepstöne, die einen Triebwerksbrand anzeigen.]*
Kapitän: Ja, wir sind auf Feather. Linker Kontrollhebel. Treibstoffzufuhr schließen. Ich brauche hier Hilfe.
Copilot: Okay.
Kapitän: Ich brauche bei dem hier ein bißchen Hilfe.
Copilot: [Sie sagten, der Propeller ist] auf Feather?
Kapitän: Ah.
Copilot: Er ist wirklich auf Feather.
Kapitän: Er ist auf Feather.
Copilot: Okay.
Kapitän: Was zum Teufel ist mit diesem Ding los?
Copilot: Ich weiß nicht ... [Bei mir] ist dieser Detektor ausgefallen.
Kapitän: Okay, setzen wir unsere Kopfhörer auf. Ich kann dieses Ding nicht halten. Helfen Sie mir, es zu halten.
Copilot: Okay.
Kapitän: Okay. Kommen Sie über Kopfhörer.
Copilot: Atlanta Center, Fünf Neunundzwanzig, wir erklären den Notfall. Wir haben einen Triebwerksausfall. Wir befinden uns jetzt unter vierzehn[-tausend] zwei[-hundert] Fuß.
Control: Fünf Neunundzwanzig, roger. Linkskurve, Richtung Atlanta.
Kapitän: Gott verdammt noch mal.
Kabine: *[Man hört schweres Atmen.]*
Kapitän: In Ordnung. Schalten Sie Ihren Lautsprecher aus. Oh, wir haben es geschafft. Es ist ... Ich hab' zurückgezogen, der Schub ist wieder da.

Control: Fünf Neunundzwanzig, teilen Sie mir die Höhe mit, auf die Sie sinken.
Copilot: Wir sind im Augenblick knapp unter elf[-tausend] sechs[-hundert].
Kapitän: Gut. Sie wird ... sie wird kontrollierbarer hier. Der Motor ... Passen wir auf die Geschwindigkeit auf. In Ordnung, wir [sind] hier vollkommen getrimmt.
Copilot: Ich sage Robin, was los ist.
Copilot: *[Über Interphon zur Stewardeß]* Okay, wir hatten einen Motorenausfall, Robin. Wir haben den Notfall erklärt. Wir kehren nach Atlanta zurück. Fangen Sie an, die Passagiere vorzubereiten. Das wird eine Notlandung in –
Stewardeß: In Ordnung, danke.
Kapitän: Sagen Sie ihnen, wir wollen –
Control: Fünf Neunundzwanzig, können Sie die Maschine stabilisieren, oder müssen Sie weiter sinken?
Kapitän: [Sagen Sie ihnen] wir kön- Wir werden Hilfe brauchen ... zum Sinken. Wir brauchen schnell einen Flugplatz.
Copilot: *[An Control]* Okay, wir, ah, wir werden weiter runter müssen. Wir brauchen schnell einen Flugplatz. Ah, lassen Sie für uns die [Rettungs-]Wagen und alles anrollen.
Control: Fünf Neunundzwanzig, West Georgia, der Regionalflugplatz, liegt auf Ihrer ... Zehn-Uhr-Position und zehn Meilen entfernt.
Kapitän: Gehen wir, ah, bitte die Triebwerksausfall-Checkliste durch.
Copilot: *[Greift zum Handbuch und blättert es durch.]* Okay, ich werde es von Hand machen. Okay, Triebswerksversagen im Flug. Schubhebel ist im Leerlauf.
Control: Fünf Neunundzwanzig, Sie müssen ungefähr einen Kurs von null drei null zum West Georgia Regional fliegen, Sir.
Copilot: Roger, wir kurven nach rechts. Wir haben, ah, im Augenblick Schwierigkeiten, die Maschine unter Kontrolle zu halten.
Copilot: *[Liest im Handbuch.]* Okay, Kontrollhebel ist auf Feather.
Kapitän: In Ordnung.

Copilot: *[Verliest die Checkliste.]* Haupthilfsgeneratoren des ausgefallenen Motors ausschalten.
Kapitän: Okay, das hab' ich.
Copilot: *[Liest vor.]* APU [Auxiliary Power Unit, Hilfsgenerator am Heck] ... wenn verfügbar, einschalten. Soll ich sie anschalten?
Kapitän: Wir müssen das da runterbringen ... Bringen Sie die ... Schalten Sie das aus.
Control: Fünf Neunundzwanzig, geben Sie bitte Ihre Höhe durch, Sir.
Copilot: Unter siebentausend ...
Control: Fünf Neunundzwanzig, der West Georgia Regional ist für Sie der nächste Flugplatz. Der andere ist, ah, Anniston. Der liegt etwa dreißig Meilen westlich von Ihnen, Sir.
Kapitän: *[Zum Copiloten]* Wie lang, wie weit [ist] der West Georgia Reg[-ional] von uns weg? Was für eine Landebahn haben die?
Copilot: *[An Control]* Was für eine Landebahn hat der West Georgia Regional?
Kapitän: *[Zum Copiloten]* Bringen Sie die Checkliste zu Ende.
Control: West Georgia Regional ist, ah ... ist fünftausend Fuß [lang].
Copilot: *[Geht die Checkliste durch.]* Okay, APU ist eingeschaltet. Okay, Prop-Synchronisation aus. Prop-Synchronisation geht aus.
Kapitän: Okay.
Copilot: Treibstoffpumpe, ausgefallener Motor. Wollen Sie, ah, die auf Maximum haben?
Kapitän: Machen Sie bitte weiter.
Copilot: Okay.
Control: ... Und sie ist asphaltiert, Sir.
Copilot: *[Macht mit der Checkliste weiter.]* Hydraulikpumpe, ausgefallener Motor? Wie erforderlich. Auf On stellen?
Kapitän: Korrekt.
Copilot: Okay.
Kapitän: Okay.
Copilot: Querleitung [für die Wärmeableitung zum Heizen der Kabine] ist offen.
Kapitän: Okay.

Copilot: Elektrische Spannung unter vierhundert amp.
Kapitän: Das ist ... Na ja, das müssen Sie nicht machen. Lassen Sie das einfach in Ruhe. In Ordnung, Checkliste für einmotorigen Flug.
Control: Fünf Neunundzwanzig. ich habe Sie jetzt, und der Flugplatz ist auf Ihrer – sagen Sie, sagen Sie Ihren jetzigen Kurs durch, Sir.
Copilot: Im Moment sind wir auf Kurs null acht null.
Control: Roger, Sie müssen ungefähr zehn Grad nach links. [Der Flugplatz] sollte auf zwölf Uhr sein und rund acht Meilen von Ihnen entfernt.
Copilot: Zehn links, zwölf und acht Meilen, und, ah, bekommen wir auf dieser Landebahn ein ILS?
Control: Ah, ich sag' Ihnen was. Ich gebe Sie weiter an Approach. Er ist für diesen Flugplatz zuständig, und er wird Ihnen mehr Informationen geben können. Nehmen Sie Kontakt auf mit Atlanta Approach auf eins zwei eins Komma null, Sir.
Kapitän: Wir können auf Sicht [Anflug ohne Instrumente] reinkommen [landen].
Control: Viel Glück, Kameraden.
Kapitän: Der Motor ist explodiert. Er hängt da einfach raus.
Atlanta Approach: Fünf Neunundzwanzig, Atlanta Approach.
Copilot: Ja, Sir. Wir empfangen Sie. Wir erklären den Notfall.
Kapitän: Wir können im Sichtflug reingehen. Sie sollen uns nur die Vektoren [Kurse] durchgeben.
Copilot: *[An Approach]* Geben Sie uns nur die Vektoren. Wir werden im Sichtflug landen.
Kapitän: *[Zum Copiloten]* Ein-, Ein-, Ein-Motor-Checkliste bitte.
Copilot: Wo zum Teufel ist sie [die Checkliste]?
Approach: Fünf Neunundzwanzig, welche Höhe verlassen Sie gerade?
Copilot: Wir sind jetzt aus neunzehnhundert [1900 Fuß].
Kapitän: Wir sind unter den Wolken. Sagen Sie ihnen ...
Copilot: [An Approach] Okay, wir sind, ah, VFR [Sichtflug] jetzt. Geben Sie uns einen Kurs zum Flugplatz.
Approach: Fünf Neunundzwanzig, kurven Sie nach links, ah, fliegen

Sie Kurs null vier null ... Der Flugplatz liegt ungefähr auf zehn Uhr und sechs Meilen vor Ihnen, Sir. Jetzt ist der Radarkontakt weg.
Kabine: *[Automatische Ansage: »Fünfhundert (Fuß). Fahrwerk zu weit unten.«]*
Approach: Fünf Neunundzwanzig, wechseln Sie wenn möglich auf meine Frequenz, eins eins acht Komma sieben. Der Flugplatz, ah, [liegt] neben Ihren zehn Uhr bei zwölf Uhr und rund vier Meilen von Ihnen entfernt.
Kapitän: *[Zum Copiloten]* Helfen Sie mir. Helfen Sie mir, sie zu halten. Helfen Sie mir, sie zu halten. Helfen Sie mir, sie zu halten.
Kabine: *[Vibrationsgeräusch, als der Stick shaker zur Warnung vor einem Strömungsabriß einsetzt.]*
Copilot: Amy, ich liebe dich.
Kabine: *[Ein Brummen; Aufprallgeräusch.]*

Ende der Aufzeichnung.

Während die Stewardeß die Passagiere auf die Notlandung vorbereitete, blickte sie aus dem Fenster und entdeckte Baumwipfel. Sie hatte bereits alle Passagiere gefragt, ob sie verstanden hätten, wie sie sich beim Aufprall zusammenkauern sollten, und als sie sich auf ihren Sitz setzte und anschnallte, schrie sie den Passagieren bis zum Aufprall weiter Anweisungen zu.
Das Flugzeug rasierte auf 360 Fuß Länge mehrere Bäume ab, bevor es an einer leichten Anhöhe auf den Boden aufschlug. Die Maschine blieb 850 Fuß hinter der ersten Baumberührung liegen.
Beim Aufprall fielen die Staukammern von der Decke herunter und wurden die Sitze aus den Verankerungen am Kabinenboden gerissen. Als das Flugzeug auf der linken Seite dahinschlitterte, wurden so große Löcher in den Rumpf gerissen, daß man hindurchsehen konnte.
Ungefähr eine Minute nachdem die Maschine zum Stillstand gekommen war, wurden Knistergeräusche hörbar und sprühten die elektrischen Leitungen Funken. Dann brach ein Feuer aus, das

sich schnell in der Kabine ausbreitete. Ausströmendes Flugbenzin tränkte die Kleidung der Passagiere, und ein Passagier sah »ein paar Leute brennen«.

Kein einziger Passagier vermochte über die Notausstiege zu entkommen. Die Personen, die nach draußen gelangten, krochen durch die Löcher im Rumpf.

Trotz Verbrennungen zweiten Grades an Knöcheln und Beinen rannte die Stewardeß durch die Flammen und half den Passagieren aus dem Flugzeug. Bei mindestens einer brennenden Person erstickte sie die Flammen.

Der Copilot versuchte das rechte Cockpitfenster zu öffnen, das beim Aufprall beschädigt worden war. Er konnte nicht durch die Cockpit-Tür nach draußen. Er schlug mit einer kleinen Axt ein Loch ins Cockpitfenster. Dann gab er die Axt durch das Fenster einem Passagier, der auf das Fenster einschlug, aber das Loch nicht so weit vergrößern konnte, daß der Copilot hindurchschlüpfen konnte. Im Cockpit war das Tosen des Feuers hinter der Cockpit-Tür zu hören. Der Copilot und der Kapitän saßen in der Falle.

Fünf Minuten nach dem Absturz erreichte die örtliche Feuerwehr die Unglücksstelle. Als die Feuerwehrleute das Cockpitfenster auch mit größeren Äxten nicht zertrümmern konnten, spritzten sie Wasser durch das Loch, um das Feuer im Cockpit unter Kontrolle zu bringen. Als sie die Flammen in der Kabine gelöscht hatten, retteten sie den Copiloten durch die Cockpit-Tür. Der Kapitän war bereits an Verbrennungen und Rauchvergiftung gestorben. Der Copilot erlitt an über 80 Prozent seiner Hautfläche Verbrennungen.

Der Kapitän und sieben Passagiere kamen ums Leben. Der Copilot, die Stewardeß und neunzehn Passagiere überlebten den Absturz von Flug 529.

18. Nashville, Tennessee 3. Februar 1988

American Airlines – Flug 132

Dieser Vorfall ist quasi die Vorankündigung einer weiteren Katastrophe – des Absturzes des ValuJets in den Everglades Jahre später (siehe Kapitel 25). Am 3. Februar 1988 brach im nicht einsehbaren Frachtraum des American-Airlines-Flugs 132 ein Chemikalien-Schwelbrand aus. Beim Endanflug zur Landung wurde der Kabinenboden weich, sank nach unten ab und schmolz durch die unglaubliche Hitzeentwicklung einfach weg. Ein in der Passagierkabine mitfliegender Copilot, der den Boden beobachtete, teilte dem Copiloten im Cockpit mit: »[Wir werden] das Ding schnellstens landen müssen.«

Bis zu diesem Augenblick war der Flug völlig normal verlaufen. Flug 132, eine McDonnell Douglas DC-9, war an jenem Nachmittag um 14.45 Uhr von Dallas-Fort Worth nach Nashville gestartet. An Bord befanden sich 120 Passagiere, 4 Stewardessen und zwei Angehörigen des fliegenden Personals mit Freitickets. Im Frachtraum war Luftfracht mit einem Gewicht von 6365 Pounds verstaut, darunter eine 20 Pounds schwere Sauerstoffflasche und eine 104 Pounds schwere Trommel mit Chemikalien zur Textilveredelung, bestehend aus 5 Gallonen Wasserstoffperoxidlösung, einem Oxydationsmittel, und 25 Pounds eines Granulats auf Natrium-Orthosilikatbasis. Die Trommel war nicht mit Etiketten versehen, die auf die Gefährlichkeit des Inhalts hingewiesen hätten. Die Sauerstoffflasche und die Trommel wurden in der Mitte des Frachtraums abgestellt; die Trommel hatte man auf die Seite gelegt.

Wir schalten uns an dem Punkt in das CVR-Band ein, als die Stewardeß dem Cockpit das Feuer meldet.

Copilot: *[Über Interphon in den hinteren Teil der Maschine]* Hallo.
Stewardeß: *[Ruft aus dem hinteren Teil der Maschine das Cockpit über Interphon.]* Hallo. Wir haben Rauch in der Kabine.
Copilot: Okay.
Stewardeß: Wir wissen nicht, woher er kommt. Er ist, äh, hinter dem Ausgang. [Wir haben] einen H-zwei-O-Löscher ...
Nashville Approach Control: American Eins Zweiunddreißig, auf zweitausendfünfhundert [Fuß] sinken und halten.
Kapitän: Zweitausendfünfhundert, American Eins Zweiunddreißig.
Copilot: *[Zum Kapitän]* Wir haben Rauch in der ... äh ...
Stewardeß: Es stinkt wirklich fürchterlich.
Copilot: *[Zur Stewardeß]* Okay, ich rieche es jetzt hier auch. [Zum Kapitän] [Sie] riechen Rauch. [Sie] haben Rauch in der Kabine.
Kapitän: Rauch oder ...
Copilot: Es riecht nach Elektrik.
Kapitän: ... Qualm.
Copilot: Sie können nicht sagen, woher er kommt. Er riecht nach Elektrik.
Kapitän: Ist es nun Qualm oder Rauch?
Stewardeß: Ja, ein Pilot [Copilot mit Freiticket, der in der Passagierkabine mitflog] sagte, der Boden wird richtig weich, und er meinte, wir müssen landen.
Copilot: Okay. Wer sagt, der Boden wird weich?
Stewardeß: *[Übergibt das Interphon dem dienstfreien Copiloten.]* Da ist er.
Dienstfreier Copilot: Hallo, Chef.
Copilot: Ja?
Dienstfreier Copilot: Euer Boden hier hinten in der Mitte ... fällt leicht nach unten durch.
Copilot: Okay.
Dienstfreier Copilot: Sie müssen das Ding schnellstens landen.
Copilot: Okay, wir bringen sie gleich runter.
Dienstfreier Copilot: Okay, machen Sie schnell.
Copilot: Okay.

Dienstfreier Copilot: Hej, die [Feuerlösch-]Wagen sollen kommen [wenn wir gelandet sind].

Copilot: *[Zum Kapitän]* [Wir] haben einen Flugoffizier da hinten, der sagt, der Boden wird weich. [Wir] sollten wohl das Fahrwerk runterlassen. Da passiert irgend etwas im, äh, Boden.

Kapitän: Lassen Sie das Fahrwerk runter.

Kabine: *[Man hört, wie das Fahrwerk ausgefahren wird.]*

Copilot: *[Zur Stewardeß]* Okay, also wie weit hinten wird der Boden weich?

Stewardeß: Na ja, äh, der Kapitän [der dienstfreie Copilot] ist gerade im Mittelgang. Er ist ungefähr zur Hälfte durch den –

Copilot: Ungefähr da, wo sich das Fahrwerk befindet?

Stewardeß: Ja.

Copilot: Okay. Gehen Sie nach hinten und schnallen Sie sich an.

Stewardeß: Wir sitzen alle auf unseren Plätzen.

Copilot: Okay, gut. *[Zum Kapitän]* Okay, was soll ich machen? Okay, »Seat belt«[-Anzeige] ...

Kapitän: Ja.

Copilot: Anzeige »Rauchen einstellen« ...

Kapitän: Kein Qualm. Nur Rauch, richtig?

Copilot: Bislang ist es nur Rauch ... Rauchschwaden. [Zur Stewardeß über Interphon] Sie sehen keinen Qualm. Es ist nur Rauch?

Stewardeß: Stinkender Rauch. Fängt an, in den Augen zu brennen.

Copilot: Okay. Ich lege jetzt auf. Melden Sie sich, wenn sich etwas Wichtiges tut.

Stewardeß: Okay.

Kapitän: *[Zum Copiloten]* Haben Sie den Tower gerufen?

Nashville Tower: American Eins Zweiunddreißig, Nashville Tower. Der Wind auf Landebahn 2 Links ist ruhig. Freigegeben zur Landung.

Kapitän: Keine Probleme.

Copilot: Wir haben hinten nur Rauch.

Kapitän: Wir hatten schon einmal Rauchschwaden, [das ist vom] APU, zumindest anfänglich, gekommen. Okay, das Fahrwerk.

Copilot: Fahrwerk.

Kapitän: Spoilerhebel, Bremsautomatik. Nein. Klappen sind gut. Scheinwerfer. Sind wir zur Landung freigegeben?
Copilot: *[An Tower]* American Eins Zweiunddreißig, sind wir zur Landung freigegeben?
Tower: Bestätigt.
Copilot: Roger. [Zum Kapitän] Wollen Sie was [Rettungsgerät und -mannschaften auf dem Boden] ... anfordern?
Kapitän: Noch haben wir keine Probleme. Nur ein wenig Rauch.
Copilot: Riechen Sie ihn nicht?
Kapitän: Doch, ich rieche ihn.
Copilot: Sie sind zur Landung freigegeben. Lande-Checkliste ist abgeschlossen. Fünfhundert Fuß, wir sinken mit tausend plus fünf. Vierhundert [Fuß]. Dreihundert. Jetzt zweihundert. Einhundert. Auf dem Strich, fünfzig, vierzig, dreißig, zehn, fünf ...
Kabine: *[Aufsetzgeräusch.]*
Copilot: Umkehr [des Schubs]. Hundert Knoten. Achtzig Knoten.
Tower: American Eins Zweiunddreißig, machen Sie eine Rechtskurve. Wenn möglich, nehmen Sie mit der Ground Control Kontakt auf.
Copilot: Sechzig Knoten.
Nashville Ground Control: American Eins Zweiunddreißig, Nashville Ground. Roger, Sie können Tango Zwei [Landebahnausfahrt] nehmen oder runter zu Tango Vier kommen.
Copilot: *[Zum Kapitän]* Tango Zwei oder Tango Vier.
Kapitän: Äh, mal sehen ...
Copilot: Ich bin zum erstenmal hier, also lassen Sie mich alles anschauen.
Kabine: *[Die Kabinenklingel ertönt, da die Stewardeß das Cockpit anruft.]*
Copilot: Ich bin dran.
Dienstfreier Copilot: *[Über Interphon.]* Sie haben da ein großes Problem hier hinten, und ich bin nicht sicher, ob Sie ... Das Problem ist, daß ich nicht weiß, wo die Hitze herkommt. Sie kommt durch den Boden hoch.

Copilot: Sehen Sie irgendwo Rauch?
Dienstfreier Copilot: Ja, da ist Rauch. Ein kleines bißchen.
Copilot: Okay, okay.
Dienstfreier Copilot: Wir machen besser, daß wir hier rauskommen.
Copilot: Okay.
Stewardeß: *[Zum Kapitän]* Äh, Kapitän?
Copilot: *[Zum Kapitän]* Da ist ein Crew-Mann da hinten, der sagt, wir sollten besser schauen, daß wir hier rauskommen. Er sagt, es kommt Rauch durch den Boden.
Stewardeß: Ich seh ihn [den Rauch] nicht. Wir hatten hier einen Ersten Offizier dabei. Er ist es. Er hat den Boden überprüft. Er trägt Uniform. Mit dem haben Sie gesprochen ...
Copilot: *[Zum Kapitän]* Sie sieht keinen [Rauch].
Stewardeß: Er [der dienstfreie Copilot] meint, er ist wirklich weich, der Boden ist wirklich weich.
Copilot: *[Zum Kapitän]* Der Boden wird sehr, sehr weich.
Kapitän: Okay, raus hier. Rufen Sie Ground ...
Copilot: *[Zur Stewardeß]* Okay, wir verlassen die Maschine jetzt.
Stewardeß: Okay, Easy Victor [Evakuierung].
Copilot: Äh, halten Sie durch.
Stewardeß: Okay.
Kapitän: Geben Sie mir die Checkliste.
Copilot: *[An Ground Control]* Äh, roger, Sir, würden Sie bitte die Feuerwehr rufen? Wir haben möglicherweise ein Feuer, eine wirklich heiße Sache, im Frachtraum. Der Boden ist wirklich heiß. Wir schaffen sie [die Passagiere] raus.
Ground Control: Okay, wir haben sie am Telefon, American Eins Zweiunddreißig.
Copilot: *[Zum Kapitän]* Okay, Bodenevakuierung. Äh, Tower. Hab' den Tower gerufen. Landeklappen.
Kapitän: [Landeklappen] vierzig [voll ausgefahren].
Kapitän: Spoilerhebel ...
Kapitän: Sie verschwinden hier. Sie helfen [den Stewardessen]. Bremsen zurück. Treibstoffhebel auf Parkstellung.

Copilot: Auf Aus ...

Ende der Aufzeichnung.

Der Kapitän ordnete die Evakuierung zwei Minuten und sechs Sekunden nach dem Aufsetzen an, und die nichtbrennbaren Notrutschen wurden an den beiden vorderen Kabinentüren, der hinteren Kabinentür und in der Schwanzspitze heruntergelassen. Die Ausgänge über den Tragflächen wurden nicht benutzt. Die Passagiere erhielten über die Bordsprechanlage keine Anweisungen. Auch wurden sie vor der Landung nicht auf die Evakuierung vorbereitet. Während der Evakuierung riefen die Stewardessen den Passagieren Anweisungen zu: »Lösen Sie den Sitzgurt« und »Kommen Sie hierher« und »Ziehen Sie die Schuhe aus« und »Nehmen Sie nichts mit«.
Nachdem die Passagiere das Flugzeug unversehrt verlassen hatten, erkundigte sich ein Wartungsmann von American Airlines beim Kapitän nach dem Problem. Der Kapitän sagte, es gebe im Frachtraum ein Feuer. Sie öffneten den hinteren Frachtraum und entdeckten innen ein wenig Rauch. Dann öffneten sie den Mittelteil des Frachtraums. Dicker, weißgrauer Qualm quoll ihnen entgegen.
Auf Anforderung des Towers fuhren vierzehn Feuerwehrleute mit sechs Wagen, vier Crash-Rettungsmannschaften und zwei schnelle Eingreif-Einheiten zum Flugzeug, das auf dem Seitenstreifen der Landebahn gehalten hatte. Die Rettungseinheiten spritzten ungefähr 120 Gallonen Wasser in den mittleren Teil des Frachtraums, um den Schwelbrand zu löschen. Weder wäßriger filmbildender Schaum noch Trockenchemikalien wurden zum Löschen eingesetzt.
Von den einhundertsechsundzwanzig Crewmitgliedern und Passagieren wurde niemand ernsthaft verletzt; neun Passagiere und vier Besatzungsmitglieder erlitten leichte Verletzungen.

19. Pine Bluff, Arkansas 29. April 1993

Continental Express – Flug (JetLink) 2733

Dies war ein Flug, den kein Mensch freiwillig angetreten hätte, nicht etwa weil von den siebenundzwanzig Passagieren und den drei Besatzungsmitgliedern jemand ums Leben kam oder auch nur verletzt wurde, sondern weil die zweimotorige Propellermaschine Brazilian Embraer EMB-120 RT plötzlich beim Steigflug auf die Flugfläche von 17 000 Fuß einen Strömungsabriß erlitt und 5500 Fuß tief nach unten stürzte, bevor die Crew das Flugzeug abfangen konnte. Danach konnte die Maschine ihre Flughöhe nicht halten, da einer der beiden Motoren stark beschädigt war und drei der vier Propellerblätter verlorengegangen waren. Mit anderen Worten, das Flugzeug ging runter, und nur ein nahegelegener Flugplatz konnte es noch retten. Der Flug wurde zu einem besonders schlimmen Höllenflug, denn die Crew hätte den Vorfall sehr wohl vermeiden können, wenn der Pilot nicht – wie das National Transportation Safety Board es formulierte – so »relaxed« gewesen wäre.

Der Continental-Express-Flug 2733 mit der Bezeichnung JetLink 2733 von Continental Airlines verließ am Nachmittag Little Rock, Arkansas, mit Zielflughafen Houston, Texas. Der Flug wurde angewiesen, durch 7500 Fuß zu steigen und eine Flughöhe von 22 000 Fuß zu halten. Das Wetter war bedeckt, die Sicht betrug knapp fünf Meilen, die Temperatur lag bei 68 Grad Fahrenheit, der Wind war schwach, in den Wolken gab es mäßige Eisbildung und zwischen 12 000 und 20 000 Fuß Niederschlag. Anders ausgedrückt, das Wetter war gut zum Fliegen.

Nach dem Abheben und während des Steigflugs schrieb der Copi-

lot in seinem Logbuch und verzehrte eine Mahlzeit. Der Kapitän, der im Ruf stand, »sehr umgänglich« zu sein, lockerte die Sicherheitsgurte und stellte einen Fuß auf die Konsole, wie ein Passagier berichtete, der ihn durch die offene Tür beobachtete. Die Stewardeß war nach vorne gegangen und plauderte in der Tür stehend mit dem Kapitän, der das Flugzeug dem Autopiloten übergeben hatte. Die Besatzung hatte den Morgen und frühen Nachmittag zusammen am Pool des Motels verbracht, in dem sie in Little Rock abgestiegen war.
Wir beginnen mit dem Bandtranskript während des Abhebens.

Little Rock Tower: JetLink Zwei Sieben Drei Drei, [Sie sind] zum Start [auf Bahn] 22 rechts freigegeben. Drehen Sie eine Rechtskurve [nach dem Abheben], Kurs eins acht null.
Copilot: Nach links kurven [auf] eins acht null, freigegeben [auf] 22 rechts, Zwei Sieben Drei Drei.
Kabine: *[Man hört, wie die Motoren hochdrehen, als die Schubhebel nach vorne geschoben werden.]*
Copilot: [Schubhebel] eingestellt. Acht [mph]. V 1. V 2. Positive Rate.
Kapitän: Fahrwerk rauf.
Copilot: Beschleunigung.
Kapitän: Okay, Klappen [hoch].
Tower: JetLink Zwei Sieben Drei Drei, nehmen Sie mit Departure Kontakt auf.
Copilot: Zwei Sieben Drei Drei, tschüs. Departure, JetLink Zwei Sieben Drei Drei hört Sie [auf Funkfrequenz] eins Komma drei, [wir fliegen auf] viertausend [Fuß], [auf] Kurs eins acht null.
Little Rock Departure: JetLink Zwei Sieben Drei Drei ... eins null tausend [10 000] halten.
Kapitän: Was glauben Sie eigentlich, was Sie da machen?
Copilot: Ich weiß nicht.

In den nächsten Minuten steigt Flug 2733 weiter durch die Wolken, während der Copilot Kontakt zu Little Rock Departure und Memphis Center wegen der Anweisungen in bezug auf Kurs und Höhe aufnimmt. Der Copilot teilt dem Kapitän mit, daß er einige Berechnungen anstellen wird, um herauszufinden, ob eine Flugfläche von 26 000 Fuß für sie nicht vielleicht besser wäre als die angewiesenen 22 000 Fuß.

Copilot: Ich mache weiter und berechne das Gewicht für zwei sechs null rechts.
Kapitän: Ist mir ... Ist mir egal. Ich weiß nicht, wie da oben der Wind ist.

Die Stewardeß kommt, während sich die Maschine noch im Steigflug befindet, zur Cockpit-Tür.

Stewardeß: Hallo.
Kapitän: *[Zum Copiloten]* Kein großer Unterschied [des Winds], häh?
Copilot: Auf achtzehn[-tausend Fuß], kommt er, äh, aus zwei neunzig mit sechsundzwanzig, auf zwei vier [24 000 Fuß] kommt er aus sechsundzwanzig mit dreiunddreißig.
Kapitän: Das [der Höhenwechsel von 22 000 auf 26 000 Fuß] macht ja keinen großen Unterschied.
Copilot: Je höher wir gehen ...
Kapitän: ... desto stärker verwandelt er sich sowieso in Gegenwind.
Copilot: Ja. Auf welche Endhöhe [Reisehöhe] wollen Sie gehen? Wollen Sie [auf 26 000 Fuß] gehen?
Kapitän: Ist mir gleich.

Die Stewardeß fragt, ob der Kapitän und der Copilot essen möchten. Der Copilot bejaht, der Kapitän sagt: »Nein, nein, danke.« Und die Stewardeß verläßt das Cockpit, um dem Copiloten das Essen zu holen.

Kapitän: *[Zu Copilot und Stewardeß]* Wollt ihr Leute wirklich etwas so Mieses essen?
Copilot: *[Zum Kapitän]* Dieses Mädchen hat Ihnen völlig den Kopf verdreht ... Sieht aus, als [könnten Sie sich nicht] konzentrieren.

Der Kapitän ist von »diesem Mädchen« offenbar auf Diät gesetzt worden, und er sorgt sich um die Einhaltung seiner Diät.

Kapitän: Mann, ich konnte einfach nicht anders. Ich hab's versucht. Ich hab' versucht das Thema zu wechseln.
Copilot: Ja.
Memphis Center: JetLink Zwei Sieben Drei Drei, auf Flugfläche zwei dreitausend [Fuß] steigen und halten.
Kapitän: ... Sobald ich wieder auf [einhundert-]fünfundachtzig [Pounds] unten bin.
Copilot: Fünfundachtzig ...

Der Copilot und der Kapitän scherzen ein wenig miteinander, und als die Stewardeß wieder ins Cockpit kommt, plaudern sie und der Kapitän weiter, nun über ein Insekt, das auf der Windschutzscheibe des Flugzeugs klebt.

Stewardeß: *[Zum Kapitän]* Oh, schalten Sie die Scheibenwischer an. Die wischen es [das Insekt] weg.
Kapitän: Nee. Kann ich nicht. Nee. Kann ich nicht machen, dafür fliegen wir zu schnell.
Stewardeß: Das wäre doch witzig. Das wäre doch witzig. Ich würde mich kringeln. Damit wär' mein Tag gerettet.
Kapitän: ... Aus.
Stewardeß: Machen Sie's, machen Sie's, machen Sie's.
Kapitän: Okay.
Stewardeß: Können wir nicht schneller steigen?
Kapitän: Warum wollen Sie denn so schnell hochkommen?
Stewardeß: ... Ich kann ihn nicht den Berg hinaufziehen.

Die Stewardeß hätte gerne, daß der Kapitän die Reisehöhe schneller erreicht, weil sie den Getränkewagen nicht durch den Mittelgang schieben will, während sich die Maschine noch im Steigflug befindet.

Kapitän: Okay.
Stewardeß: Das letzte Mal mußte ich ihn den Berg [Mittelgang] hinaufschieben.
Kapitän: Wir versuchen ein [ein wenig schneller] bißchen höher zu kommen.
Stewardeß: Wir versuchen da hoch zu kommen?
Kapitän: Ja. Wir sind fast da [auf Reisehöhe]. Noch sechstausend Fuß, noch sechs Minuten.

Hier albert die Stewardeß mit dem Kapitän herum. Sie bietet ihm etwas an, das auf dem Band nicht erkennbar wird.

Stewardeß: Gib's mir, gib's mir, gib's mir. Steig. Gib's mir, gib's mir, gib's mir.
Kapitän: *[Zur Stewardeß]* Sie haben recht. Nehmen ist besser als Geben.
Stewardeß: Was?
Kapitän: Wie Sie gesagt haben. Nehmen ist besser als Geben.
Stewardeß: Ich weiß nicht.
Kapitän: [Ich] lebe danach.

Der Kapitän und die Stewardeß führen weitere fünf Sekunden lang eine, wie das Nationale Amt für Transportsicherheit NTSB (National Transportation Safty Board) meinte, »nicht sachdienliche« Unterhaltung.

Kapitän: Wir steigen nicht gerade schnell. Ja, wir sind wirklich schwer.

An diesem Punkt beginnt sich an den Tragflächen Eis zu bilden, und die Anweisungen, die der Kapitän dem Autopiloten für den Vertikal-Modus eingegeben hatte, lassen das Flugzeug instabil werden. Seine »Schwere« ist ein Anzeichen dafür, daß die Maschine kurz vor einem Strömungsabriß steht.

Stewardeß: Ich weiß ... Ich weiß [ich könnte nicht, oder Sie könnten nicht] gehen, eine gerade Linie entlanggehen, [ohne] alles zu verschütten.
Kapitän: *[Lacht.]*
Stewardeß: *[Lacht.]*
Stewardeß: Das haben Sie also mit dem Gewichtsproblem gemeint.
Kapitän: *[Zum Copiloten]* Frank, passen Sie auf. Da stimmt etwas nicht.

Zwei Sekunden verstreichen. Der den Strömungsabriß anzeigende Stick shaker beginnt die Steuersäule zu rütteln, und der Autopilot schaltet sich automatisch ab. Das Flugzeug stürzt steil nach unten. Die Stewardeß wird zurück in die Passagierkabine geschleudert. Während des nun folgenden Sinkflugs – die Maschine befindet sich im freien Fall – schreit die Stewardeß den Passagieren zu, sie sollen die »Aufprall«-Position einnehmen; sie teilt ihnen mit, wo die Notausstiege liegen. Sie sagt ihnen, daß sie »hart und schnell« landen werden.

Kapitän: Geschwindigkeit.
Kabine: *[Warnung vor Strömungsabriß ertönt.]*
Kapitän: Bleiben Sie dran. Bleiben Sie dran. Schub ist voll auf ... Schub ist ...
Kabine: *[Man hört lauter werdendes Motorengeräusch.]*
Kapitän: Hoch ...

Hier reißt der Kapitän hart die Steuersäule nach hinten und erschwert damit ein mögliches Abfangen der Maschine, während sie knapp 12 000 Fuß tief stürzt.

Kabine: *[Vibrationsgeräusch.]*
Kapitän: Hoch ... Ich denke, wir haben zu hohe Geschwindigkeit. Zu hohe Geschwindigkeit.

Ende der Aufzeichnung.

Als das Band abbricht, schaltet der Kapitän den linken Motor aus, von dem er meinte, er sei unkontrolliert hochgedreht, wo er doch in Wahrheit stark beschädigt war. Der Copilot fuhr das Fahrwerk aus, wodurch sie wieder die Kontrolle über die Maschine gewinnen konnten, und die Besatzung erklärte den Notfall. Sie sagte, sie müsse das Flugzeug »sofort [landen]«, es »verliere Höhe«. Der Kapitän entschied, auf dem Pine Buff Airport notzulanden. Fünf Minuten bevor Flug 2733 den Flugplatz erreichte, befahl der Flugplatzdirektor von Pine Buff, daß Landebahn 17 von Baugerät freizumachen sei. Flug 2733 brach ungefähr eine Meile vor dem Ende der Landebahn durch die Wolken. Der Kapitän schoß über den Aufsetzpunkt hinaus und setzte an einem Punkt auf, von dem es bis zum Ende der Bahn nur noch 1880 Fuß waren. Er aktivierte die Bremsen, doch die Bahn war naß und die Maschine schlitterte vom Asphalt ins Gras, wobei sie ein Baufahrzeug und mehrere Bauarbeiter, die sie beobachteten, um Haaresbreite verfehlte.
Das Flugzeug kam 687 Fuß vor dem Ende von Bahn 17 zum Stillstand. Die Besatzung und die Passagiere wurden sofort evakuiert. Es gab nur einen Leichtverletzten.
Das NTSB gelangte zu dem Schluß, daß die wahrscheinlichen Ursachen für den Vorfall seien: »Die Unfähigkeit des Kapitäns, eine professionelle Disziplin im Cockpit aufrechtzuerhalten, sein daraus folgender Mangel an Aufmerksamkeit für die Fluginstrumente und die Eisbildung sowie seine Wahl eines ungeeigneten Auto-Vertikalflug-Modus, was zusammengenommen zu einem aerodynamischen Strömungsabriß, zum Verlust der Kontrolle und zu einer erzwungenen Landung führte.«

20. Anchorage, Alaska
31. März 1993

Japan Airlines – Flug 46E

Als sie auf dem Alaska International Airport zum Start nach Chicago-O'Hare rollte, wurde die Crew des Japan-Airlines-Flugs 46E [ein Frachtflug] vor starken Turbulenzen gewarnt, und später, kurz vor dem Start, erfuhr sie, daß ein vor ihnen startender Flug nach dem Abheben von Bahn 6 Rechts auf 2500 Fuß in eine schwere Turbulenz geraten sei. Man beachte die Ähnlichkeiten und Unterschiede zwischen diesem Flug und dem El Al 1862 (Kapitel 10): dieselbe Art Flugzeug mit demselben technischen Problem.
Flug 46E war eine mit Fracht beladene Boeing 747-121, deren Besatzung aus einem Kapitän, einem Copiloten, einem Flugingenieur und zwei Mitarbeitern der Fluglinie bestand. Weitere Flugzeuge in dem Gebiet oder auf dem Flugplatz waren die Japan Airlines 42E und Peninsula Flug 4205.
Wir nehmen den CVR-Bandmitschnitt in dem Augenblick auf, als der Flug auf dem Taxiway zum Start rollt.

Flugingenieur: Sie müssen die Prioritäten festlegen.
Kapitän: Ja, richtig. Weshalb stehen Sie hier rum?
Flugingenieur: Genau hier habe ich den besten Aufnahmewinkel, den ich finden kann.

Der Flugingenieur macht anscheinend durch das Cockpitfenster Fotos von zwei Maschinen, die vor ihnen starten.

Copilot: [Versuchen Sie] beide auf ein und dasselbe Foto zu bekommen.

Flugingenieur: Tu' ich.
Kabine: *[Lachen.]*
Kapitän: Tun Sie's.
Flugingenieur: Oh, ja, ich hab's tatsächlich geschafft.
Kabine: *[Lachen.]*
Flugingenieur: Oh, ich hab's zweimal geschafft. Das ist cool. Ich habe nicht mal gesehen, wovon Sie gesprochen haben. Das Abheben werde ich nicht draufkriegen, aber die da sind gut geworden. In Wirklichkeit habe ich mehr von dem Kleinen drauf als von unserer Maschine, aber für einen Vergleich ist es recht klar geworden.
Kapitän: Spaßfotos, häh?
Flugingenieur: Ja wirklich. Okay, ah, wo waren wir? Wir haben, ah, die Trimmung stabilisiert, dann das INS [Inertial Navigation System]. Wie sieht es mit der Heizung für die Strömungssonde aus?
Copilot: An.
Flugingenieur: Die Treibstoffheizung ist geprüft und ausgeschaltet. Enteisung?
Copilot: Geprüft und auf Aus.
Flugingenieur: Schultergurte?
Kapitän: An.
Copilot: An.
Flugingenieur: Lege ich gerade an. Startinformationen?
Copilot: Verstanden.
Kapitän: Gleicher Bericht wie zuvor. Äh, für den Abflug gilt noch immer elf Meilen, zweitausend Fuß, Kurs dreihundertdreißig Grad, auf zwei null null. Okay?
Flugingenieur: Jawohl. Verstanden. Fluginstrumente?
Kapitän: Gecheckt.
Copilot: Gecheckt.
Flugingenieur: Taxi-Check abgeschlossen. Das war doch ein cooles Bild. Ich habe den anderen Kerl gar nicht kommen sehen, und ich schaute nur hin, weil ich nur die kleine Röhre sah, wissen Sie, und, ah, und was ich [in] meinem Sucher hatte. Auf einmal kam er

dort rein und ... da ist so eine bescheuerte [C-]Eins Einundvierzig oder eine C-Fünf, eine von beiden.
Copilot: Fliegen Sie die noch immer?
Flugingenieur: Ja, ich hasse sie.
Kapitän: [Sie wird] Skylifter [genannt].
Flugingenieur: Sie ist primitiv ... die ganze Klimaanlage stinkt. [Wenn man] aus dem Flugzeug steigt, riecht man wie eine [C-]Eins Einundvierzig. Ja, so war das.
Kapitän: [Irgend jemand] hatte ein Modell einer Eins Einundvierzig dabei und das konnte »Sky Lizard« sagen.
Flugingenieur: Wirklich? Okay, Klappen, V-Geschwindigkeiten, Trimmung?
Kapitän: Für 6R noch mal gecheckt.
Copilot: Für 6R noch mal gecheckt.
Flugingenieur: Gecheckt. [6R] für den Start. 6R Enteisung? Aus, INS?
Kapitän: Gecheckt.
Flugingenieur: APU geht aus. Treibstoffsystem auf Start gestellt. Zweiundvierzig Echo meinte, der Flug wird rauh.
Copilot: Japan Air Sechsundvierzig Echo Heavy ist bereit.
Anchorage Tower: Japan Air Sechsundvierzig Echo Heavy, Anchorage Tower. Startbahn 6R, rollen Sie auf Position und warten Sie. Pilot berichtet über schwere Turbulenz, ab zweitausendfünfhundert ...
Kapitän: Okay.
Copilot: Roger, verstanden. Danke.
Flugingenieur: Macht die Luken dicht, Leute. Das wird ein rauher Flug.
Tower: Japan Air Sechsundvierzig Echo Heavy, Startbahn 6R, freigegeben zum Start.
Flugingenieur: [Berichte über] schwere Turbulenz beim Steigflug. Ich weiß nicht, was sonst noch im Moment auf dem Mittelgang los ist, aber wir sind soweit, donnernd zu starten, also halten Sie die Augen offen.
Kapitän: Die Checkliste beenden.

Flugingenieur: Beenden.
Kapitän: Startfrei.

Die Crew schließt die Before-Takeoff-Checkliste ab.

Kabine: *[Man hört, wie die Motoren hochdrehen.]*
Kapitän: Vollgas.
Flugingenieur: Vollgas. Vollgas ist eingestellt, und Sie haben ... dreiundneunzig Prozent.
Kapitän: Danke.
Copilot: Achtzig Knoten. V 1. Rotieren. V 2. Positive Rate.
Kapitän: Fahrwerk hoch.
Tower: Japan Air Sechsundvierzig Echo Heavy, nehmen Sie mit Departure Kontakt auf.
Copilot: Schönen Tag noch.
Anchorage Departure: Japan Air Sechsundvierzig Echo Heavy, kurven Sie nach rechts, Kurs drei fünf null.
Copilot: Guten Tag, Japan Air Sechsundvierzig Echo, aus eintausend auf zwei null null.
Departure: Japan Air Sechsundvierzig Echo Heavy, Anchorage Departure, Radarkontakt, stellen Sie sich auf schwere Turbulenz [in] zweitausendfünfhundert ein ...
Copilot: Roger.
Kapitän: Steigschub auf Maximum.
Flugingenieur: Steigschub auf Maximum.

Jetzt tritt die Boeing 747 in die schwere Turbulenz ein.

Flugingenieur: Festhalten, Jungs.
Copilot: Links drei drei null.
Kapitän: Klappen auf fünf.
Copilot: Klappen auf fünf.
Kapitän: Klappen hoch.
Flugingenieur: Klappen hoch. Oh, oh, oh.
Kabine: *[Schnappgeräusch und Einsetzen des Warnhorns.]*

Die kräftige Turbulenz wirft die Boeing 747 in eine schwere Schräglage von ungefähr 50 Grad. Obwohl die Fluggeschwindigkeit 183 Knoten betragen sollte, schwankt sie um 75 Knoten zwischen 245 Knoten und 170 Knoten. Der Schubhebel für Nummer zwei knallt in die hintere Stoppstellung, und die Schubumkehr bei Nummer zwei zeigt auf eingeschaltet. Das Flugzeug verändert die Längsneigung und dreht sich um die eigene Achse, bis sich der Motor von der Tragfläche löst.

Flugingenieur: Oh, oh, Schubumkehr ... Wir haben einen Auto-Ausfall. Wir haben etwas verloren.
Copilot: [Wir] haben [die Motoren] Nummer eins und zwei verloren.
Kapitän: [Nummer] zwei ist weg.
Flugingenieur: Motor Nummer zwei abschalten. Oh, oh.
Kabine: *[»Schräglage-Winkel, Schräglage-Winkel.«]*
Kapitän: In Ordnung. [Erklären Sie den] Notfall.
Flugingenieur: Anlasser von Nummer zwei abgestellt.
Departure: Japan Air Vier Sechs Echo Heavy, äh. Elmendorf Tower meinte, gerade sei etwas Großes von ihrem Flugzeug abgefallen.
Kapitän: Ja, das wissen wir.
Copilot: Das wissen wir. Äh, wir, äh, erklären den Notfall.
Departure: Japan Air Vier Sechs Echo Heavy, müssen Sie nach Anchorage zurückkehren?
Kapitän: Wir kehren um nach ...

Kurz nachdem sich der Motor vom Flugzeug gelöst hat, erklärt die Besatzung den Notfall und setzt der Kapitän zu einer weiten Linkskurve an, um zum Anchorage International Airport zurückzufliegen und dort auf Bahn 6R zu landen. Motor Nummer eins wird auf maximalen Schub gestellt. Während die Boeing 747 für den Landeanflug manövriert, überschreitet ihr Querneigungs-Winkel 40 Grad.

Copilot: Bleiben Sie dran. Wir kehren um. Und wir erklären den Notfall.

Departure: Japan Air Vier Sechs Echo Heavy, ziehen Sie nach links auf Kurs zwei vier null, halten Sie dreitausend, Vektor ILS-Bahn 6R Endanflugkurs.
Kabine: *[»Schräglage-Winkel, Schräglage-Winkel.«]*
Flugingenieur: Okay, nicht aufgeben. Wollen Sie Treibstoff ablassen?
Copilot: Eins, halt durch, eins, halt durch. Es kommt eine Maschine zu uns.
Flugingenieur: Feuergriff von Nummer zwei prüfen.
Kapitän: Ja, Sir, auf zehn Uhr, zwei Meilen, dreitausendachthundert, schnell steigend ist Verkehr.
Kabine: *[Warnhorn ertönt.]*
Kapitän: Wir haben Verkehr ...
Flugingenieur: Bei Nummer zwei Feuergriff überprüfen.
Departure: Japan Air Vier Sechs Echo Heavy, der Verkehr verläßt gerade fünftausendfünfhundert.
Copilot: [Feuergriff] Nummer zwei eingestellt.
Flugingenieur: Wir kehren [nach] Anchorage zurück. Es sind zwei Vorflügelklappen auf der linken Seite ausgestellt.
Departure: Japan Air Vier Sechs Echo Heavy, auf eintausendsechshundert sinken und halten. Können Sie Landebahn 14 nehmen? Die ist näher.
Kapitän: Lassen Sie Treibstoff ab?
Copilot: [An Departure] Roger, halt durch, Nummer eins, bitte.
Flugingenieur: [Zum Kapitän] Noch nicht ... Brauche hier Hilfe.
Kapitän: Okay, jetzt. Okay, geben Sie mir [die] Klappen wieder.
Copilot: Auf fünf, fünf?
Kapitän: Auf fünf.
Copilot: Klappen gehen auf fünf.
Flugingenieur: Okay, der Treibstoff kommt raus. Okay, die Klappen gehen runter. Motor Nummer zwei ist gesichert. Treibstoff wird abgelassen. Sie wollen auf fünf fünfundachtzig ablassen, korrekt?
Kapitän: Wir werden, na, ich habe ein wirklich hartes ...
Copilot: Ich glaube, wir haben den Motor verloren.

Flugingenieur: Wir haben Motor Nummer zwei verloren.
Departure: Japan Air Vier Sechs Echo Heavy, sagen Sie, was Sie vorhaben.
Flugingenieur: [Wir brauchen] dreißig Minuten [zum Treibstoff-] Ablassen.
Copilot: Wir, wir werden, äh, wir werden diesen Kurs halten bis, äh, ... wir haben Probleme mit unseren Flugkontrollen und auch, äh, der Geschwindigkeit. Halt durch, Nummer eins.
Kapitän: Alle angeschnallt?
Flugingenieur: Alle sind angeschnallt.
Departure: Roger, Landebahn egal, Japan Air Vier Sechs Echo Heavy. Äh, welche Landebahn Sie auch brauchen.
Flugingenieur: Sagen Sie mir, welches Brutto-, welches Treibstoffgewicht das ist. [Ich muß] null Treibstoff[-Gewicht] finden.
Kapitän: Lassen Sie Treibstoff ab?
Flugingenieur: Ja, machen wir. Hätten Sie gern einen schnellen Rückgang?
Kapitän: Schneller Rückgang auf den Strich, bitte.
Flugingenieur: Okay, schneller Ablaß auf den Strich. Fahrwerk?
Copilot: Aus, ah ...
Kapitän: Aus.
Flugingenieur: Alle bis auf [Motor] Nummer zwei, Nummer drei ist unten, das läuft. Okay, schneller Rückgang. Fahrwerk?
Copilot: Äh, hoch, ...
Flugingenieur: Landeklappen?
Copilot: Klappen stehen auf fünf Grad.
Flugingenieur: Fünf Grad ... Speed-brakes-Hebel?
Copilot: [Nach vorne.]
Kapitän: Haben Sie für uns den Notfall erklärt?
Departure: Japan Air Vier Sechs Echo Heavy, können Sie eine Bodenberührung vermeiden?
Copilot: Im Augenblick bestätigt, und äh, wir halten, äh, dreizehnhundert [Fuß].
Departure: Japan Air Vier Sechs Echo Heavy, roger.

Copilot: Wir lassen Treibstoff ab.
Departure: Japan Air Vier Sechs Echo Heavy, roger.
Flugingenieur: Okay.
Kapitän: Haben Sie den Notfall erklärt?
Copilot: Ja, bestätigt.
Kapitän: Geben Sie mir rasch die Geschwindigkeit.
Flugingenieur: ... Okay, die Geschwindigkeit liegt für ... fünf fünfundachtzig, ich glaube bei eins fünfundvierzig [mph].
Kapitän: In Ordnung. Wie steht's mit unserem Gewicht?
Flugingenieur: Bekommen Sie gleich. Hab' nicht die Zeit, es perfekt zu machen.
Kapitän: Geben Sie mir, äh, ILS auf dem, äh, Funk.
Flugingenieur: Was für ein Treibstoffgewicht wollten Sie? Das brauchen wir jetzt.
Kapitän: Wir verlieren [Motor] Nummer, Nummer eins wegen Überhitzung.
Kabine: *[Warnhorn ertönt.]*
Departure: Japan Air Vier Sechs Echo Heavy, ich habe zwei F-15 drei Meilen von Ihrem rechten Flügel, sie haben Sie in Sicht, und wenn Sie eine Panelüberprüfung wünschen, können sie, sagen sie, näher rankommen und, äh, sich die Sache ansehen.
Kapitän: Ja, [sagen Sie ihnen], sie sollen kommen.
Copilot: Ja, los.
Departure: *[Zu den Kampfjets]* Löwe Eins, sie sagen, äh, Sie können näher ran und einen Blick auf sie werfen und prüfen, wie groß der Schaden ist.
Flugingenieur: Okay.
Copilot: *[Zum Kapitän]* Okay, welche Bahn wollen Sie haben?
Kapitän: [Wir werden Bahn] 6R nehmen.
Copilot: *[An Departure]* Wir hätten gern Landebahn 6R. Hier spricht, äh, Japan Air Sechsundvierzig Echo.
Flugingenieur: In-flight-failure-Check, Shutdown-Check ist abgeschlossen.
Kapitän: Warum verliere ich jetzt an Geschwindigkeit?

Departure: Japan Air Vier Sechs Echo Heavy, verstehe wenden zum Anflug auf Landebahn 6R.
Flugingenieur: Wie hoch ist die Geschwindigkeit?
Kabine: *[Automatische Höhenwarnung: »Eintausend Fuß.«]*
Copilot: Wollen Sie, äh, ein wenig, äh, Seitenruderausgleich? Seitenruder trimmen?
Kapitän: Das wird nichts helfen. Versuchen wir das Ding zu wenden.
Flugingenieur: Diese Zahlen sind falsch. Eins fünfundvierzig, eins einundfünfzig. Ich weiß nicht, es ist irgendwo da [an einer Stelle]. [Ich hatte ein] Blatt Papier ... Nein, ich meine beim Abflug, ich hatte diesen Heizöl-Plan.
Kapitän: Ich will doch bloß hier vom Wasser wegbleiben, Jungs.
Copilot: Okay.
Kapitän: Notschub.
Copilot: Okay, habe ich.
Kapitän: ... Klappen. Nein, können wir nicht.
Copilot: Wollen Sie die Klappen?
Kapitän: Nein.
Flugingenieur: Hundert Fuß ... Treibstoffgewicht im Augenblick siebenhundert.
Kapitän: Wieviel wiegt die Maschine?
Flugingenieur: Die Maschine wiegt jetzt siebenhundert, ihre V-Geschwindigkeit für Klappen dreißig-ref. Geschwindigkeit ist ... eins dreiundsechzig-V ref.
Kapitän: Wieviel wiegt die Maschine?
Flugingenieur: Ich habe ein Gewicht von sechs siebenundachtzig jetzt. Wir lassen weiter Treibstoff ab.
Kapitän: [Wir werden] schwer landen [müssen].
Flugingenieur: Okay, schwer landen, Schwergewichts-Landung für ...
Departure: Verstehe; äh, er hat die, äh, linke [Klappe] an der linken Tragfläche verloren?
Copilot: Wir haben einen Kampfjet da. Er sieht sich, er sieht sich uns an, ja.

Kapitän: In Ordnung. wir werden [keine] linke Landeklappe haben. Na gut, schneller Rückgang, unter den Strich
Departure: Japan Air Vier Sechs Echo Heavy, Sie haben, äh, ungefähr fünfzig Prozent der Vorflügelklappen an der linken Tragfläche verloren und strukturellen Schaden an den Hinterklappen.
Kapitän: In Ordnung.
Copilot: Wollen Sie landen [auf dieser Landebahn]?
Kapitän: Ich will auf dieser Bahn landen, jetzt sofort.
Copilot: Wollen Sie Klappen, mehr Klappen?
Departure: Japan Air Vier Sechs Echo Heavy, Landebahn 6R, freigegeben zur Landung.
Kapitän: In Ordnung. In Ordnung. Wir landen ...
Copilot: Wir sind auf [Bahn] 6L.
Kapitän: Ablassen [von Treibstoff] stoppen.
Flugingenieur: In Ordnung, stoppe das Ablassen. Wollen Sie das Fahrwerk draußen haben?
Copilot: Okay, langsamer werden. Sie können jetzt langsamer werden.
Kapitän: Fahrwerk runter.
Copilot: Fahrwerk runter?
Kabine: *[»Gleitpfad.«]*
Departure: Japan Air Vier Sechs Echo Heavy, haben Sie den Windscherungsbericht verstanden, Sir?
Flugingenieur: Fahrwerk kippen?
Copilot: Okay, wollen Sie mehr Klappen, oder ist Klappen fünf okay?
Kapitän: Wir werden ...
Flugingenieur: Fahrwerk gekippt, unten und grün.
Copilot: *[An Departure]* Roger, wir verstehen. Wir kommen auf Bahn 6R.
Kabine: *[»Gleitpfad, Gleitpfad.«]*
Departure: Japan Air Sechsundvierzig Echo Heavy, das Fahrwerk scheint ganz in Ordnung zu sein.
Copilot: *[An Departure]* Danke.

Flugingenieur: Sie haben ADF auf beiden, Fluginstrumente, Funk keine Flaggen, Klimaan-
Kabine: *[»Terrain, Terrain.«]*
Kapitän: Null Trimmung.
Copilot: Zweihundert Fuß. Trimmung null.
Flugingenieur: Speed-brakes-Griff.
Kapitän: Klappen auf fünfundzwanzig.
Copilot: Klappen gehen auf fünfundzwanzig. Klappen sind auf fünfundzwanzig.
Kabine: *[»Einhundert (Fuß) ... fünfzig ... dreißig (Fuß).«]*
Flugingenieur: Before-landing-Checkliste abgeschlossen.
Kabine: *[»Zwanzig (Fuß) ... zehn (Fuß).«]*
Flugingenieur: Haltet durch, Jungs. Spoiler ausgefahren, Umkehr verfügbar [für Motoren] eins, zwei, drei oder [Motoren] eins drei vier.
Departure: [An die Kampfjet] Löwe Eins, sagen Sie, wenn er unten ist. Löwe Eins, danke für die Hilfe.
Kapitän: Danke.
Flugingenieur: Danke. Ich kann Ihre Geschwindigkeit so nicht sehen, ah ...
Copilot: Neunzig [mph].
Flugingenieur: Achtzig Knoten.
Kapitän: Danken Sie dem Jungen für seine Hilfe.
Flugingenieur: Das ist cool. Okay, wir haben die Schubumkehr, Lichter aus.
Kapitän: In Ordnung, sichern Sie ...
Copilot: Äh, herzlichen Dank, Tower, hier ist Evergreen, äh, Japan Air Sechsundvierzig Echo. Übermitteln Sie den Jets unseren Dank.
Departure: Japan Air Vier Sechs Echo Heavy, und, äh, sie [die Kampfjet-Piloten] lassen Ihnen ausrichten, Sie haben die Sache gut gemacht und, äh, danke.
Flugingenieur: *[Lacht.]*
Departure: Japan Air Vier Sechs Echo Heavy, nehmen Sie mit Anchorage Ground auf eins zwei eins Komma neun Kontakt auf.
Copilot: Danke und roger, auf Wiedersehen.

Flugingenieur: *[Zum Copiloten]* Danke, Junge. Ganz egal, wieviel, du, ich, wie viele Biere ich dir noch schulde. Das nächste geht auf meine Rechnung. Okay?
Copilot: Okay, wir haben gerade die Landebahn freigemacht.
Anchorage Air Ground Control: Japan Air Vier Sechs Echo Heavy, rollen Sie zur Parkposition. Geben Sie Ihre Gatenummer durch.
Copilot: Roger, Romeo zehn, und, äh, es war eine sehr, sehr extrem schwere Turbulenz bei, äh, unserem Start [und] der Linkskurve.
Ground Control: Roger, rollen Sie zu Romeo zehn.
Kapitän: Uns sind einige Klappen und anderes Zeug abgerissen.
Flugingenieur: Wir haben einige Beschädigungen ...
Kapitän: *[Blickt durchs Fenster auf die Tragfläche.]* Da draußen fehlen eine Menge Teile.
Flugingenieur: Gut gemacht, Jungs, beide.
Kapitän: Vielen Dank für Ihre Hilfe. Es tut mir leid, daß wir uns aufgelöst haben.
Flugingenieur: Okay, sollen wir noch ein paar After-Landing-Checks machen? Ich werde trotzdem die Sondenheizung und all diese Dinge abstellen.
Kapitän: Ja, tun Sie das. Ich habe die Spoiler ...
Flugingenieur: Das war cool, wie der Kampfjet uns da draußen gecheckt hat.
Kapitän: Haben wir Motor Nummer zwei verloren?
Flugingenieur: Ja, haben wir.
Copilot: Nein ... hä? Ja, Moment.
Flugingenieur: Wir haben ihn verloren. Wir haben Motor Nummer zwei verloren.
Kapitän: Es war gar nicht einfach, dieses Ding genug zu trimmen ...
Flugingenieur: Ja, dieser Neigungswinkel und so, Mann, das war verrückt.
Kapitän: Ich mußte voll, voll ins rechte Seitenruder treten, um die Schräglage aufzufangen.
Flugingenieur: Jetzt kann ich es ja sagen. Ich hatte Panik.
Kapitän: Wir hatten alle Panik.

Mehr als drei Minuten verstreichen, in denen sie zu einem Haltepunkt am Terminal rollen.

Flugingenieur: Okay, jemand darf mir einen Kuß geben und mir sagen, ich bin noch am Leben ...
Kapitän: Sie werden Ihren Kuß gleich von mir bekommen ...

Ende der Aufzeichnung.

Die Aufhängung von Motor Nummer zwei hatte sich von der Tragfläche gelöst, dabei den Motor mitgerissen und die Slats und Flaps an den Tragflächen beschädigt. Spannungskräfte, die durch die starke oder möglicherweise extreme Turbulenz verursacht wurden, führten zur Beschädigung der Motoraufhängung, an der bei späteren Tests ein infolge von Metallermüdung aufgetretener Riß festgestellt wurde.
An Bord und auf dem Boden wurde niemand verletzt.

21. Roselawn, Indiana
31. Oktober 1994

American Eagle – Flug 4184

Nach dieser Flugzeugkatastrophe im Farmland von Nordindiana stellten die Luftfahrtbehörden und die fliegende Öffentlichkeit ernsthaft die Sicherheit von Regionalfluglinien in Frage; es war der dritte Absturz eines beliebten, von einem französisch-italienischen Konsortium hergestellten Regionalflugzeugs.
Alle Flugzeugunglücke, bei denen Menschenleben zu beklagen sind, sind ohne jeden Zweifel grauenhaft, doch diese Katastrophe erschien um so schlimmer, und sei es nur wegen der Art, wie der amtliche Leichenbeschauer die Opfer beschrieb. Er stellte schriftlich fest, die Passagiere, von denen keiner überlebte, hätten »multiple anatomische Abtrennungen infolge der Aufprallgeschwindigkeit bei diesem Flugzeugabsturz« erlitten. Die Leichen des Kapitäns und des Copiloten waren nur noch mit Hilfe einer DNA-Analyse zu identifizieren. Die lokalen Behörden erklärten die Unglücksstelle, die sich über zwanzig Morgen eines aufgeweichten Sojabohnenfeldes erstreckte, zur »Bio-Gefahrenzone« mit allem, was dieser Begriff impliziert.
American Eagle Flug 4184, eine zweimotorige Propeller-Maschine des Fabrikats Avions de Transport Regional 72-212 (ATR 72), nahm spät auf dem Flugplatz von Indianapolis bei bedrohlich aussehendem Himmel Passagiere an Bord. Die Mehrzahl von ihnen befand sich nach einem Arbeitstag im Gebiet von Indianapolis auf dem Heimflug nach Chicago oder wollte auf dem dortigen Flughafen O'Hare umsteigen. Ein Passagier fürchtete, den Anschluß zum Interkontinentalflug nach Frankfurt am Main zu verpassen. Flug 4184 sollte Indianapolis um 14.15 Uhr verlassen und um 15.15 Uhr

auf Chicago-O'Hare landen, doch da sich in Chicago das Wetter verschlechterte, verließ der Flug sein Gate in Indianapolis um 14.14 Uhr und wurde noch zweiundvierzig Minuten lang am Boden gehalten, bevor er starten durfte. Um 14.53 Uhr teilte der Ground Controller von Indianapolis der Crew von Flug 4184 mit, sie müßte sich »auf einige Warteschleifen in der Luft einrichten«.

Zu diesem Zeitpunkt bestand keine besondere Warnung wegen der eisigen Verhältnisse unterhalb von 19 000 Fuß. Das NTSB gelangte zu dem Schluß, daß »es keine zusätzlichen Berichte über irgendein bedeutsames Wetterphänomen« im Zusammenhang mit der Anweisung zu warten für Flug 4184 gegeben hatte. Doch während der Flug in der Warteschleife seine Runden zog, bildete sich nach und nach Eis am Querruder, und zwar außerhalb der Reichweite der Enteisungsmechanismen. Dieses Eis sollte schließlich so dick werden, daß das Flugzeug ins Trudeln geriet und auf die Erde stürzte.

Wir nehmen die CVR-Aufzeichnung an der Stelle auf, als Flug 4184 auf die zugewiesene Warteschleife für Chicago-O'Hare einkurvt.

Kabine: *[Musik.]*
Stewardeß: [Ich dachte] ich komme mal vorbei und sehe nach, was hier los ist.
Kabine: *[Laute Musik.]*
Stewardeß: Ist das wie Stereoradio? Sie haben wirklich keinen schweren Job. Wir da hinten [in der Passagierkabine] schlagen uns mit diesen Leuten [Passagieren] rum.
Kapitän: Ja. Wir haben es recht locker. Ich habe gerade zu Jeff [dem Copiloten] gesagt, daß ich mir gar nichts Angenehmeres vorstellen kann.
Copilot: Ich ... ich mag es an sich, wenn man mit Menschen zu tun hat. Es ist recht nett, wenn man in der Lage ist, mit ihnen zu sprechen.
Stewardeß: Um wieviel werden wir zu spät sein?
Kapitän: Na ja ...

Stewardeß: Wir haben bereits zwei Leute, die ihre Anschlußflüge verpaßt haben.
Kapitän: Oh, tatsächlich?
Stewardeß: Einer davon geht um 15.15 Uhr. [Flug 4184 sollte ursprünglich um 15.10 Uhr landen.]
Kapitän: Drei Uhr fünfzehn, drei Uhr fünfzehn?
Stewardeß: *[Im Scherz]* Und das ist allein Ihre Schuld. Ah-hah. Wir waren nicht rechtzeitig für drei Uhr fünfzehn in Chicago.
Kapitän: Drei Uhr fünfzehn Eastern Time.

Die Passagiere wußten bereits bevor die Maschine in Indianapolis startete, daß sie ihre Anschlußflüge verpassen könnten. Der Kapitän macht vermutlich einen Scherz, oder er irrt sich, da 15.15 Uhr Eastern Standard Time nach Chicagoer Zeit 14.15 Uhr ist.

Stewardeß: *[Zur Crew]* Was machen Sie eigentlich hier, wenn Sie mit Autopilot fliegen? Nur rumhängen?
Copilot: Man muß ihm [dem Autopilot] trotzdem sagen, was er tun soll.
Kapitän: Wenn der Autopilot nicht funktionieren würde, wäre er [der Copilot, der die Maschine flog] jetzt eine schwerbeschäftigte kleine Arbeitsbiene.
Kabine: *[Lachen.]*
Stewardeß: *[Zum Kapitän]* Der Copilot leistet also einiges mehr als Sie?
Kapitän: Genau.
Kabine: *[Lachen.]*
Copilot: Nicht wirklich.
Kapitän: Mann, dieses Ding [das Flugzeug] bekommt einen hohen Winkel in diesen Kurven [der Warteschleifen].
Copilot: Ja.
Kapitän: Wir wälzen uns halt im Augenblick in der Luft herum.
Copilot: Wollen Sie Klappen auf fünfzehn?
Kapitän: *[Im Scherz.]* Ich werde mich für diese Stallprozedur, die wir

bald haben werden [wenn das Flugzeug weiterhin so langsam fliegt], gewappnet halten.
Kabine: *[Lachen.]*
Kapitän: Wollen Sie sie [die Landeklappen] reinkicken? [Dann] geht die Nase runter.
Copilot: Sicher.

Die Stewardeß erkundigt sich nach den automatischen Warnansagen im Cockpit. Sie denkt, diese würden auch vor Regen warnen.

Kapitän: Regen?
Copilot: Nein, der da vielleicht?
Stewardeß: Hört sich an, als würde etwas über den Regen gesagt, oder ...
Kabine: *[Der Kapitän bringt die Alarmansagen für die Stewardeß zum Tönen. Man hört die Warnung: »Glide slope (Gleitpfad)! Whoop, whoop! Pull up! Whoop, whoop! Pull up!«]*
Kapitän: Das da [meinen Sie]?
Stewardeß: Ja, aber das ist etwas anderes.
Copilot: *[Scherzt mit der Stewardeß.]* Wie ich schon sagte, [sobald] da eine Regenwolke ist, sagen sie [die automatischen Ansagen] es [daß es regnet]. Na, woher weiß man es sonst [daß es regnet]? Weil dieses Ding es mir sagt. Es [das GPWS] sagt einem: Ter*rain*, Ter*rain* [engl. »rain« = Regen].
Stewardeß: Das sagt es? Ter*rain*?

Der Kapitän oder der Copilot spielen die automatische Ansage für die Stewardeß ab.

Kabine: *[Warnung: »Too low terrain, too low terrain (zu große Bodennähe).«]*
Kabine: *[Aus einem Radio klingt Musik.]*
Kabine: *[Ein Niederfrequenzton setzt ein und nimmt zu, da die Umdrehungen der Propeller automatisch sich beschleunigen.]*

Stewardeß: Bis dann.
Kapitän: In Ordnung.
Kabine: *[Man hört wie die Cockpit-Tür geöffnet und geschlossen wird.]*
Kabine: *[Der Niederfrequenzton nimmt ab und zeigt damit einen Rückgang der Propellerumdrehungen an.]*
Copilot: *[Zum Kapitän]* Na gut. Wir haben ungefähr, ah, sechsunddreißighundert Pounds Treibstoff?
Kapitän: Ah-hah.
Kabine: *[Die Musik verstummt.]*
Kapitän: *[Über die Bordsprechanlage zu den Passagieren]* Ja, Leute, hier spricht wieder der Kapitän. Wir bedauern, Ihnen mitteilen zu müssen, daß die Luftverkehrsüberwachung uns hier oben in eine Warteschleife geschickt hat. Wir kreisen ungefähr zwanzig Minuten vor Chicago, aber, ah, ich denke, der Stau und der Verkehr halten an, ah ... Sie müssen uns hier zum Abstand-Schaffen halten. Sie sagen im Augenblick, wir können zur vollen Stunde die Schleife verlassen, obgleich das vielleicht auch anders sein kann, ah ... Wir werden vielleicht nicht die vollen dreizehn Minuten hier sein. Wir werden Sie auf dem laufenden halten. Sobald wir die Warteschleife verlassen, werden wir es Ihnen mitteilen, auch wenn sie uns sagen, daß die Warteschleife etwas länger beizubehalten sei. Ich möchte mich für all diese Verzögerungen entschuldigen. Es besteht die Chance, daß alle Flüge von und nach Chicago hier heute nachmittag ebenfalls Verspätung haben. Das gilt nicht nur für gerade in der Luft befindliche Maschinen, sondern auch für solche, die bereits gelandet sind, auf dem Boden stehen und die starten. Also, ah, noch einmal, es besteht die Möglichkeit, daß Ihr [Anschluß-]Flug ebenfalls Verspätung hat und Sie deshalb noch gute Chancen haben, den Anschluß zu kriegen. Falls nicht, wird man Sie, ah, in Chicago automatisch auf den nächsten Flug umbuchen.

Der Kapitän und der Copilot diskutieren etwas verwirrt über die Funktionstüchtigkeit des ACARS, eines Nachrichtensystems vom

Boden, zumeist der Firmenbüros, zum Cockpit, das die Besatzung in schriftlicher Form erhält.

Copilot: Das ist viel netter, Klappen auf fünfzehn.
Kapitän: Ja.
Copilot: Ich bekomme gerade etwas Eis angezeigt.

Der Kapitän muß dringendst auf die Toilette.

Kapitän: Ich kann es nicht mehr halten, Mann. Das große [Ding] muß raus. Sofort.
Copilot: *[Gluckst.]* Sie werden Ihnen ganz schön dreckige Blicke zuwerfen [da er durch die Kabine zur Toilette geht], Mann.
Kapitän: Oh, Mann – oh, ja. Ich weiß, das werden sie. Die Leute [Passagiere] tun das. Entweder das oder auf sie pinkeln.
Kabine: *[Klingeln, wie die Telefonklingel der Stewardessen; man hört, wie ein Sitzgurt gelöst wird.]*
Kapitän: *[Zur Stewardeß über Interphon.]* Was gibt's?
Stewardeß: *[Ruft im Cockpit an.]* Ich bin's nur.
Kapitän: Häh?
Stewardeß: Ich bin, ah ... Das war nur ich.
Kapitän: Oh.
Stewardeß: Ich frage mich nur, wieviel Benzin wir haben?
Kapitän: Wieviel Benzin wir haben?
Stewardeß: Ja.
Kapitän: Wir haben mehr als genug Benzin. Wir können es hier noch lange aushalten.
Stewardeß: Cool. Okay. [Ich] war nur besorgt, [daß] Sie vielleicht irgendwohin [wegen des Treibstoffs] ausweichen müssen und die Leute wirklich zu spät ankommen.
Copilot: Sechzig Meilen vor Chicago.
Kapitän: Oh, ja.
Stewardeß: Sechs, sechzig Meilen?
Copilot: Ja.

Stewardeß: Ja, aber sie lassen uns immer noch hier weiterkreisen, häh?
Kapitän: Ungefähr noch zehn Minuten.
Stewardeß: Und auch das ist nicht endgültig, oder?
Kapitän: Ja, bis jetzt ist es ziemlich sicher, wenn sie nicht beschließen, daran was zu ändern. Wie klingt die Antwort?
Stewardeß: [Gluckst.] Genau wie die erste.
Kapitän: Ja, ich weiß.
Kapitän: *[Zum Copiloten]* Reden Sie mit ihr, Bruder.

Hier steht der Kapitän auf, um auf die Toilette zu gehen, und läßt den Copiloten mit den Kontrollinstrumenten alleine.

Copilot: Okay. Hej, Sie da?
Stewardeß: *[Zum Copiloten]* Sind Sie sicher, daß Sie das schaffen?
Copilot: Ich versuche es.
Stewardeß: Okay, ah ...
Copilot: Warum machen Sie –
Stewardeß: Drehen Sie sie [die Heizung] runter. Hier hinten muß es kühler werden. Es ist heiß.
Copilot: Ich bin, ah, sie ist jetzt völlig unten.
Stewardeß: Okay, danke. Sie war schon unten?
Copilot: Ja, ich werde Sie abkühlen ...
Stewardeß: Tatsächlich? Nun, wir schwitzen. *[Keuchendes Geräusch.]*
Copilot: Wissen Sie, warum?
Stewardeß: Sie wollen uns schwer atmen hören? *[Lacht.]*
Copilot: Da ist eines der Bleeds [Belüftungsrohre] abgestellt.
Stewardeß: Okay.
Copilot: [Ein Rohr] für die Klimaanlage.
Stewardeß: Ja.
Copilot: Und es ist auf Ihrer Seite.
Stewardeß: Oh.
Copilot: Es ist das, das euch da hinten die meiste Luft bringt.

Stewardeß: Zahlen.

Copilot: Also jetzt haben Sie, haben Sie weniger als, ah, halb. Nicht nur das. Es ist Ihre Hälfte. [Gluckst.]

Stewardeß: Okay, Okay, na gut, hier. Orlando [der Kapitän] will mit Ihnen sprechen.

Copilot: Orlando? Hallo.

Kapitän: *[Über Interphon aus dem hinteren Teil des Flugzeugs.]* Hej, Bruder.

Copilot: Ja.

Kapitän: [Ich bin] jetzt hier hinten mit den Damen beschäftigt.

Copilot: Oh.

Stewardeß: *[Kichert.]*

Kapitän: Ja, also wenn, also wenn ich in den nächsten, sagen wir fünfzehn oder zwanzig Minuten nicht auftauche, wissen Sie warum.

Copilot: Okay. Ich werde, ah ... Wenn wir kurz vor dem Aufsetzen sind, klingle ich bei Ihnen an.

Kapitän: Machen Sie das. Nein, ich komme gleich. Da ist jemand auf der Toilette, deshalb ... Bis gleich.

Copilot: Okay.

Kapitän: *[Kehrt ins Cockpit zurück.]* Ich fühle mich wie neugeboren [nach dem Besuch der Toilette].

Kapitän: Haben Sie irgendwelche Neuigkeiten von den Dummschwätzern [von der Fluglinie auf ACARS]?

Eine Minute verstreicht. Die Crew bespricht, wo sie das Blatt mit den Anschlußgates von O'Hare verstaut hat.

Kapitän: Wir haben immer noch Eis.

Kabine: [Man hört, wie Papier aus dem ACARS-Drucker gezogen wird.]

Kapitän: Hier.

Copilot: Eine Nachricht?

Kapitän: Ja.

Kapitän: Ich bin gleich wieder da. Okay, ich [werde] mit der Fluglinie sprechen.

Center: Eagle Flug Eins Vierundachtzig, auf achttausend [Fuß] sinken und halten.
Kapitän: [Ruft die Büros der Fluglinie auf O'Hare an.] Chicago, verstehen Sie mich, Einundvierzig Acht Vier?
Fluglinie: Einundvierzig Vierundachtzig. Sprechen Sie.
Kapitän: Ja, wir haben schon mit Dispatch gesprochen, ah, über ACARS, sie wissen also von unserer Verspätung. Ich weiß nicht, ob ihr Jungs davon gehört habt. Wir stecken hier draußen in der Warteschleife, ah ... Wir haben zweiunddreißighundert Pounds [Treibstoff], dreiunddreißighundert Pounds Benzin. Sie sagen null null ... deshalb werden wir in vier oder fünf Minuten erfahren, wie es weitergeht. Aber was können Sie mir sagen über, ähm ... Da ist der junge Mann [ein Passagier], der sich über seinen Anschluß nach Frankfurt [am Main] Sorgen macht. Ah, wissen Sie irgend etwas darüber?
Center: Eagle Flug Eins Vierundachtzig, auf achttausend [Fuß] sinken und halten.
Copilot: Runter auf achttausend, Eagle Flug Eins Vierundachtzig.
Center: Eagle Flug Eins Vierundachtzig, ah, es sind noch ungefähr zehn Minuten, ah, bis Sie für hier freigegeben werden.
Fluglinie: Ah, ich kann einen Doppelcheck machen, ah, ja. Habe gerade eine Nachricht an Dispatch geschickt, um zu erfahren, ob Sie in einer Warteschleife waren. Verstanden dreißig Benzin und geschätzte Verzögerung bis zur vollen Stunde. Und haben Sie vielleicht die, ah, Nummer von dem Frankfurtflug?
Copilot: Sie sagen, noch zehn Minuten [bis zur Landefreigabe].
Kapitän: Ähm, nein. Habe ich nicht, aber ich habe Anschlußgates aus dem ACARS gezogen, und da steht, er [der Flug nach Frankfurt] geht von [Gate] K-Fünf ab, wenn das hilft.
Fluglinie: Lassen Sie mich das überprüfen.
Kapitän: [Zum Copiloten] Sind wir [schon] aus der Warteschleife?
Copilot: Ah, nein. Wir gehen gerade auf achttausend.
Kapitän: Okay.
Copilot: Und, ah, noch zehn Minuten, sagte sie [die Lotsin].

Kabine: *[Piepstöne warnen vor überhöhter Geschwindigkeit.]*
Copilot: Uups.
Kapitän: Wir ... Ich wußte, daß das passieren würde.
Copilot: Ich versuche sie auf eins achtzig [mph] zu halten.
Kabine: *[Mehrmaliges Rumsen.]*
Kabine: *[Heulton warnt vor Destabilisierung des Flugs.]*

An diesem Punkt gerät das Flugzeug ohne jede Vorwarnung außer Kontrolle. Es dreht sich schnell nach rechts um die eigene Achse. Die Maschine stürzt rasant mit 500 Fuß pro Sekunde und mit 3,6 g zu Boden.

Copilot: Uups.
Kabine: *[Man hört drei dumpfe Schläge, gefolgt von Rattern; ein Piepsen meldet die Abschaltung des Autopiloten; Höhen-Alarmsignal.]*
Crew: Okay. *[Man hört stoßweises schweres unregelmäßiges Atmen, das bis zum Ende der Aufzeichnung anhält.]*
Crew: Oh Scheiße.
Kapitän: Okay.
Kabine: *[Höhen-Alarmhorn ertönt.]*
Crew: *[In den folgenden zwölf oder dreizehn Sekunden bis zum Aufprall hört man ein Knurren.]*
Kapitän: Gut, Mann. Okay, mildern Sie ihn ab.
Copilot: Okay.
Kapitän: Mildern Sie ihn ab.
Copilot: Okay.
Kapitän: Sanft und ruhig.
Kabine: *[Bodennähe-Warnung: »Whoop, whoop! Terrain.«]*
Copilot: Ah, Scheiße.
Kabine: *[Lautes Krachen.]*

In den folgenden sechzehn Minuten fordern die Fluglotsen von Chicago-O'Hare siebzehnmal Flug 4184 auf zu antworten.

Ende der Aufzeichnung.

Alle vierundsechzig Passagiere und die vier Besatzungsmitglieder waren auf der Stelle tot, als Flug 4184 sich mit der Nase voran in ein durchweichtes Sojabohnenfeld sechzig Meilen von Chicago entfernt bohrte. Das NTSB kam zu dem Schluß, die vermutliche Unglücksursache sei: »Verlust der Kontrolle aufgrund einer plötzlichen und unerwarteten Querruder-Bewegungsumkehr, zu der es durch eine Eiskante, die sich außer Reichweite des Enteisungssystems gebildet hatte, gekommen war ...« Kurz, die Eisbildung störte die Funktionstüchtigkeit der Kontrollsonden. Der Autopilot hielt das Flugzeug auf Flughöhe, solange er konnte. Dann schaltete er sich automatisch ab und überließ die Steuerung der außer Kontrolle geratenen Maschine der Crew.

22. Dallas-Fort Worth, Texas 31. August 1988

Delta Air Lines – Flug 1141

Wenn etwas schiefgehen kann, geht es schief – das trifft auf besonders tragische Weise für Delta Flug 1141 zu. Die Boeing 727-232 stand auf dem Dallas-Fort Worth International Airport am Gate, wo sie gewartet und für den Flug nach Salt Lake City, Utah, vorbereitet wurde. Das Wetter war nach Aussage des Kapitäns der Maschine an jenem Nachmittag »wunderschön«.

An Bord befanden sich achtundneunzig Passagiere, drei Crewmitglieder sowie vier Stewardessen.

Bevor die Motoren angelassen wurden, ja noch bevor der Kapitän die Maschine betreten hatte, prüfte ein Treibstoffagent den Kerosinstand im Tank von Nummer eins und dann wie üblich die Gewichtsverteilung des Flugzeugs (pitch and roll) mittels einer Lotschnur im rechten Radschacht des Hauptfahrwerks. Die Ergebnisse übermittelte er per Funk an den leitenden Kundendienstagenten von Delta Air Lines, der für die richtige Treibstoffzuladung und -verteilung in den Flugzeugen verantwortlich war. Der Agent entschied, die Maschine müsse im Tank von Motor eins mit 1036 Gallonen auf einen Gesamtstand von 1597 Gallonen befüllt werden. Für den Tank von Triebwerk drei wurden ebenfalls 1597 Gallonen bestellt. Der Tank von Nummer zwei sollte so weit gefüllt werden, daß ein Endgewicht von 10 600 Pounds erreicht würde.

Als er damit fertig war, ging der Treibstoffagent an Bord der Maschine, um die Treibstoffanzeigen im Cockpit zu kontrollieren. Die Kraftstoffanzeige für den Tank Nummer zwei zeigte 500 Pounds mehr an, als beim Tankvorgang selbst. Der Mann informierte den Copiloten über diese Diskrepanz.

Als das Flugzeug in Dallas-Fort Worth gelandet war, hatte die Treibstoffanzeige von Nummer eins im Cockpit nicht funktioniert. Der Copilot wußte, genau wie der Delta-Mechaniker, der die Maschine am Boden gewartet hatte, darüber Bescheid. Die Anzeige wurde zwar nicht repariert, doch ihr Zustand wurde im Logbuch der Maschine vermerkt.
Als der Flug an jenem Mittag um 13.30 Uhr zum Start rollte, mußte er längere Zeit warten, und deshalb beschloß der Kapitän, Triebwerk Nummer drei abzustellen, um Treibstoff zu sparen. Als der Flug als dritte Maschine in der Startschlange stand, wurde das Triebwerk erneut angelassen. Die Wartezeit betrug ungefähr dreißig Minuten. Für Flug 1141 war damit die Katastrophe bereits vorprogrammiert. Wir nehmen den CVR-Mitschnitt an der Stelle auf, als das Flugzeug auf dem Taxiway zum Start rollt.

Dallas-Fort Worth Ground Control: Elf Einundvierzig, machen Sie eine Rechtskurve. Bringen Sie die Maschine zwischen [die] Südauffahrt und [Taxiway] 30. Halten Sie kurz vor dem inneren [Taxiway].
Copilot: Elf Einundvierzig, roger.

Zwei Minuten verstreichen.

Kapitän: *[Mit Bezug auf die mangelnde Aufmerksamkeit seitens der Bodenüberwachung für sie.]* Wie wär's, wenn die mal hin und wieder zu uns runterschauen würden?
Copilot: Ja.
Kabine: *[Gelächter.]*
Flugingenieur: [Kümmern Sie sich um uns] solange wir noch jung sind [er bezieht sich auf die Abflugverzögerung]. Wie wär's, wenn die mal in unsere Richtung sehen würden, solange wir noch Zähne im Mund haben?
Kapitän: *[Zum Flugingenieur]* Wie war das?
Flugingenieur: [Ich sagte] wie wär's, wenn die mal in unsere Richtung sehen würden, solange wir noch Zähne im Mund haben.

Kabine: *[Gelächter.]*
Copilot: [Wir] kriegen hier an der Südauffahrt noch graue Haare ...
Kapitän: Das dauert zu lange. Ich denke, wir sollten [Triebwerk] Nummer drei abschalten, damit sparen wir ein paar tausend Dollar [Treibstoffkosten].
Copilot: Ich, ich rufe und frage Ground [Control], ob wir sie ... nicht hier abstellen können. [Ich] frag' ihn, ob er uns nicht eine Vorwarnzeit von zwei Minuten zum Starten unserer Triebwerke geben kann.
Flugingenieur: Okay.
Ground Control: ... Kurven Sie nach links und geben Sie Ihre [Flug-]Nummer durch.
Copilot: Die ist Elf Einundvierzig.
Ground Control: Delta Elf Einundvierzig, okay. Machen Sie der Firma [einer anderen Delta-Maschine] auf Ihrer linken Seite Platz, der [Boeing] 72[7]. Gehen Sie auf dem inneren zum Standard-Taxiway [für den Start auf] 18L.
Copilot: Elf Einundvierzig, roger.
Kapitän: Wir sollen auf die [Delta Boeing 727] warten?
Copilot: Ja.
Kapitän: Wo ist sie [die Delta-Boeing 727]?
Copilot: Sie ist genau da.
Flugingenieur: Sie kommt gerade raus.
Kapitän: [Wir] sind mit Sicherheit vor der rausgerollt. Sagte er [Startbahn] 18 L?
Flugingenieur: Die Starteingaben sind für 18 L programmiert.
Copilot: Okay.

In den folgenden fünfzehn Sekunden geht die Besatzung die Pre-Takeoff-Checkliste durch.

Stewardeß: Heute heben ja viele ab.
Flugingenieur: Ja, wie bei [einem] Blitzkrieg.

Nun plaudert die Besatzung fast acht Minuten lang mit der Stewardeß.

Kapitän: Müssen wir nicht den Standort wechseln?
Copilot: Ja, tut mir leid. Ich sitz' hier rum und quassle mit der Stewardeß.

Der Flug erhält von der Bodenüberwachung weitere Rollanweisungen.

Stewardeß: Starten wir noch, oder fahren wir einfach auf dem Flugplatz spazieren?
Copilot: Na ja, wir dachten, wir würden hier noch mit Rumsitzen das Pensionsalter erreichen. Sie [die Delta-Boeing 727] wartet auf die Rollfreigabe.
Stewardeß: Meine Güte, wir müssen aber lange rollen.
Kapitän: Ja, wir müssen erst all die Americans [American Airlines Flüge, die vor ihnen in der Startschlange stehen] starten lassen. Wenn die weg sind, kommen wir dran.

Weitere eineinhalb Minuten verstreichen.

Copilot: Was sind denn das für Vögel?
Flugingenieur: Die heißen Reiher, oder so ähnlich.
Stewardeß: Ja, Reiher.
Copilot: Tatsächlich?
Stewardeß: Ich glaube schon. Sind sie nicht mit denen verwandt, die am Meer leben?
Kapitän: Keine Ahnung ... Immer wenn ich meine Weide mähe, kommen sie; das scheucht die Grashüpfer und andere auf.
Flugingenieur: Junge, die versammeln sich ja in Scharen hier.
Copilot: Ich hab' sie hier draußen überall gesehen.
Kapitän: Grashüpfer ... Sie [die Reiher], sie sitzen manchmal auf dem Rücken unseres Pferdes. Man sieht sie auf dem Pferderücken sitzen.

Stewardeß: Oh, tatsächlich?
Copilot: Ich hab' sie schon oft auf dem Rücken von Kühen sitzen sehen.
Kapitän: Ja.
Stewardeß: Sind das die Vögel, die ihnen die Insekten herauspicken?
Kapitän: Ich glaube schon, sie schwirren um sie [die Kühe] herum, weil sie beim Grasen die Insekten aufscheuchen, und so können sie [die Reiher] sie leichter verspeisen.
Stewardeß: Aha. Es sind schöne Vögel.
Copilot: Noch ein American [Airlines Flug vor ihnen], und dann können wir los. Fangen wir an, einen Teil von dem ...
Kapitän: Es ist interessant, wie die [Reiher] hier so auf dem Flugplatz herumsitzen, ohne Angst zu haben.
Zweite Stewardeß: Sind wir [noch] nicht gerollt?
Copilot: Mich wundert, daß sie [die Reiher] der Lärm [der Jets] nicht stört.
Stewardeß: *[Zur zweiten Stewardeß]* Wir gehen auf die andere Seite [der Startbahn].
Kapitän: *[Zur Stewardeß]* Ganz hier unten herum und dann wieder hoch.
Flugingenieur: Junge, das [die Verzögerung] ist ja ein Ding. Wenn es hier schon an einem klaren VFR-Tag [an einem schönen Tag] so zugeht, kann man sich denken ...
Copilot: ... denken, wie es wäre, wenn wir heute schlechtes Wetter hätten. Ich sag' Ihnen was. Dallas-Fort Worth Center ist um hundert Prozent besser als vor drei Jahren.
Stewardeß: Wirklich?
Copilot: Was das Wetter betrifft – das Reinkommen und das Rauskommen usw. Wenn es sich zuzog und sogar nach Sturm aussah, gab es Warteschleifen, langsamere Abfertigung, alles mögliche.
Kapitän: Haben Sie diesen Vogel gesehen?
Stewardeß: Ja.
Copilot: Den hat gerade der Düsenstrahl erwischt.

Stewardeß: Ja. Das stimmt.
Copilot: Äh, was für ein Crash.
Stewardeß: [Der Reiher muß gedacht haben] was in aller Welt war denn das?
Copilot: [Waren Sie] jemals auf Midway [Insel im Südpazifik] und haben die Albatrosse gesehen? Da gibt's was zu sehen.
Flugingenieur: [Die Albatrosse] legen eine Bruchlandung hin und dann schauen sie sich um, ob sie jemand beobachtet hat ...
Copilot: Ja. Sie ... Wenn man einen Probelauf [des Motors] machen würde und die Albatrosse würden hinter dem Propeller in der Luft hängen. Und dann würde man den Schub [von den Motoren] zurücknehmen und dann würden sie [die Albatrosse] einfach ...
Kabine: *[Gelächter.]*
Copilot: ... abstürzen. Sie waren urkomisch. Sie schickten einen Lastwagen raus. Man machte sich startklar. Sie schickten einen offenen Wagen raus und holten alle Vögel von der Startbahn runter, und dann konnte man starten.
Stewardeß: Tatsächlich? Oh, wie komisch. Wo sind sie? Wo war das?
Copilot: Midway, auf der Insel Midway. Sie kommen zurück und nisten genau an demselben Fleck, an dem sie geboren wurden.
Stewardeß: Auf der Startbahn?
Copilot: Ja, ob das nun auf der Startbahn oder sonstwo war. Sie kehrten exakt zum gleichen Punkt zurück, und, äh, es gibt dort eine Art Gesetz oder so, daß man auf der Insel keine Häuser mehr bauen darf, weil ...
Stewardeß: Aha ...
Copilot: Sie [die Insel] ist ein Schutzgebiet für die Vögel oder so.
Flugingenieur: [Über Bordsprechanlage zur Passagierkabine] Guten Morgen, meine Damen und Herren. Wir werden als vierte Maschine starten. Die Stewardessen möchten bitte alles zum Start vorbereiten.
Stewardeß: Wir sind soweit.
Flugingenieur: Danke.
Kabine: *[Die Tür zum Cockpit wird geschlossen.]*

Kapitän: Den [Motor Nummer drei] könnten wir auch anlassen.
Copilot: Nummer drei.
Flugingenieur: Startventil offen.
Kabine: *[Geräusch des anspringenden Motors.]*

Dreißig Sekunden verstreichen.

Tower: Elf Einundvierzig, Taxiposition [zur] Startbahn 18 links und warten ...
Flugingenieur: Schultergurte.
Copilot: Sind angelegt.
Flugingenieur: Flaps.
Copilot: Fünfzehn. Fünfzehn. Grünes Licht.
Flugingenieur: Flugkontrollen.

In den folgenden fünfzehn Sekunden geht die Besatzung die Pre-Takeoff-Checkliste durch.

Tower: Delta Elf Einundvierzig, fliegen Sie Kurs eins acht fünf, Startbahn 18 links, freigegeben zum Start.
Copilot: Elf Einundvierzig, eins eins acht fünf, freigegeben zum Start.

Die Bremsen werden gelöst, Schub wird gegeben, das Flugzeug beginnt die Startbahn hinunterzurollen und erhöht schnell seine Geschwindigkeit.

Kabine: *[Dröhnen der hochdrehenden Motoren.]*
Copilot: Schub ist eingestellt. Triebwerksinstrumente sehen in Ordnung aus. Geschwindigkeit geht auf beiden Seiten hoch. Achtzig Knoten. V R, V 2.
Kabine: *[Schnappgeräusch; man hört den Stick shaker.]*

Ohne Vorwarnung rollt das Flugzeug heftig auf die rechte Seite.

Kapitän: Da stimmt irgend etwas nicht! Oh ...
Kabine: *[Geräusch eines Motorausfalls.]*
Copilot: Triebwerksausfall.
Kapitän: Wir haben einen Triebwerksausfall. Wir werden es nicht schaffen. Vollgas.
Kabine: *[Geräusch eines ersten Aufpralls; Geräusch eines zweiten Aufpralls; Geräusch eines dritten Aufpralls.]*
Kabine: *[Schreie.]*
Kabine: *[Geräusch eines vierten Aufpralls.]*

Ende der Aufzeichnung.

Der Kapitän behauptete später, daß während des Starts, als die Maschine mit 177 mph 6017 Fuß weit die Bahn entlangraste, »alles normal« gewesen sei. Als die Räder des Hauptfahrwerks vom Boden abhoben, legte sich das Flugzeug stark zur Seite, so daß die rechte Tragflächenspitze 1033 Fuß nach dem Abheben die Startbahn touchierte. »Mehr konnte ich nicht tun, um die Maschine unter Kontrolle zu halten«, sagte der Pilot. Er verlangte Vollgas. Er zog weiter die Flugzeugnase nach oben. Der Kapitän sagte: »Wir werden es nicht schaffen.« Es gab einen »fürchterlichen Aufprall«. Die Maschine traf mehrere Antennen, die 1000 Fuß weit hinter dem Ende der Startbahn auf dem Boden standen, und kam 3200 Fuß hinter dem Startpunkt der Bahn zum Stehen. Das Flugzeug wurde durch den Aufprall und das dadurch ausgebrochene Feuer völlig zerstört. Vierzehn Menschen kamen ums Leben.
Später wurde die Absturzursache ermittelt. Die »Start-Konfiguration« stimmte für das Flugzeug nicht. Die Gewichtsverteilung, vor allem der Treibstoff in den Tanks, führte dazu, daß die Maschine in dem Augenblick, als sie vom Boden abhob, außer Kontrolle geriet.

23. Cape Canaveral, Florida 28. Januar 1986

Space Shuttle »Challenger«

Das Space-Shuttle »Challenger« kann man kaum als Zivilflugzeug oder überhaupt auch nur Flugzeug bezeichnen. Doch es enthielt eine Blackbox, die in den Sekunden vor dem Start und den wenigen Sekunden des Flugs, bis sich die Rakete über dem Atlantik durch den fatalen Ausfall der Starttriebwerkssysteme selbst zerstörte, die Stimmen und Geräusche im Cockpit aufzeichnete.
Der Kommandant des Shuttle an jenem kühlen Morgen war Francis Richard Scobee, der Pilot hieß Michael J. Smith, und die Missionsspezialisten waren Ellison S. Onizuka und Judith A. Resnik.
Das Band läuft von T –2:05 (T = Time, Zeit; zwei Minuten und fünf Sekunden) vor dem Start, als sich der CVR automatisch einschaltete, bis T +73 Sekunden nachdem Start, also bis zum Datenverlust.
Missionsspezialist Ronald E. McNair und die Nutzlastspezialisten S. Christa McAuliffe und Gregory B. Jarvis, die beim Start im Mitteldeck der »Challenger« saßen, befanden sich für die Mikrofone des Cockpit Voice Recorder außer Reichweite.

T –2:05; Resnik: *[Spricht wahrscheinlich mit Kommandant Scobee.]* Geben Sie mir das bitte wieder? [Das ist] mein Sicherheitstuch. Hmm.
T –1:58; Scobee: Zwei Minuten, da unten; haben Sie da unten eine Armbanduhr?

Es waren noch zwei Minuten bis zur Zündung der Trägerraketen.

T –1:47; Smith: Okay, der LOX [Flüssigsauerstoffversorgung]-Hebel geht auf on.

T –1:46; Scobee: Die Kappenabdeckung [Ventilkappe des flüssigen Sauerstoffs] geht auf.
T –1:44; Onizuka: Geht das nicht andersherum?
T –1:42; Kabine: *[Gelächter.]*
T –1:39; Scobee: Jetzt sehe ich es. Ich sehe es.
T –1:39; Smith: Gott, ich hoffe nicht, Ellison [Onizuka].
T –1:38; Scobee: Ich konnte nicht sehen, wie er [der Hebel für die Flüssigsauerstoffversorgung] sich bewegt hat; er war hinter dem Mittelschirm.
T –1:33; Resnik: Haben Sie Ihre Gurte [Sitzgurte] geschlossen?
T –1:29; Smith: *[Im Scherz.]* Zu welchem Zweck?
T –1:28; Scobee: Ich mache meinen nicht zu; vielleicht muß ich nach etwas greifen können.
T –1:24; Smith: Okay.
T –1:04; Onizuka: Dick [Scobee] denkt da gerade an jemanden.
T –1:03; Scobee: Ah-ha. Eine Minute noch, da unten.

Eine Minute bis zur Zündung der Trägerraketen.

T –52; Resnik: Der Kabinendruck wird uns vermutlich Alarm geben [ein Warnsignal, das routinemaßig vor der Zündung kam].
T –50; Scobee: Okay. Okay.
T –43; Smith: Der Alarm sieht gut aus [der Kabinendruck ist annehmbar].
T –42; Scobee: Okay.
T –40; Smith: Der Flüssigkeitsverlust-Druck ist oben. Der Heliumtank des rechten Triebwerks ist ein klein wenig zu niedrig.
T –32; Scobee: Das war gestern auch so.
T –31; Smith: Okay.
T –30; Scobee: Dreißig Sekunden noch, da unten.

Dreißig Sekunden bis zur Zündung der Trägerraketen.

T –25; Smith: Denken Sie an den roten Knopf, wenn Sie einen Namensaufruf machen.

T –23; Scobee: Das werde ich; vielen Dank. Fünfzehn [Sekunden bis zur Zündung].
T –6; Scobee: Und los geht's, Freunde.

Zündung der Trägerraketen.

Resnik: In Ordnung.
Scobee: Drei auf hundert [Schubhebel auf 100 Prozent bei allen drei Triebwerken].
T +0; Resnik: In Ordnung.
T +1; Smith: Wir heben ab [das Shuttle bewegt sich].
T +7; Scobee: Houston, »Challenger«-Rollprogramm [Initiierung des Rollprogramms für die Raumfähre].
T +11; Smith: Los, Mutter.
T +14; Wahrscheinlich Resnik: LVLH [Erinnerung für den Wechsel der Cockpit-Switch-Konfiguration].
T +15; Resnik: *[Fluchend]* Heiß.
T +16; Scobee: Okay.
T +19; Smith: Sieht aus, als hätten wir heute eine Menge Wind.
T +20; Scobee: Ja. Ich kann recht schlecht aus meinem Fenster sehen.
T +28; Smith: Wir haben zehntausend Fuß und Mach Komma fünf [Höhen- und Geschwindigkeitsangaben].
T +35; Scobee: Komma neun [Geschwindigkeit 0,9 Mach].
T +40; Smith: Jetzt Mach eins [Geschwindigkeit 1,0 Mach].
T +41; Scobee: Gehen durch neunzehntausend [Fuß]. Okay, nehmen wir den Schub zurück [normal Schubverminderung].
T +57; Scobee: Schub hoch [aufdrehen auf 104 Prozent nach dem Dynamikdruck-Maximum].
T +58; Smith: Schub hoch.
T +59; Scobee: Roger.
T +60; Smith: Merkt ihr, wie die Mutter fliegt. Juhuuuu! Fünfunddreißigtausend [Fuß] und über eins komma fünf [Höhe und Geschwindigkeit, 35 Fuß und 1,5 Mach].

T +1:05; Scobee: Ich lese auf meinem vier sechsundachtzig [Routineüberprüfung der Geschwindigkeitsanzeige].
T +1:07; Smith: Yep, das habe ich auch.
T +1:10; Scobee: Roger, gehen auf Hoch [Triebwerksraketen auf 104 Prozent].
T +1:13; Smith: Ah-oh.
T +1:13; Kompletter Datenverlust.

24. Cali, Kolumbien 20. Dezember 1995

American Airlines – Flug 965

Die Nacht des 20. Dezember über den Anden war sternenklar. An Bord von Flug 965, einer Boeing 757 der American Airlines auf dem Linienflug von Miami nach Alfonso Bonilla Aragón International Airport in Cali, Kolumbien, reisten einhundertfünfundfünfzig Passagiere in die Weihnachtsferien nach Hause, betreut von sechs Stewardessen und zwei Piloten, die sich auf eine Pause im Dienstplan freuten. Der Flug hatte Miami mit Verspätung verlassen, da Passagiere von Anschlußflügen zu spät kamen und die Maschine wegen des starken Verkehrs eine Stunde und einundzwanzig Minuten am Boden warten mußte. Doch nach dem Start stieg Flug 965 auf 37 000 Fuß in den kubanischen, jamaikanischen und dann kolumbianischen Luftraum.

Für eine Funktionsuntüchtigkeit der Maschine gab es keinerlei Anzeichen. Das Wetter war wunderschön, allerdings war über den Anden Nacht.

Wir beginnen mit der CVR-Abschrift, als der Flug sich wenige Minuten nach Beginn des Sinkflugs nach Cali über der Caldera der nördlichen Anden befindet. Das Flugzeug flog auf 37 000 Fuß mit Center-Autopilot und beiden Flight directors. Der Kurs lautete 189 Grad. Der Kapitän hatte das Cockpit offenbar verlassen und sich zur Toilette begeben. Bei seiner Rückkehr fragte er den Copiloten, was sich während seiner Abwesenheit ereignet habe. Sie sprachen über Flugpausen und Dienstpläne.

Copilot: Wir haben den Wetterbericht bekommen. Er ist gut.
Kapitän: In Ordnung. Sie [die Stewardeß in der hinteren Kabine, aus

der er gerade zurückgekommen ist] behauptet, sie bekämen zwanzig Minuten extra.
Copilot: Zwanzig Minuten zusätzlich wofür?
Kapitän: Das ist schwierig [zu erklären] bei den Sprachproblemen, aber ... nach ihren Zahlen dürfen sie sich beim Flugplatz erst um acht Uhr fünfzig melden. Wenn wir um zehn Uhr reinkommen [landen] ...

In den nächsten paar Sekunden umreißt der Kapitän die Probleme seiner Stewardessen; nach den Vorschriften der FAA dürfen sie nur eine begrenzte Anzahl von Stunden ohne Pause fliegen, und diese Zeit war für die Kabinenbesatzung nahezu um.

Copilot: Ich habe diese kleine Aufstellung [die die Vorschriften der FAA bezüglich Pausen versus Flugstunden erläutert].
Kapitän: Na, dann schauen Sie, wie Sie damit zurechtkommen. Ich kümmere mich um das Flugzeug und den Funk. Okay?
Copilot: Okay. Ich kann aus der kleinen Aufstellung, die sie mir gegeben haben, nur die Dienstzeit ersehen, da steht aber nichts über die Ruhepausen.
Kapitän: Das ist auch so eine höchst verwirrende Sache ... Ich habe damit begonnen, ich habe diesen Zettel geschrieben. Ich rief an einem Tag die Crew-Einteilung an und sagte: »Hej, diese verdammten internationalen Flüge reichen mir, und ich verstehe nicht, wie eine Zwei-Mann-Besatzung ... blablabla.« Ich sagte: »Ich möchte, daß Sie die gesetzlich vorgeschriebene Ruhepause extra aufführen«, und da habe ich diese kleine Aufstellung bekommen. Und ich habe es ganz explizit aufgeschrieben. Zehn Stunden Pause für die Besatzung sind das Minimum.
Copilot: Das gilt für internationale [Flüge]?
Kapitän: Ja, und wenn man weniger als fünfeinhalb Stunden fliegt.
Copilot: Was [hier] der Fall ist.
Kapitän: Das ist unser Szenario. Zehn Stunden Pause für die Besatzung, dreißig Minuten Schlußbesprechung und eine Stunde am

Dienstbeginn. Und man kann da überhaupt nichts daran ändern, denn das ist eine Vorschrift der FAA. Wenn man diese Räder vor dem Ablauf von elfeinhalb Stunden zum Rollen bringt, ist man dran. Nun, nun wie ich sage. Ich kann nicht, ich werde Ihnen Bescheid geben; kratzen Sie eine kleine halbe Stunde extra für uns zusammen. Wir melden uns ein bißchen zu spät, damit wir ein wenig zusätzliche Ruhezeit bekommen. Solange wir das Ding [die Maschine] um neun Uhr fünfzig [am folgenden Morgen] vom Boden kriegen, müssen wir uns nicht von der Uhrzeit unter Druck setzen lassen und werden sie nicht fragen, warum zum Teufel haben Sie sich nicht gemeldet? Worauf ich sagen werde: Durch die dreißig- [oder] vierzigminütige Taxifahrt zum und vom Hotel hatten wir meiner Ansicht nach nicht genügend gesetzliche Ruhezeit. Also, wenn Sie mich drankriegen wollen, kriegen Sie mich doch dran, aber ich habe gegen keine FAA-Vorschriften verstoßen. Jedenfalls ... Wenn Sie in den Sinkflug gehen wollen, sagen Sie mir ein paar Minuten vorher Bescheid, falls wir Verständigungsschwierigkeiten [mit den Lotsen vor Ort] haben sollten, okay?
Copilot: Gewiß.
Kapitän: Ich komme durch [sprachlich].

Erneut klagen sie über Cockpiterschöpfung und reden von den »elenden letzten vier Stunden« und »diesen Achteinhalb-Stunden-Vereinbarungen«.

Kapitän: Ja, zu einem meiner Freunde – ich habe mit ihm Tennis gespielt, und, ah, er flog immer die ganze Zeit die São Paulo [Brasilienroute] – sagte ich: Verdammt, du bringst dich mit diesem Scheiß selbst um. Brauchst du wirklich diese paar hundert Extradollar im Monat oder wieviel es auch bei der Rente ausmacht? Doch jedem das Seine. Aber er sagte, es mache ihm nichts aus. Es mache ihm nichts aus, um fünf Uhr morgens heimzufahren. Aber für mich, ich bin wie ... ist es eine Tortur.

Copilot: Ja.

Kapitän: Es ist eine Tortur, im Auto zu sitzen und zu versuchen, sich wach und am Leben zu halten. Ich habe darüber mit meiner Frau gesprochen. Ich sagte: »Liebes, ich will das einfach nicht machen und ich hoffe, du meinst nicht, ich bin [Rest des Satzes unverständlich].« Sie sagte: »Keineswegs, vergiß es.« Sie sagte: »Du mußt diesen Scheiß nicht machen.« [Gähnen.] Ja, er [der Pilot, dem es nichts ausmachte, um fünf Uhr morgens Auto zu fahren] ist gerade vor ein paar Wochen in Pension gegangen.

Copilot: Ja, ich wußte, daß es sein letzter Monat war.

Kapitän: Ja, er ist ein guter Mann. Ich mag ihn. Wir sind gute Freunde.

Copilot: Er wurde in Rio ausgeraubt und mit dem Messer bedroht, nicht?

Kapitän: Das stimmt. Er hat sogar eine kleine Stichwunde [von dem Messer] davongetragen.

Copilot: *[Wendet sich wieder dem Fliegen zu.]* Na gut, mal sehen. Wir haben noch hundertsechsunddreißig Meilen bis zum VOR, und [wir müssen] zweiunddreißigtausend Fuß runter und obendrein langsamer werden, deshalb können wir auch gleich damit anfangen [mit dem Sinkflug].

Kapitän: In Ordnung, Sir. Und wenn Sie beim Sinkflug die Geschwindigkeit hoch halten könnten, würde uns das auch helfen, okay?

Copilot: Okay.

Bogotà Control: American Neun Fünfundsechzig, auf Flugfläche zwei vier null [24 000 Fuß] sinken und halten, melden Sie es, wenn Sie dort [auf dieser Höhe] sind.

Kapitän: Okay, wir verlassen drei sieben null [37 000 Fuß]. Sinken und halten auf zwei vier null, vierundzwanzig [24 000 Fuß]. Danke, Ma'am. American Neun Fünfundsechzig.

Control: Das ist korrekt.

Copilot: Vierundzwanzig[-tausend Fuß] eingestellt.

Kapitän: Ja, Sir. Ich werde die Airline anrufen.

Copilot: Okay.

Kapitän: American Airlines Operations in Cali, hier ist American Neun Fünfundsechzig, haben Sie uns?
Operations (OPS): Machen Sie weiter, American Neun Sechs Fünf, hier ist Cali Operations.
Kapitän: In Ordnung, Cali. Wir werden in ungefähr fünfundzwanzig Minuten von jetzt an gerechnet ankommen. Äh, und geben Sie uns das Wetter durch.
OPS: Okay, Sir ... Die Temperatur beträgt zwanzig ... Grad. Die Höhe ist zwei neun Komma acht, Umstellung auf zwei sechs Komma sieben eins.
Kapitän: Okay, verstehe, das Wetter ist gut. Dreiundzwanzig Grad, auf neun neun acht. Zwei sechs sieben eins. Ist das korrekt?
OPS: Das ist korrekt.
Kapitän: Okay, wir parken heute an Gate Zwei?
OPS: Zwei und, ah, Landebahn 01.
Kapitän: Bahn 01, und das Wetter ist gut, häh?
OPS: Okay, Kapitän.
Kapitän: Wir sehen uns auf dem Boden, Neun Sechs Fünf.

Der Kapitän wiederholt für den Copiloten, der die Maschine fliegt, noch einmal die Informationen über Wetter, Kurs, Wind, Landebahn und Gatenummer.

Copilot: In Ordnung.
Kapitän: In Ordnung, Baby.
Copilot: Hört sich gut an.
Kapitän: In Ordnung. Und ich werde die Scheinwerfer bald einschalten, denn da ist viel VFR [Sichtflugverkehr in dem Gebiet] und wer weiß, was sonst noch. Deshalb könnten uns die Scheinwerfer ein wenig helfen [damit andere Flugzeuge uns sehen]. Und auch, was war die Position? War es fünf? Wir sind kurz davor, oder?
Copilot: Ja. Siebenundvierzig [Meilen] nördlich des Río Negro. Ah, aber natürlich waren wir nicht am Río Negro.
Kapitän: Wie bitte?

Copilot: [Ich sprach] von der, ah ...
Kapitän: Ja, es war Río Negro plus siebenundvierzig, glaube ich ...
Copilot: Río Negro plus siebenundvierzig.
Kapitän: ... Was, was steht [auf dem Flugplan] für Breit-Lang [für Breiten- und Längengrad]?
Copilot: *[Sucht den Flugplan.]* Ich muß ihn erst mal finden.
Kapitän: Nur so aus Neugier.
Copilot: Ich hatte den Flugplan ...
Kapitän: Gut, machen Sie sich deswegen keine Gedanken.
Copilot: *[Findet den Flugplan.]* Da haben wir ihn. Nord, ah, null fünf eins vier sechs vier, also null fünf einundvierzig ...
Kapitän: Den haben wir schon überflogen. Okay, den haben wir überflogen. Wir beeilen uns, ja?
Copilot: Richtig.
Kapitän: Ich werde mit den Leuten [Passagieren] reden.
Copilot: Okay.
Kapitän: Ich bin weg. *[Nun über die Bordsprechanlage.]* Ah, meine Damen und Herren, hier spricht der Kapitän. Wir sind in den Sinkflug zur Landung in Cali übergegangen. Es ist wie erwartet ein schöner Abend. Auf dem Weg werden wir durch ein oder zwei Regenschauer fliegen, aber, ah, auf dem Flugplatz ist im Augenblick, ah, die Sicht gut, die Temperatur beträgt dreiundzwanzig, das heißt dreiundzwanzig Grad Celsius, und wenn Sie Fahrenheit vorziehen, sind es zweiundsiebzig Grad auf der Fahrenheit-Skala. Der Wind kommt mit zehn Meilen pro Stunde aus Nordwesten. Es ist ein sehr, sehr angenehmer Abend. Ich möchte mich bei allen dafür bedanken, daß Sie mit uns geflogen sind. Und ich bitte für die heutige Verspätung nochmals um Entschuldigung. Das passiert einfach manchmal, das ist sehr frustrierend, aber dagegen konnten wir leider wenig machen. Nochmals, ich danke Ihnen für Ihre Geduld in dieser Hinsicht. Ich wünsche allen einen sehr, sehr schönen Urlaub und ein gesundes und erfolgreiches 1996. Danke, daß Sie mit uns geflogen sind. *[Zum Copiloten]* Ich bin wieder da.

Copilot: Ah, wenn es zu rauh wird, werde ich mit der Geschwindigkeit runtergehen müssen.
Kapitän: Klar.

Nun sinken sie durch 25 700 Fuß auf die angewiesene Flugfläche von 24 000 Fuß.

Kapitän: Möchten Sie ein paar Nüsse?
Copilot: Nein, danke.
Kapitän: Soll ich nach dem Wasser rufen, oder wollen Sie warten, bis wir am Boden sind, wegen Ihres Wassers?
Erster Offizier: Oh, das besorge ich mir auf dem Boden.
Kapitän: Aye-aye. Sie haben die Triebwerksheizung abgestellt. Gut. *[An Bogotá Control]* American Neun Sechs Fünf ist [auf] Fläche zwei vier null [24 000 Fuß]. American Neun Sechs Fünf hat Höhe zwei vier null.
Control: Warten Sie zwei Minuten auf [eine] niedrigere [Höhe].
Kapitän: *[Zum Copiloten]* Schöne Nacht, häh?
Copilot: Ja, sieht schön aus da draußen. Schauen wir mal, wie hoch die Umwandlungshöhe hier ist?
Kapitän: Oh, ja, das ist eine gute Kontrolle. Achtzehntausend?
Copilot: Eins neunzig [mph], achtzehntausend, ja. Na gut, wenn sie [die Lotsin in Bogotá] uns nicht bald ein bißchen weiter runter läßt, bringt sie mich hier in Schlamassel.
Kapitän: *[An Control]* Und American Neun Sechs Fünf, fordern niedrigere [Höhe] an.
Control: American Neun Sechs Fünf, auf Flugfläche zwei null null [20 000 Fuß] sinken. Melden Sie, wenn Sie zwei vier null verlassen.
Kapitän: Wir verlassen zwei vier null jetzt und sinken auf zwei null null.
Control: Rufen Sie Cali auf Frequenz eins eins neun Komma eins. *Buenas noches* [Gute Nacht].
Kapitän: Bitte wiederholen Sie die Frequenz noch einmal.
Control: Eins eins neun Komma eins.

Kapitän: Eins eins neun Komma eins. *Feliz, Navidad, señorita* [Frohe Weihnachten, Senorita].
Control: *Muchas gracias, lo mismo* [Vielen Dank, gleichfalls].
Kapitän: *Gracias.* Center, American Neun Sechs Fünf, verlassen Flugfläche zwei vier null und sinken auf zwei null null. *Buenas tardes* [Guten Abend].
Copilot: Neunzehn eins oder ...
Kapitän: Das ist Cali. Cali Approach, American Neun Sechs Fünf.
Cali **Approach:** American Neun Sechs Fünf, guten Abend. Sprechen Sie weiter.
Kapitän: Äh, *bueno, señor,* American Neun Sechs Fünf verläßt jetzt zwei vier null und sinkt auf zwei null null. Sprechen Sie.
Approach: Die, ah, Entfernung DME von Cali?
Kapitän: Die DME ist sechs drei.
Approach: Roger, freigegeben für Cali VOR, ah, sinken und halten auf eins fünf tausend [15 000 Fuß], Höhe drei null null zwei ...
Kapitän: Eins fünf.

Nun kurvt Flug 965 nach rechts von Kurs 189 auf Kurs 198.

Approach: Keine Verspätung für den Anflug zu erwarten. Melden Sie [wenn Sie], ah, Tulua VOR [erreichen].
Kapitän: Danke. *[Zum Copiloten]* Ich stelle für Sie da [meint den Flight Management System Computer, FMS] Cali ein.
Copilot: Okay. Danke ... Zwei-fünfzig unter zehn hier?
Kapitän: Ja. *[Über die Bordsprechanlage zur Passagierkabine]* Ah, Stewardessen, machen Sie sich zur Landung bereit, danke. *[Zum Copiloten]* Ich habe sie hingesetzt und –
Approach: Neun Sechs Fünf, Cali.
Kapitän: Neun Sechs Fünf, sprechen Sie bitte.
Approach: Sir, der Wind ist ruhig. Können Sie Landebahn Eins Neun [19] anfliegen?
Kapitän: *[Zum Copiloten]* Möchten Sie direkt auf Eins Neun [Bahn 19] reinfliegen?

Copilot: Ah, ja. Wir werden sofort steil runter müssen. Das können wir machen.
Kapitän: *[An Approach]* Ah, ja, Sir. Aber wir brauchen sofort eine niedrigere Höhe.
Approach: Roger. American Neun Sechs Fünf ist freigegeben für VOR DME Anflug Bahn Eins Neun.
Kapitän: [Wir sind] freigegeben für VOR DME auf Eins Neun, Rozo Eins-Ankunft. Werde mich bei VOR melden, danke, Sir.
Approach: Melden Sie sich, ah, bei Tulua VOR.
Kapitän: Bei Tulua melden. Ich muß Sie zuallerst einmal an Tulua übergeben. Sie, Sie wollen direkt nach Cali, oder nach Tulua?
Copilot: Ah, ich dachte, er sagte Rozo Eins-Ankunft?
Kapitän: Ja, hat er. Wir haben Zeit, sie rauszuziehen [meint die Karten; man hört Seiten rascheln.] Und, Tulua eins ... Rozo ... Da ist es. Ja, schauen Sie, das geht ab Tulua los.

Flug 965 passiert jetzt 17 358 Fuß, und in den folgenden zweiundvierzig Sekunden sind die Speed brakes voll ausgefahren. Die Geschwindigkeit sinkt von 347 mph ab.

Kapitän: Kann American Airlines, ah, Neun Sechs Fünf direkt auf Rozo gehen und dann die Rozo-Anflug machen, Sir?
Approach: Bestätigt. Nehmen Sie Rozo eins und Bahn Eins Neun. Der Wind ist still.
Kapitän: In Ordnung, Rozo, Rozo eins auf Eins Neun, danke, American Neun Sechs Fünf.
Approach: Herzlichen Dank ... Melden Sie sich bei Tulua und [unverständlich] einundzwanzig Meilen, äh, fünftausend Fuß.
Kapitän: Okay, bei Tulua melden, einundzwanzig Meilen und fünftausend Fuß, American Neun, ah, Sechs Fünf.
Copilot: Okay, wir sind als jetzt auf fünf[-tausend Fuß] freigegeben?
Kapitän: Das ist richtig, und ... vor Rozo ... das ich hier einstelle. Mal sehen, was ich kriege.
Copilot: Ja.

Kapitän: Mit einundzwanzig Meilen auf fünftausend gehört zum Anflug. Okay?
Copilot: Okay.

Nun gibt der Kapitän Daten in den Computer ein.

Approach: American Neun Sechs Fünf, [wie ist Ihre] Entfernung jetzt?
Kapitän: Ah-ha, was wollten Sie, Sir?
Approach: Entfernung DME.
Kapitän: Okay, Entfernung von, ah, Cali, ist, ah, achtunddreißig [Meilen].
Copilot: Ah, wo sind wir? Wir gehen nach ...
Kapitän: Kurven wir zuerst nach rechts nach Tulua. Okay?
Copilot: Ja. Wie [ist] unser Kurs?
Kapitän: ... Keine Ahnung ...Was ist das ...? Was ist da passiert?
Copilot: Von Hand ...
Kapitän: Ziehen wir ein bißchen nach rechts.
Copilot: ... Ja, er will wissen, auf welchen Kurs wir sollen.
Kapitän: ... Ich gebe Ihnen direkt Tulua ...
Copilot: Okay.
Kapitän: ... [Kurve] jetzt nach rechts. Okay, verstanden?
Copilot: Okay.
Kapitän: Das ist auf Ihrer Karte. [Oder es] sollte sein.
Copilot: Ja, es ist eine Links-, ah, Linkskurve.

FLUG 965 dreht von einer Linkskurve in eine Rechtskurve, als er Flugfläche 13 600 Fuß durchfliegt.

Kapitän: Ja, Ich muß das identifizieren ... obwohl ich ... Okay, Ich kriege es. Siebzehn sieben. [Es] schaut auf meinem nur nicht richtig aus. Ich weiß nicht, warum.
Copilot: Linkskurve, Sie wollen also eine Linkskurve zurück haben ...?

Flug 965 geht von der Rechtskurve in eine Linkskurve, dann wieder in eine Rechtskurve.

Kapitän: Naa ... Himmel, nein, beeilen wir uns nach –
Copilot: Aber wohin beeilen?
Kapitän: Tulua.
Copilot: Das ist eine Rechts[-kurve].
Kapitän: Wohin fliegen wir? Ziehen Sie nach rechts. Los, nach Cali ... Wir haben hier einen Fehler gemacht, oder?
Copilot: Ja.
Kapitän: ... Wie konnten wir einen Fehler machen? Fliegen Sie nach rechts, sofort, nach rechts, sofort.
Copilot: Ja, wir sind, wir sind auf einem Kurs nach rechts.
Kapitän: Und American, ah, achtunddreißig Meilen nördlich von Cali, und wir sollen nach Tulua und dann auf Rozo, ah, auf die, ah, Landebahn gehen, richtig? Auf Landebahn Eins Neun?
Approach: Neun Sechs Fünf, Sie können landen, Bahn Eins Neun. Sie können Landebahn Eins Neun nehmen. Wie ist Ihre Höhe und die DME von Cali?
Kapitän: Okay, wir sind siebenunddreißig [Meilen] DME auf zehntausend Fuß. *[Zum Copiloten]* Sie sind richtig. Das sieht jetzt gut aus. Wir fliegen Kurs ...
Approach: Melden, ah, fünftausend und, ah, Endanflug auf eins eins, Bahn Eins Neun.
Kapitän: Wir fliegen in die richtige Richtung, wollen Sie ...

Flug 965 sinkt von zehntausend auf fünftausend Fuß in bergigem Gelände. Kein Besatzungsmitglied unternimmt den Versuch, den Sinkflug zu stoppen, obwohl sie wissen, daß sie vom angebenen Anflugkurs für die Landung in Cali abgewichen sind und sich in einem von Bergen umgebenen Tal befinden. Eine Minute vor dem Absturz versucht der Copilot, der die Kursabweichung bemerkt, auf die »verlängerte Mittellinie« der Landebahn, das heißt Rozo, zurückzukehren.

Kapitän: Fliegen Sie jetzt nach rechts, rechts nach Ca-Cali, okay?
Copilot: Okay.
Kapitän: Aus irgendwelchen Gründen kriege ich das verdammte Tulua nicht. Ich kann es kriegen. Okay jetzt, nein, Tulua ist falsch.
Copilot: Okay. Ja. Aber ich kann es in die Box eingeben, wenn Sie wollen. Ich will Tulua nicht. Gehen wir einfach auf die verlängerte Mittellinie von, ah, ...
Kapitän: Die Rozo ist? Warum gehen Sie dann nicht direkt auf Rozo. Einverstanden?
Copilot: Okay, verschaffen wir ...
Kapitän: Ich werde das Ihnen überlassen.
Copilot: ... uns etwas Höhe, wir sind jetzt auf, ah, zehn[-tausend Fuß].
Kapitän: In Ordnung.
Approach: Neun Sechs Fünf, [melden Sie Ihre] Höhe?
Kapitän: Neun Sechs Fünf, neuntausend Fuß.

Nun fliegen sie durch 8600 Fuß.

Approach: Roger, Entfernung jetzt?
Kabine: *[»Terrain, terrain, whoop, whoop.«]*

Der Autopilot schaltet sich ab. Die Flugbesatzung gibt Vollgas und zieht die Nase des Flugzeugs hoch; die Speed brakes, die hochgestellt waren, werden nicht eingefahren.

Kapitän: Oh, Scheiße ... Hochziehen, Baby.
Kabine: *[Der Stick shaker schaltet sich ein.]*

Flug 965 geht aus der Rechtskurve. Die Radar-Höhenwarnung ertönt. Fahrwerk und Landeklappen sind nicht ausgefahren.

Copilot: Es ist okay.
Kapitän: Ziehen Sie hoch. Okay, sie kommt leicht, sie kommt leicht.

Kabine: *[Warnton für Autopilotabschaltung, der Stick shaker stoppt.]*
Copilot: Nee.
Kapitän: Hoch, Baby ...
Kabine: *[Der Stick shaker setzt ein und stoppt erst beim Aufprall wieder.]*
Kapitän: ... Mehr, mehr.
Copilot: Okay.
Kapitän: Hoch, hoch, hoch.
Kabine: *[»Whoop, whoop, pull up.«]*

Ende der Aufzeichnung.

Flug 965 traf zuerst die Bäume auf der Ostseite eines Berges namens El Deluvio in 8900 Fuß Höhe. Die Maschine flog weiter über den Bergkamm und krachte auf der Westseite des Berges in den Gipfel. Die Flugcrew war im Dunkeln vom Kurs abgewichen und im Sinkflug in ein bergiges Gebiet geflogen. Der Kapitän und der Copilot, so wurde ermittelt, hatten eine Reihe »von Flugfehlern [begangen], die zu dem Unglück führten«. Keiner der Fehler war allerdings für sich genommen katastrophal; doch in der Häufung waren sie tödlich. Die Besatzung hatte es eilig, nachdem sie sich zur Landung auf Bahn 19, anstatt auf Bahn 01, entschlossen hatte, und führte notwendige Schritte unsachgemäß oder überhaupt nicht aus. Sie verlor das, wie es heißt, »Bewußtsein für die Situation«. Sie achtete nicht auf das Terrain, über das sie hinwegflog und in das sie am Ende tragischerweise stürzte.
Den Absturz überlebten nur vier Passagiere, sie wurden dabei schwer verletzt.

25. Miami, Everglades
11. Mai 1996

ValuJet – Flug 592

ValuJet. In der Sprache der Lotsen hieß die Fluggesellschaft »Critter (Kreatur)«, denn auf ihrem Schwanz war ein Alligator aufgemalt. Es war eine Billig-Fluglinie, doch das bezieht sich nicht auf die Besatzung von Flug 592 an jenem Nachmittag, als die Maschine zurücksetzte und zum Start vom Miami International Airport nach Atlanta, Georgia, rollte. Es war ein schöner Tag, im Norden standen Gewitterschauer. Der Flug hob um 13.44 Uhr mit etwas Verspätung wegen des schlechten Wetters in Atlanta vom Boden ab.
Wir beginnen mit der CVR-Aufzeichnung in dem Moment, als die Kabinenbesatzung die Passagiere auf das Zurücksetzen und den Abflug vorbereitet.

Stewardeß: *[Über die Bordsprechanlage]* ... Die Kabine steht zu Ihrer Bequemlichkeit unter Druck. Falls Sauerstoff [nötig] wird, langen Sie bitte nach oben und ziehen Sie die Maske herunter, bis der Schlauch voll ausgerollt ist. Setzen Sie die Maske auf Mund und Nase, sichern Sie sie mit dem Elastikgurt und atmen Sie normal. Der Sauerstoffbeutel darf nicht aufgeblasen aussehen. Doch der Sauerstoff kommt dennoch. Wenn Sie mit kleinen Kindern reisen, setzen Sie bitte zuerst Ihre Maske auf und helfen Sie dann dem Kind. Die Kissen an den Sitzen in diesem Flugzeug können als Schwimmhilfe benutzt werden, und genaue Anweisungen finden Sie auf der Sicherheits-Informationskarte. Das Rauchen ist während des gesamten Flugs nicht gestattet ... Denken Sie also bitte daran, daß folgende elektronische Geräte wegen einer möglichen Störung der Navigations- oder Kommunikationssysteme bei Start und Landung nicht angeschaltet sein dürfen: tragbare CD-Player, tragbare Computer und Handys; sie sollten sich in Off-Stellung befinden und verstaut sein. Schnallen Sie sich jetzt bitte für den Start an, stellen Sie die Rückenlehne gerade und klappen Sie die Tische ganz nach oben in die verriegelte Stellung. Ihr Handgepäck muß in den Stauräumen über ihren Köpfen oder unter dem Sitz vor Ihnen verstaut sein. Im Namen aller Mitarbeiter von ValuJet möchten wir uns bei Ihnen dafür bedanken, daß Sie sich heute für uns entschieden haben. Wir wünschen Ihnen einen angenehmen Flug.

Copilot: *[Hustet.]* Schultergurte?

Pilotin: An.

Copilot: Parkbremsen.

Pilotin: Eingestellt.

Copilot: Treibstoffmenge.

Pilotin: Zweiundzwanzig drei [2300 Pounds].

Copilot: Zweiundzwanzig drei. Pneumatik-Bleeds?

Pilot: Offen.

Copilot: Antikollisionslicht.

Pilotin: An.

Copilot: Schalter für die Klimaanlage?

Pilotin: Aus.

Copilot: Treibstoff-Startbeschleunigungs-Pumpen?

Pilotin: An.

Copilot: Zündung?

Pilotin: An.

Copilot: Before-Start-Checkliste abgeschlossen.

Stewardeß: Soll ich sie [die Passagiere] über Anschlußflüge informieren?

Pilotin: Das können Sie ihnen sagen, wenn wir näher dran sind ...

Copilot: Öldruck und N eins.

Stewardeß: Und, meine Damen und Herren, für diejenigen unter Ihnen, die sich um Ihre Anschlußflüge Sorgen machen, hat mir Flugkapitänin Kubeck gerade mitgeteilt, daß wir deren Abflugzeiten Ihnen, sobald wir etwas näher an Atlanta sind, ... mitteilen

können ... Sobald wir neue Informationen haben, werden wir Sie darüber in Kenntnis setzen. Danke.
Pilotin: ... Okay, Wir werden in ungefähr zwei Minuten startklar sein.
Miami Ground Control: Okay, danke.
Copilot: Aaaaah.

Die Crew startet die Motoren.

Pilotin: Bitte einmotorig rollen.
Copilot: Einmotorig ... APU-Elektrik und Luft ist eingestellt. Klimaanlagenversorgung auf der rechten Seite ist auf HP off. Selbstabschaltung der Klimaanlage ist [auf] Override [Eingreifen]. Eisschutz von Nummer zwei ist aus. Rechte Pneumatik-Querleitung offen. Treibstoffkontroll-Niveau Nummer zwei ist aus. [Hustet.]
Pilotin: Before-Takeoff-Check ...
Copilot: Leistungsdaten und -tasten, für einhundertundfünftausend, Flaps fünf, V 2 [ist auf] eins sechsundvierzig [mph].
Pilotin: Eins sechsundvierzig eingestellt und ...
Copilot: Trimmung?
Pilotin: ... Und, ah, eins Komma neun neun quer.
Copilot: Ja.

Die Crew geht die Pre-Takeoff-Checks vollständig durch.

Pilotin: Okay, ähm, schauen wir mal. Wohin gehen wir? Drei zweiundzwanzig auf Dolphin [Miami]. Das ist ein Kurs nach Dolphin. ... Und ich werde drei zweiundzwanzig setzen.
Copilot: *[Hustet.]*

Die Crew spricht über Kurse und Wetter.

Pilotin: Okay ... das ist mein Start, mein Abbruch, Flaps sind auf fünf, V 1 [Abheb-]Min[-imum] ist eins sechsundvierzig [mph]. Startbahnkurs auf fünf. Wenn wir beim Start [Leistung] verlieren, je

nachdem welche Startbahn wir nehmen, werden wir, ah, die Bahn im Sichtflug zurücklegen ... Wenn am Start nur noch zwei vor uns sind, starten wir Nummer Zwei [Motor, um Benzin zu sparen]. Noch Fragen? Keine Frage?
Copilot: Keine Fragen.
Pilotin: Ist das da hinter den Gebäuden eine alte Connie [Constellation]?
Copilot: Ah, das ist eine L-Zehn-Elf.
Pilotin: Genau hinter diesem Dreckhaufen.
Copilot: Okay, ja.
Pilotin: Sie ist nicht einmal lackiert. Zwei Schwänze rechts da hinten. Ungefähr auf zwei Uhr. Kurz vor Zulu. Sehen Sie sie dort, rechts davon?
Copilot: Äh, ich sehe dort eine [Boeing] 742.
Pilotin: Sie ist wirklich nah an uns dran, genau hinter uns. Die Antenne ist von uns aus rechts, genau hier bei diesem Gebäude ... sie wirkt getarnt.
Copilot: Oh, dieses, dieses doppelschwänzige Ding da?
Pilotin: Ja.
Copilot: Oh, das ist ein, ah, das ist ein, ah ...
Pilotin: Eine Connie [Constellation]?
Copilot: Eine Connie 121.
Pilotin: Ja.
Copilot: Eine tolle Maschine.
Pilotin: Wollen Sie das PA [Bordsprechanlage] ausprobieren und den Leuten etwas sagen? Ähm, Sie können sie fragen, ob sie Sie hören, oder was immer Sie wollen. Wie Sie sich auch verständlich machen wollen.
Copilot: [Hustet.] Meine Damen und Herren, ich spreche aus dem Cockpit, ah, wir sind jetzt an einem Haltepunkt für kreuzenden Verkehr auf dem Boden. Äh, und wir gehen von einer nur fünf- oder zehnminütigen Verzögerung am Boden aus, aber, ah, wir werden für Atlanta freigegeben, sobald sie uns durch all den Verkehr hier in Miami durchlotsen können.

Stewardeß: *[Über Interphon aus der Passagierkabine]* Hier [steht] gerade eine Frau auf. Sie will zur Toilette.
Pilotin: Ja, [aber sagen Sie ihr] mit Beeilung.
Copilot: Haben Sie aufwärmen gesagt?
Pilotin: Nein, eine Frau ist auf der Toilette. Ich sagte, sie soll sich beeilen.
Copilot: Aah.
Pilotin: Engine-Restart-Checkliste [Check für das erneute Anlassen des Motors].
Copilot: *[Hustet.]* Linke Pneumatik geschlossen, rechte Pneumatik ist offen, Schalter für rechte Klimaanlage aus. APU-Luft ist an. Treibstoffpumpen sind an. Zündung ist an. Before-Start-Checkliste abgeschlossen.
Pilotin: Zündung ist an.
Copilot: Nummer zwei [Triebwerk].
Pilotin: *[Über interphon zur Stewardeß]* Ist sie [die Frau, die zur Toilette ging] noch immer dort?
Stewardeß: Ja, sie steht noch.
Pilotin: Von jetzt an [steht] niemand mehr auf.
Copilot: Öldruck.
Pilotin: Prüfen.
Kabine: *[Geräusch der hochdrehenden Motoren.]*
Copilot: Lichter aus.

Die Crew geht die Restart-Checkliste für Triebwerk Nummer zwei durch.

Pilotin: Wenn wir zurück müssen, dann mit Unterstützung des ILS. Wenn wir abbrechen müssen, sagen Sie dem Tower, daß wir abbrechen.
Copilot: Okay.
Pilotin: Wir sind als nächste dran [zum Starten].
Copilot: Ja.
Copilot: Das wird die Jungs von American [Airlines] frustrieren.

[Sie] müssen warten, bis sie von ihrer Gesellschaft ihre Startdaten bekommen.
Pilotin: Das Problem möchte ich nicht haben. [Gluckst.] Position und Halten vor der Linie.
Copilot: *[Zu den Passagieren]* Meine Damen und Herren, wir sind für die Startbahn zum Start freigegeben. Stewardessen, bitte setzen Sie sich. *[Zur Pilotin] Geht das Antiskid [ABS] an?*
Pilotin: Yep.
Kabine: *[Man hört, daß die Tür des Cockpits geschlossen wird.]*
Copilot: Tür des Cockpits ist geschlossen, APU ist aus, Stewardeß-Signal ist gegeben, Antiskid ist auf Automatik, und TA, der Transponder ist TA RA, die Pneumatik-Bleeds sind geschlossen ...
Pilotin: Okay.
Copilot: ... Anzeigen-Panel ist gecheckt, Takeoff-Besprechung ist abgeschlossen. Scheinwerfer und Logolichter.
Pilotin: Okay, Lichter sind an.
Kabine: *[Geräusch der hochdrehenden Motoren.]*
Pilotin: Bleeds sind geschlossen. Startschub einstellen.
Copilot: Schub ist eingestellt. Wir haben fünfundneunzig [mph], vierundneunzig [Knoten].
Kabine: *[Man hört, daß das Bugrad über Unebenheiten auf der Startbahn rollt.]*
Copilot: Hundert Knoten.
Pilotin: Check.
Copilot: V 1.
Pilotin: Check.
Copilot: V R [Abhebgeschwindigkeit]. Positive Rate.
Pilotin: Fahrwerk hoch.
Copilot: V 2. Fünf [Grad der Flaps].
Pilotin: Flaps hoch.
Copilot: *[An Tower]* Hallo, Departure, Critter Fünf Zweiundneunzig steigt von fünfhundert [Fuß] auf fünftausend [Fuß].
Miami Tower: Critter Fünf Zweiundneunzig, Departure. Hallo. Radar kontaktieren, auf siebentausend [Fuß] steigen und halten.

Cockpit: Siebentausend, Fünf Neun Zwei.
Pilotin: Slats einziehen.
Copilot: Slats einziehen. Folge der Boeing genau vor uns in eine Kurve.
Pilotin: Okay.
Stewardeß: *[Über die Bordsprechanlage]* Und, meine Damen und Herren, Flugkapitänin Kubeck wird die Fasten-Seat-Belt-Anzeige abschalten, sobald sie meint, Sie können ungefährdet aufstehen und sich in der Kabine frei bewegen. Bis dahin bleiben Sie bitte sitzen und lassen die Sitzgurte geschlossen. Wir schlagen Ihnen zu Ihrer Sicherheit außerdem vor, die Sitzgurte auch nach dem Erlöschen der Anzeige nicht zu öffnen. Wir werden Ihnen in Kürze Getränke servieren. Wir freuen uns, Ihnen eine große Auswahl an Erfrischungsgetränken, Kaffee und Säften anbieten zu können. Cocktails kosten jeweils drei Dollar. Bier und Wein gibt es für je zwei Dollar. Wie immer würden wir uns freuen, wenn Sie den Betrag passend hätten. Eine vollständige Liste unserer Gratisgetränke finden Sie auf Seite fünf unseres Magazins »Good Times«. Und nun lehnen Sie sich einfach zurück, entspannen Sie sich und genießen Sie den Flug nach Atlanta, Georgia.
Tower: Critter Fünf Zweiundneunzig, kurven Sie nach links auf Kurs drei sechs null.
Copilot: Drei sechs null, Fünf Zweiundneunzig.
Pilotin: Drei sechs null, Steigschub, Steigcheck.
Copilot: Schub ist eingestellt. Fahrwerk ist oben und gecheckt, Flaps oben, Lichter aus, Spoilerautomatik ist aus, Zündung ist aus, Treibstoffpumpen sind eingestellt, die Absperrung der Klimaanlage steht [auf] Eingreifen, Hydraulikpumpen sind aus und niedrig, Scheinwerfer und Logolichter auf zehn, und die Höhenmesser sind auf achtzehn.
Pilotin: Danke.
Tower: Critter Fünf Zweiundneunzig, ziehen Sie eine Linkskurve auf Kurs drei drei null.

Pilotin: Drei drei null, Fünf Zweiundneunzig. Sechs[-tausend Fuß] nach sieben.
Copilot: Sechs nach sieben.
Kabine: *[Signal für Höhenalarm ertönt.]*
Tower: Critter Fünf Zweiundneunzig, Linkskurve auf Kurs drei null null [und] auf die Winco-Luftstraße, auf eins sechs tausend [16 000 Fuß] steigen und halten.
Copilot: *[Hustet.]*
Pilotin: Okay, drehen wir das Radar an ...
Copilot: [Wir haben] da draußen ungefähr achtzig Meilen entfernt etwas [eine besondere Wetterbedingung).
Pilotin: Okay.
Copilot: Das muß das Gewitter sein.
Pilotin: Hier ist ein Wetterumschwung wie ... Ich hasse es, in diesem Ding auf hundert und acht tausend durch dieses Wetter zu müssen.
Copilot: Ja.
Copilot: Wollen Sie sie [die Passagiere] nicht eine Weile festschnallen [in ihren Sitzgurten]?
Pilotin: Nein, das ist momentan nicht nötig.
Copilot: Stewardessen, Abflugcheck, bitte.
Kabine: *[Piepston auf dem Kanal von Bordsprechanlage/Interphon.]*
Pilotin: Was war denn das?
Copilot: Keine Ahnung.
Pilotin: Wir haben ein Problem mit der Elektrik.
Copilot: Ja. Dieser Anzeiger für die Batterieladung hat damit zu tun. Ooh, wir haben ...
Pilotin: Wir verlieren alles.
Tower: Critter Fünf Zweiundneunzig, kontaktieren Sie Miami Center auf eins zweiunddreißig fünfundvierzig, tschüs.
Pilotin: Wir müssen, wir müssen nach Miami zurück.
Kabine: *[Durch die Tür des Cockpits hört man Rufe aus der Passagierkabine.]*

Frau in der Kabine: *[Schreit durch die Tür.]* Feuer, Feuer, Feuer, Feuer!

Mann in der Kabine: *[Schreit durch die Tür.]* Es brennt, es brennt!

Kabine: *[Das Warnhorn für das Fahrwerk ertönt drei Sekunden lang.]*

Tower: Critter Fünf Zweiundneunzig, kontaktieren Sie Miami Center, eins zweiunddreißig, fünfundvierzig.

Pilotin: [Wir kehren um] nach Miami.

Copilot: Ah, Fünf Zweiundneunzig muß sofort nach Miami zurückkehren.

Tower: Critter Fünf Zweiundneunzig, ah, roger, kurven Sie nach links auf Kurs zwei sieben null. Auf siebentausend sinken und halten.

Kabine: *[Man hört auf der anderen Seite Passagiere in der Kabine schreien.]*

Copilot: Zwei sieben null, siebentausend, Fünf Zweiundneunzig.

Tower: Was für ein Problem haben Sie?

Pilotin: Feuer!

Copilot: Ah, Rauch im Cockpit ... Rauch in der Kabine.

Tower: Roger.

Pilotin: Welche Höhe?

Copilot: Siebentausend [Fuß].

Kabine: *[Man hört, daß die Tür zum Cockpit geöffnet wird; es klingelt sechsmal, wie vom Interphon.]*

Stewardeß: *[Zum Cockpit]* Okay, wir brauchen Sauerstoff. Wir können hier hinten keinen Sauerstoff bekommen. Können wir das irgendwie testen? *[Räuspert sich.]*

Tower: Critter Fünf Zweiundneunzig, wenn Sie können, nach links kurven auf Kurs zwei fünf null. Auf fünftausend sinken und halten.

Kabine: *[Klingeln, wie vom Interphon; Rufe aus der Passagierkabine.]*

Copilot: Zwei fünf null sieben tausend.

Stewardeß: [Wir] stehen vollkommen in Brand.

Kabine: *[Rufe, Schreie aus der Passagierkabine.]*

Copilot: [Wir sind] unter neun[-tausend Fuß].
Kabine: *[Lautes Rauschen.]*
Copilot: Critter Fünf Zweiundneunzig, wir brauchen den, ah, nächstmöglichen Flugplatz ...
Tower: Critter Fünf Zweiundneunzig, sie [die Rettungswagen] stehen schon für Sie bereit.

An dieser Stelle ist die CVR-Aufnahme eine Minute und zwölf Sekunden lang unterbrochen.

Cockpit: [Wir] brauchen Radarvektoren.
Tower: Critter Fünf Zweiundneunzig, drehen Sie nach links auf Kurs eins vier null.
Cockpit: Eins vier null.
Kabine: *[Lautes Rauschen.]*
Tower: Critter Fünf Zweiundneunzig, kontaktieren Sie Miami Approach wegen der Korrekturen ... nein, Sie ... Sie bleiben einfach auf meiner Frequenz.
CVR: *[Mehrfach hört man den Signalton für Selbststart und Aufnahme des Recorders; lautes Rauschen.]*
Tower: Critter Fünf Zweiundneunzig, Sie können, ah, nach links kurven auf Kurs eins null null und sich auf den Leitstrahl von Bahn 12 in Miami setzen.

Ende der Aufzeichnung.

ValuJet Flug 592 stürzte ungefähr achtzehn Meilen nordwestlich des Miami Airport, von dem er erst wenige Minuten zuvor gestartet war, in die Sümpfe der Everglades. Im vorderen Frachtraum war in Sauerstoffgeneratoren, die als HAZMAT (Hazardous Material; Gefahrgut) klassifiziert und in Flugzeugen für die Versorgungseinrichtungen in der Passagierkabine benutzt werden, ein Feuer ausgebrochen. Die Hitzeentwicklung war sehr groß – sie wurde auf knapp 3000 Grad Fahrenheit geschätzt – und erfaßte die ganze Kabine.

Alle Menschen an Bord – einhundertfünf Passagiere, zwei Stewardessen und die Zwei-Mann-Crew – starben entweder beim Aufprall oder an Verbrennungen. Das Flugzeug stürzte aus 10 000 Fuß Höhe mit der Nase voran in die Tiefe, vermutlich weil entweder die Pilotin oder der Copilot gegen die Steuersäule geschleudert wurde.
Und was die Bruchlandung besonders schlimm machte: Die ValuJet DC-9 wurde von einem Sumpf vollkommen verschluckt. Die Maschine konnte nicht sofort ausfindig gemacht werden, da der Aufprall des Rumpfs der Douglas DC 9-32 im Terrain keinerlei Spuren hinterließ.

26. Pittsburgh, Pennsylvania
8. September 1994

USAir – Flug 427

Der Absturz von USAir Flug 427, einer Boeing 737-300, stellte die Ermittler fast drei Jahre lang vor Rätsel, erst dann waren sie sich ihrer Schlußfolgerungen so sicher, daß sie der Öffentlichkeit präsentiert wurden. Noch Monate nach der Katastrophe blieb völlig mysteriös, was sich in der Nähe von Pittsburgh am Himmel zugetragen hatte. Ein Flugzeug mit einhundertsiebenundzwanzig Passagieren und einer fünfköpfigen Crew (einschließlich zweier Piloten) geriet beim Voranflug einfach ohne jede Vorwarnung in Schräglage und bohrte sich im Sturzflug geradewegs in den Boden. Es war ein klarer Tag, geflogen wurde im Sichtanflug. Es war gegen sieben Uhr abends. Die nächste Maschine war mit einem Höhenunterschied von 1500 Fuß viereinhalb Meilen entfernt. Die Crew war guter, ja aufgekratzter Stimmung. Der Kapitän gähnte, als das Band aufzunehmen begann. An diesem Abend zu landen war ein bißchen so wie die Einfahrt eines Zuges in die Bahnstation.
Wir beginnen mit der CVR-Abschrift ungefähr neunzehn Minuten vor der Katastrophe.

Stewardeß: *[Zur Cockpitcrew]* Sie haben uns keine Anschlußflüge und auch keine anderen Informationen gegeben. Wissen Sie, an welchem Gate wir halten?
Kapitän: Noch nicht.
Stewardeß: Irgendeine Vorstellung?
Kapitän: Nein.
Stewardeß: Wissen Sie, an was ich gerade denke? An Brezeln.
Kapitän: Brezeln?

Stewardeß: Braucht ihr Jungs was zu trinken?
Kapitän: Ich könnte ein Glas brauchen, was immer offen ist, Wasser, ah, Wasser – ein Saft?
Copilot: Ich teile ein, ja, ein Wasser, einen Saft, was ihr habt. Ich trinke bei ihm mit.
Stewardeß: Okeydokey. Soll ich Ihnen meinen Spezial-Fruchtsaftcocktail machen?
Kapitän: Wie fruchtig ist der denn?
Stewardeß: Probieren Sie ihn doch einfach.
Copilot: In Ordnung, ich mache das Versuchskaninchen.
Kabine: *[Die Tür zum Cockpit wird geschlossen, als die Stewardeß nach hinten geht, um die Getränke zu holen.]*

Flug 427 wird angewiesen, die Geschwindigkeit auf 210 Knoten zu reduzieren und 10 000 Fuß Höhe zu halten. Einige Sekunden später erhält der Flug die Instruktion, auf der Frequenz 121,25 Kontakt mit Pittsburgh Approach aufzunehmen.

Kapitän: Zwei zehn, hat er gesagt?
Copilot: Zwei zehn? Oh, ich verstand zwei fünfzig ...
Kapitän: Vielleicht habe ich ihn falsch verstanden.

Pittsburgh Approach fordert sie auf, eine Linkskurse auf Kurs 100 zu fliegen.

Kabine: *[Die Tür zum Cockpit wird geöffnet.]*
Stewardeß: Hier ist er [der Spezial-Fruchtcocktail].
Kapitän: Gut.
Copilot: Gut. Danke. Danke.
Stewardeß: ... Ich habe sie nicht gekostet, deshalb weiß ich nicht, ob sie richtig geworden sind.
Kapitän: Das schmeckt gut.
Copilot: Das ist gut.
Stewardeß: Gut.

Copilot: Der schmeckt ungewöhnlich. Mit einem bißchen braunem Rum [wäre er] wirklich gut.
Stewardeß: Ja, stimmt.
Pittsburgh Approach: USAir Vier Siebenundzwanzig, Pittsburgh Approach. Kurs eins sechs null, auf ILS-Bahn 28 Rechts Endanflugkurs. Geschwindigkeit zwei eins null.
Copilot: Welche Geschwindigkeit?
Kapitän: Wir gehen zurück auf zwei zehn [210 Knoten] und, ah, Kurs eins sechzig, runter auf zehn [10 000 Fuß]. USAir Vier Siebenundzwanzig ... *[Zum Copiloten]* Welche Landebahn hat er genannt? [Zur Stewardeß] Das schmeckt wie ...
Copilot: Gut.
Kapitän: Ist da ein Schuß Grapefruit drin?
Stewardeß: Nein.
Copilot: Cranberry?
Stewardeß: Ja, das haben Sie an der Farbe erkannt.
Kapitän: [Was] ist sonst noch drin?
Copilot: Ah, Sprite?
Stewardeß: Diät-Sprite.
Copilot: Häh.
Stewardeß: Und ich denke, man kann ihn auch mit Sprite machen. Vermutlich ist er dann noch etwas besser.
Kapitän: Ja. Gibt's davon noch mehr?
Stewardeß: Noch einen.
Copilot: Ah. O-Saft?
Stewardeß: Genau.
Copilot: Häh?
Stewardeß: Cranberry, Orange und Diät-Sprite.
Copilot: Wirklich nett.
Stewardeß: Er schmeckt ungewohnt ...
Kapitän: Ich mixe immer Cranberry und Grapefruit. Ich mag das.
Stewardeß: Okay, gehen wir wieder an die Arbeit.
Copilot: Okay.
Kabine: *[Die Cockpit-Tür wird geöffnet und geschlossen.]*

Copilot: Ich habe den Verdacht, wir müssen auf die rechte Seite.
Approach: USAir Vier Siebenundzwanzig, auf sechstausend sinken und halten.
Kapitän: Freigegeben auf sechs, USAir Vier Siebenundzwanzig.
Copilot: Oh, meine Frau würde ihn [den Cocktail] mögen.
Kapitän: Cranberry, Orangensaft und Sprite.
Copilot: Ja. Ich glaube, wir sollten einen Vorcheck machen.

Die Crew geht die Pre-Landing-Checkliste durch. Der Approach bittet um eine Linkskurve auf Kurs 140 und eine Reduzierung der Geschwindigkeit auf 190 Knoten.

Kabine: *[Der Griff für die Flaps wird bewegt; Sitzgurtklingel setzt ein.]*
Copilot: Uups. Ich habe ihnen [den Passagieren] noch keinen Abschiedskuß gegeben. Wie war die Temperatur? Wissen Sie das noch?
Kapitän: Fünfundsiebzig.
Copilot: Fünfundsiebzig?
Stewardeß: *[Über die Bordsprechanlage]* ... Sitzgurte anlegen, und bleiben Sie bitte für die Dauer des Fluges auf Ihren Plätzen.
Copilot: *[Über die Bordsprechanlage]* Leute vom Flugdeck, wir werden in ungefähr zehn Minuten auf dem Boden sein. Ah, sonniges Wetter, ein wenig diesig. Die Temperatur ... die Temperatur beträgt, äh, fünfundsiebzig Grad. Wir haben Westwind mit rund zehn Meilen pro Stunde. [Wir] danken Ihnen, daß Sie sich für den Flug mit USAir heute abend entschieden haben. Ich hoffe, Sie hatten einen angenehmen Flug. Ich hoffe, Sie fliegen wieder mit uns. Und nun möchte ich unsere Stewardessen bitten, die Kabine für die Ankunft vorzubereiten. Überprüfen Sie bitte Ihre Sitzgurte. Danke.
Kabine: *[Die Klingel für die Sitzgurte ertönt.]*
Kapitän: Sagten Sie (Landebahn) 28 Links für USAir Vier Siebenundzwanzig?
Approach: Ah, USAir Vier Siebenundzwanzig, es wird die 28 rechts sein.

Kapitän: 28 rechts, danke. [Zum Copiloten] 28 rechts.
Copilot: Rechts, 28 rechts. Das hatten wir doch geplant. Bremsautomatik auf eins.

Die ganze Zeit erteilt Pittsburgh Approach Instruktionen an andere Maschinen in dem Gebiet.

Kapitän: Sieben[-tausend] auf sechs[-tausend Fuß].
Copilot: Sieben auf sechs.
Kapitän: Junge, sie [Pittsburgh Approach] bremsen einen hier immer so stark runter.
Copilot: Die Sonne wird genauso stehen wie gestern beim Start in Cleveland. Ich werde einfach die Augen schließen. *[Lacht.]* Sie schreien dann, wenn wir nah dran sind. *[Lacht.]*
Kapitän: Okay.
Approach: USAir Vier Siebenundzwanzig, Linkskurve auf Kurs eins null null. Verkehr ist von ein auf zwei Uhr, sechs Meilen [entfernt], [und eine] nach Norden fliegende Jetstream, [die] gerade von dreiunddreißig [3300 Fuß] auf fünftausend [Fuß] steigt.
Kapitän: Wir passen auf den Verkehr auf, kurven auf eins null null, USAir Vier Siebenundzwanzig.
Kabine: *[Die Motoren heulen auf.]*
Copilot: Oh, ja. Ich sehe die Jetstream.
Kapitän: Sie ist ...
Copilot: Häh?
Kabine: *[Ein dumpfer Schlag; ein Geräusch wie »Klicketiklick«; noch ein dumpfer Schlag, doch leiser als zuvor.]*
Kapitän: Woah ... Festhalten.
Kabine: *[Die Motoren heulen auf; »Klicketiklick«; das Trimmungsrad an der Trimmgeschwindigkeitsautomatik dreht sich; ein Pilot gibt einen Ton von sich; Heulton eines Horns, vergleichbar der Warnung vor Autopilotabschaltung.]*
Kapitän: Festhalten.

Flug 427 dreht sich nun auf 6000 Fuß auf den Rücken und nimmt mit 300 Meilen pro Stunden Kurs auf den Boden. Es sollte noch sechzehn Sekunden dauern, bis die Maschine auf dem Boden aufschlug.

Copilot: Oh, Scheiße.
Kapitän: Festhalten. Was zum Teufel ist das?
Kabine: *[Geräusch des Stick shakers; Höhenwarnung.]*
Kabine: »Verkehr. Verkehr.« *[Geräusch durch die Kabinentür.]*
Kapitän: Was zum ...
Copilot: Oh ...
Kapitän: Oh Gott, oh Gott ....
Approach: USAir ...
Kapitän: Vier Siebenundzwanzig, Notfall!
Copilot: *[Schreit.]*
Kapitän: Ziehen ...
Copilot: Oh ...
Kapitän: Ziehen ... Ziehen ...
Copilot: Gott ...
Kapitän: *[Schreit.]*
Copilot: Nein ...

Ende der Aufzeichnung.

Die Maschine schlug in der Nähe von Aliquippa, Pennsylvania, in einer leichten Linksrolle mit einem Sturzwinkel von achtzig Grad, also fast senkrecht, mit geschätzten 299 mph auf dem Boden auf. An der Aufschlagstelle grub sich das Wrack acht Fuß tief in die Erde. Der Flugzeugrumpf zerfiel in Einzelteile, und es brach Feuer aus. Zum Zeitpunkt des Aufpralls liefen beide Triebwerke symmetrisch und auf Schub. Die Hebel für die Schubumkehr standen auf Aus. Die Flaps waren auf »Flaps eins« eingestellt, und Spoiler wie Fahrwerk waren nicht ausgefahren. All diese Einstellungen entsprechen dem Ablauf in der Voranflugphase zur Landung.

Alle Menschen an Bord waren auf der Stelle tot.
Das Rätsel um Flug 427 hatte die längste und schwierigste Untersuchung zur Absturzursache in der Geschichte des nationalen Amts für Transportsicherheit NTSB zur Folge, das bis zu dem Zeitpunkt, an dem ich dies schreibe, die Unglücksursache noch nicht ermittelt hat, wenn man auch vermutet, daß die Tragödie durch die Wirbelschleppe einer anderen Maschine ausgelöst wurde. Diese hatte bei Flug 427 eine starke Seitenruderbewegung ausgelöst, die dann das Flugzeug ins Trudeln und außer Kontrolle brachte.

27. Kahului, Hawaii
28. April 1988

Aloha Airlines – Flug 243

Der Aloha Airlines Flug 243 war ein Linienflug von Hilo nach Honolulu, Hawaii und stieg an jenem Tag nach dem Start auf eine Reisehöhe von 24 000 Fuß. Auf dieser Flugfläche riß plötzlich die Decke der vorderen Passagierkabine mit einem explosiven Druckabfall auf. Der Plafond trennte sich vom Rumpf, und die Passagiere, die zwischen der Tür zum Cockpit und der Vorderkante der Tragflächen saßen, sahen sich den Elementen ausgeliefert, so als säßen sie in einem Cabrio. Der entsetzten Flugbesatzung blieb nur eine Möglichkeit: Das Flugzeug auf eine Flugfläche von rund 11 000 Fuß sinken zu lassen, auf der die Menschen an Bord normal zu atmen vermochten. An jenem frühen Nachmittag befanden sich in der Maschine zwei Piloten, ein Beobachter auf dem Klappsitz im Cockpit, drei Stewardessen und neunundachtzig Passagiere.
Wir beginnen mit dem Abdruck des CVR-Bandes in dem Moment, als sich die Decke vom Flugzeugrumpf löst.

Kabine: *[Schreie; Windgeräusche.]*

Die CVR-Mikrofone im Cockpit können in den anschließenden fünf Minuten das Gespräch der Crew nicht aufzeichnen. Jedoch nimmt der CVR den Wortwechsel zwischen Crew und Bodenkontrolle durch die Mikrofone in den Sauerstoffmasken der Cockpitbesatzung auf.

Copilot: Center, Aloha Zwei Dreiundvierzig. Wir gehen runter ... Erbitten niedrigere [Flughöhe]. Center, Aloha Zwei Dreiundvierzig.

Maui Tower, Aloha Zwei Dreiundvierzig. Maui Tower, Aloha Zwei Dreiundvierzig. Wir sind im Landeanflug. Maui Tower, Aloha Zwei Dreiundvierzig.
Maui Tower: [Flug, der den] Tower ruft, wiederholen Sie.
Copilot: Maui Tower, Aloha Zwei Dreiundvierzig, wir befinden uns im Landeanflug. Wir sind knapp, äh, westlich von Makena ... genau im Osten von Makena, aus dreizehn [13 000 Fuß] sinkend, und wir haben einen rapiden Druck- ... Wir haben überhaupt keinen Druck. Erklären den Notfall ...
Tower: Aloha Zwei Dreiundvierzig, Wind aus null vier null mit eins fünf. Höhe zwei neun neun neun. Nur noch einmal zur Vergewisserung. Sie kommen runter. Ihr Rufzeichen ist Zwei Vierundvierzig? Ist das korrekt? Oder Zwei Dreiundvierzig?

Nun nimmt die Crew, nachdem die Flughöhe 10 000 Fuß erreicht ist, die Sauerstoffmasken ab.

Copilot: Zwei Dreiundvierzig Aloha – Dreiundvierzig.
Tower: Zwei Zweiundvierzig, Rettungsgerät und -mannschaften sind unterwegs. Planen Sie [den Anflug] direkt auf Landebahn 2, und ich werde Sie über jede Veränderung des Windes auf dem laufenden halten.
Copilot: Aloha Zwei Dreiundvierzig ... *[Zum Kapitän]* Soll ich sonst noch was anfordern ...?
Kapitän: Nee.
Tower: Ist da Aloha Zwei Vierundvierzig mit dem Notfall?
Copilot: Aloha Zwei Dreiundvierzig.
Tower: Äh. Zwei Sechsundvierzig.
Copilot: Aloha Zwei Dreiundvierzig.
Tower: Aloha Zwei Dreiundvierzig, geben Sie Ihre Position durch.
Copilot: Wir sind genau im Osten von Makena aus elftausend [11 000 Fuß] sinkend. Erbitten Freigabe zur Landung auf Maui. Erbitten das [Rettungs-]Gerät.
Tower: Okay, Rettungsgerät und -mannschaften sind draußen ... sind unterwegs. Quäken auf null drei vier drei. Aloha Zwei Drei-

undvierzig, können Sie auf [Frequenz] eins eins neun Komma fünf wechseln?

Copilot: Zwei Dreiundvierzig. Können Sie uns auf eins neunzehn fünf zwei hören? Maui Tower, Zwei Dreiundvierzig. Sieht aus, als hätten wir eine Tür verloren. Wir haben ein Loch in der, äh, linken Seite des Flugzeugs.

Passagier auf dem Klappsitz: Mir geht's gut.

Copilot: *[Zum Kapitän]* Wollen Sie das [Lande-]Fahrwerk?

Kapitän: Nein.

Copilot: Wollen Sie das [Lande-]Fahrwerk?

Kapitän: Nein.

Copilot: Wollen Sie es [das Fahrwerk] drunten haben?

Kapitän: Landeklappen auf fünfzehn [zum] Landen.

Copilot: Okay.

Kapitän: Also los. Wir haben etwas von Ihrem Gerät aufgenommen. Ich glaube, die können Sie hören. Mich können Sie nicht hören. Äh, sagen Sie ihm, wir werden bei der Evakuierung der Maschine Hilfe brauchen.

Copilot: Richtig.

Kapitän: Wir können uns nicht mit den Stewardessen verständigen, aber wir werden Wagen brauchen, und wir werden, äh, von Aloha Luftkissenrutschen brauchen.

Copilot: In Ordnung. *[An Tower]* Maui Tower, Zwei Dreiundvierzig, können Sie mich im Tower hören?

Tower: Aloha Zwei Dreiundvierzig, ich höre Sie laut und deutlich. Sprechen Sie weiter.

Copilot: Äh, wir werden Hilfe brauchen. Wir können uns nicht mit den Stewardessen verständigen. Äh, wir werden Hilfe für die Passagiere brauchen, wenn wir landen …

Tower: Okay, ich verstehe, Sie werden eine Ambulanz brauchen. Ist das richtig?

Copilot: Bestätigt.

Kapitän: [Zum Copiloten] Fühlt sich an wie auf Handbetrieb umgeschaltet.

Copilot: Was?
Kapitän: Die Flugsteuerung fühlt sich manuell an [als hätte sich der Autopilot abgeschaltet].
Copilot: Können wir die Höhe richtig halten?
Kapitän: Äh ...
Copilot: Können wir die Höhe richtig halten?
Kapitän: Versuchen wir ... Versuchen wir mit ausgeklapptem Fahrwerk zu fliegen.
Copilot: In Ordnung, wird ausgefahren.
Kabine: *[Man hört, daß das Fahrwerk nach unten klappt.]*
Tower: Aloha Zwei Dreiundvierzig, können Sie mir bitte sagen, wie viele Menschen und wieviel Treibstoff Sie an Bord haben?
Kapitän: *[Zum Copiloten]* Haben Sie die Zahl der Passagiere für den Tower?
Kapitän: *[An Tower]* Wir, äh – fünfundachtzig, sechsundachtzig plus fünf Besatzungsmitglieder.
Tower: Okay. Und, äh, nur um sicherzugehen. Sie sind sofort umgekehrt. Sie brauchen eine Ambulanz. Ist das richtig?
Copilot: Bestätigt.
Tower: Roger. Wie viele sind Ihrer Meinung nach verletzt?
Copilot: Wir haben keine Ahnung. Wir kommen nicht zu unserer Stewardeß durch.
Tower: Okay. Wir schicken eine Ambulanz raus.
Copilot: Es besteht die Möglichkeit, daß wir, äh, kein Bugrad haben.
Kapitän: *[Zum Copiloten]* Sagen Sie denen, daß wir solche Probleme haben, aber auf alle Fälle landen werden – auch ohne Bugrad. Aber sie sollten sich im klaren sein ... wir haben keine zuverlässige Anzeige, daß das Bugrad unten ist.
Tower: Aloha Zwei Dreiundvierzig, Wind ist null fünf. [Rettungs-]Gerät und Mannschaften stehen bereit.
Copilot: Okay, nehmen Sie zur Kenntnis. Wir haben kein Bugrad. Wir landen ohne Bugrad.
Tower: Okay. Wenn Sie weitere Hilfe brauchen, sagen Sie es ...
Copilot: Wir werden alles an [Rettungs-]Ausrüstung brauchen, was

Sie haben. *[Zum Kapitän]* Läßt sie sich mit aufgestellten Landeklappen leichter steuern?
Kapitän: Ja. Stellen Sie sie auf fünf. Können Sie mir die V-Geschwindigkeit für eine Landung mit Klappen auf fünf geben?

Der Copilot kann die V-Geschwindigkeit nicht finden.

Copilot: Wollen Sie die Klappen unten haben, wenn wir landen?
Kapitän: Ja, nach dem Aufsetzen.
Copilot: Okay.

Der Kapitän und der Copilot sprechen über die Geschwindigkeit bei der Landung.

Tower: Aloha Zwei Dreiundvierzig, nur zur Information. Das Fahrwerk sieht ausgestellt aus. Das Fahrwerk sieht ausgestellt aus.
Copilot: *[Zum Kapitän]* Soll ich die Landeklappen auf vierzig stellen ...?
Kapitän: Nein.
Copilot: Okay.
Kabine: *[Man hört, daß die Maschine auf der Landebahn aufsetzt.]*
Copilot: Schubumkehr.
Kapitän: Okay. Okay, abstellen.
Copilot: Abstellen.
Kapitän: Jetzt den linken Motor.
Copilot: Landeklappen.
Tower: Aloha Zwei Dreiundvierzig, stellen Sie sie einfach da ab, wo Sie sind. Alles [ist] gut. Das Fahrwerk war ... Die Löschzüge sind unterwegs ...
Kapitän: Okay.
Kabine: *[Die Motoren werden leiser.]*
Kapitän: Okay, drücken Sie auf die Anweisung zur Notevakuierung.

Ende der Aufzeichnung.

Die Boeing 737 des Aloha Flugs 243 wurde 1969 hergestellt und hatte zum Zeitpunkt des Unglücks 35 496 Flugstunden und 89 680 Start-und-Lande-Zyklen auf dem Buckel. Die Ursache für die Abtrennung der Flugzeugdecke war statische Überbelastung. Die Maschine war alt, und die Zyklen von Kompression und Dekompression hatten Teile des Rumpfs geschwächt. Eine Stewardeß kam ums Leben. Alle Passagiere landeten heil auf dem Boden, wenn auch fünfundsechzig Personen in unterschiedlichem Grad, jedoch zumeist nur leicht verletzt wurden.

28. Sioux City, Iowa
19. Juli 1989

United Airlines – Flug 232

Ich habe beschlossen, die Auswahl von Aufzeichnungen mit diesem VCR-Band zu beschließen, weil es besonders gut demonstriert, mit welcher Professionalität und manchmal sogar Heroismus sich die Besatzungen der Fluggesellschaften verhalten.
Der United Airlines Flug 232, eine DC-10, befand sich auf dem Linienflug von Denver nach Chicago und hatte zweihundertsechsundneunzig Passagiere, acht Stewardessen und drei Mann Cockpit-Besatzung, darunter Kapitän Al Haynes, einen achtundfünfzigjährigen Veteranen der Zivilluftfahrt, an Bord. Als sich Flug 232 auf der Flugfläche von 37 000 Fuß ungefähr zweihundert Meilen westlich von Dubuque, Iowa, befand, explodierte um 15.16 Uhr plötzlich der Motor Nummer zwei am Heck der Maschine. Durch den Abriß des Triebwerks, die Zerstörung seiner Fanblätter und anderer Teile sowie den Explosionsdruck der Rotorteile des Fans wurden die Hydraulikleitungen des Flugzeugs durchtrennt, die Flügelklappen, Höhenruder, Querruder und Seitenruder steuern. Mit anderen Worten, alle Steuermechanismen gingen verloren. In den anschließenden einundvierzig Minuten manövrierten Haynes und seine Crew die Maschine mit Hilfe des Schubs der beiden verbliebenen Triebwerke an den Tragflächen. Haynes drehte das Flugzeug in weiten Spiralen aus 33 000 Fuß zur Landung in Sioux City, Iowa. Das verblüffendste an dem Piloten ist, daß er angesichts dieses Notfalls seinen Sinn für Humor nicht verlor. Er war sich über die fatale Lage im klaren, doch stand er über ihr, vor allem, als ein Repräsentant der Flugzeugwartungs-Abteilung von United Airlines in San Francisco sich weigerte zu glauben, was ihm die Besatzung von Flug 232

mitteilte. Die Hartnäckigkeit, mit der er darauf bestand, daß nicht alle drei Hydrauliksysteme zerstört sein könnten, gab der Besatzung während der Notlandung Anlaß zu ständigem Scherzen.

Kapitän Haynes: *[An Sioux City Approach]* Äh, wir steuern die Kurven mit dem Schub. Ich glaube nicht, daß wir nach rechts kurven können. Ich glaube, wir können nur Linkskurven ziehen. Wir beginnen jetzt mit einer leichten Linkskurve. Vielleicht können wir nur nach rechts kurven. Nach links geht es nicht.
Sioux City Approach: United Zwei Zweiunddreißig Heavy, äh, [ich] verstehe, Sie können nur Rechtskurven fliegen.
Haynes: Bestätigt.
Approach: United Zwei Zweiunddreißig Heavy, roger. Ihr augenblicklicher Kurs bringt Sie ungefähr acht Meilen in den Norden des Flugplatzes, Sir. Und, äh, die einzige Möglichkeit, wie wir Sie herum [auf Landebahn 31] bringen können, ist eine leichte Linkskurve mit Schubausgleich oder Sie springen drüber.
Haynes: Roger. Okay, wir sind jetzt in einer Rechtskurve. Das ist so ungefähr das einzige, was wir tun können. Wir werden sehr leichte Kurven im Endanflug ziehen können, aber jetzt im Augenblick nur ... wir werden Rechtskurven fliegen auf jeden Kurs, den Sie wollen.
Approach: United Zwei Zweiunddreißig Heavy, roger. Äh, Rechtskurve, Kurs zwei fünf fünf.
Haynes: Zwei fünf. *[Zum Copiloten]* Jetzt will das verdammte Höhenruder nicht arbeiten. Rollen nach rechts.
Flugingenieur: *[Über Funk an United Airlines System Aircraft Maintenance (SAM, Wartungsabteilung der Fluglinie)]* Hier ist United Zwei Zweiunddreißig. Unser Triebwerk Nummer zwei ist explodiert, und wir haben die ganze Hydraulik verloren, und wir können, äh, die Flughöhe nur mit, äh, asymmetrischen Schubeinstellungen kontrollieren. Wir haben nur wenig Seiten- oder Höhenruder.
Copilot: *[Zum Flugingenieur]* Sehr wenig Höhenruder. [Es geht] hart oder schwerfällig. *[Zu Haynes]* Äh, Al, soll ich das Höhenruder schwenken? Fühlen Sie [es].

Haynes: Ja, was immer Sie [machen] können.
Approach: United Zwei Zweiunddreißig Heavy, fliegen Sie Kurs zwei vier null und teilen Sie mit, wie viele Menschen sich an Bord befinden.
Copilot: *[Zu Haynes]* Äh, jetzt geht die Nase hoch.
SAM: United Zwei Zweiunddreißig, verstehe, daß Sie Triebwerk Nummer zwei vollständig verloren haben, Sir?
Haynes: Wiederholen Sie bitte.
Approach: Anzahl der Menschen an Bord, United Zwei Zweiunddreißig Heavy.
Haynes: Bekomme ich gleich.
Flugingenieur: *[An SAM]* Bestätigt.
SAM: Ihre, äh, Systeme eins und drei – laufen die normal?
Flugingenieur: Negativ. Die ganze Hydraulik ist weg. Alle Hydrauliksysteme sind weg. Das einzige, was wir haben, ist ... [er zählt die noch funktionierenden Systeme auf].
Approach: United Zwei Zweiunddreißig Heavy, können Sie Ihre Linkskurve auf Kurs zwei vier null weiterziehen?
Copilot: Weiß ich nicht. Ich versuche es.
SAM: Okay, United Zwei Zweiunddreißig, ich verstehe, Sie haben bei den Motoren eins und drei normale Leistung.
Flugingenieur: Bestätigt.
Copilot: [Mich] beschäftigen die Außen-Querruder. Wenn wir ein paar Landeklappen ausfahren, denken Sie, das würde uns nach außen bringen?
Flugingenieur: Gott, ich hasse es, irgend etwas zu tun.
Haynes: Na, irgend etwas werden wir tun müssen.
SAM: United Zwei Zweiunddreißig, ist die ganze Hydraulikflüssigkeit weg?

Auf seiten des SAM-Agenten wird wachsende Ungläubigkeit spürbar; der Verlust aller drei Hydrauliksysteme steht in keinem Handbuch, und er zweifelt an der Wahrheit dessen, was er hört.

Flugingenieur: Ja, die ganze Hydraulikflüssigkeit ist weg.
Copilot: Maschine stabilisieren.
Approach: United Zwei Zweiunddreißig Heavy, wie viele Menschen an Bord und wie viel Treibstoff?
Copilot: Wie viele Menschen an Bord und Resttreibstoff. Wir haben siebenunddreißig sechs [Treibstoff].
Flugingenieur: Wir haben siebenunddreißig vier Treibstoff.
Approach: Roger.
Kabine: *[Zweimaliges Klopfen an der Tür des Cockpits.]*
SAM: Okay, United Zwei Zweiunddreißig, wo werden Sie runtergehen?
Haynes: Sperren Sie die Tür auf.

Die Erste Stewardeß hört die Explosion des Motors, als sie gerade die Tabletts einsammelt, und setzt sich auf den Boden, bis alles wieder normal erscheint. Nachdem Kapitän Haynes den Passagieren mitgeteilt hat, daß das Flugzeug einen Motor verloren hat, steht sie auf und beruhigt den Passagier auf Platz 23A, der ein Baby umklammert, und eine Frau auf 23E, die sehr verängstigt wirkt. Kapitän Haynes ruft dann die Erste Stewardeß über Interphon an und bittet sie, ins Cockpit zu kommen. Hier schildert er ihr die Situation. Sie solle die Kabine auf die Evakuierung vorbereiten. Sie stellt keine Fragen, denn, meinte sie später: »Die Cockpitbesatzung war sehr beschäftigt.« Sie versammelt die anderen Stewardessen nicht um sich, weil sie die Passagiere nicht beunruhigen möchte, sondern informiert jede einzeln. Sie gibt ihnen die Anweisung, alles so schnell wie möglich zu sichern. Die Tabletts werden abgeräumt.
Die Erste Stewardeß weiß, daß ein United-Pilot in Zivil in der Ersten Klasse mitfliegt. Ein Passagier deutet aus dem Fenster, um ihr das rechte waagrechte Höhenruder zu zeigen, das erkennbar beschädigt ist. Die Stewardeß geht ins Cockpit zurück und beschreibt Kapitän Haynes, was sie gesehen hat. Dieser teilt ihr mit, daß die Landung »schnell und staubig« werde.

Ihre Hände zittern, als sie die Tabletts wegträgt, und sie schiebt die Ankündigung der Evakuierungspläne hinaus, bis sie, wie sie später sagte, »sicher [war], daß ich da stehen und es auf eine Weise machen kann, wie es von mir erwartet wird«. Sie verliest die schnell vorbereitete Rede über die Bordsprechanlage an die Passagiere. Und sie fügt hinzu, daß die Kleinkinder in der Maschine auf den Boden gesetzt werden sollen. Sie informiert die Passagiere auf den Plätzen 9A, 9B und 9C über die Funktionsweise der Ausstiegstüren und bittet zwei Männer, den Passagieren am Fuß der Rutsche während der Evakuierung zu helfen.
In der Zwischenzeit kämpft die Besatzung im Cockpit darum, Flug 232 sicher auf den Boden zu bringen.

Haynes: Was sagt SAM?
Kabine: *[Es klopft dreimal an der Tür.]*
Flugingenieur: Wir brauchen hier jetzt sofort Hilfe. Wir können nicht ... es ist schwierig für uns, sie zu steuern.
SAM: Okay, United Zwei Zweiunddreißig.
Haynes: Wir haben keine Kontrollanzeigen.
Copilot: Sie wollen damit weiterkommen, Al, voran.
Kabine: *Es klopft zweimal an der Tür; das Warnhorn für das Landefahrwerk geht los.]*
Haynes: Jetzt nach vorne ... Jetzt zurückkommen lassen. Muß es führen ... muß es führen.
SAM: Ich werde Ihnen zu helfen versuchen. Ich hole Ihr Flughandbuch heraus.

Kapitän Haynes wendet sich einem Kapitän zu, der auf dem Klappsitz im Cockpit mitfliegt [im folgenden als »Kapitän auf dem Klappsitz« bezeichnet).

Haynes: Schauen Sie mal, wie es da hinten [in der Kabine] aussieht, ja?
Copilot: Gehen Sie nach hinten und schauen Sie mal [auf] die Tragfläche ... wie es da aussieht.

Kapitän auf dem Klappsitz: Okay.
Haynes: Das Baby zurückziehen.
Kabine: *[Die Tür des Cockpits wird geöffnet.]*
Copilot: Ziehen Sie die Schubhebel nicht zurück ...

In den folgenden Sekunden manövrieren der Copilot und Kapitän Haynes weiter mit Hilfe der Schubhebel, während der Flugingenieur das Problem mit SAM über Funk bespricht.

Copilot: Wie hoch ist die Hydraulikmenge?
Flugingenieur: Auf null unten.
Copilot: Bei allen?
Flugingenieur: [Bei] allen.
Haynes: Die Flüssigkeit, die Flüssigkeit ist weg?
Flugingenieur: Ja, die ganze Flüssigkeit ist weg. Der ganze Druck ist [weg].
Haynes: Haben Sie SAM erreicht?
Flugingenieur: Ja, ich habe mit ihm gesprochen.
Haynes: Was sagt er?
Flugingenieur: Er sagt überhaupt nichts.
Haynes: Wir werden die Landebahn nicht schaffen, Kameraden. Wir werden diesen Hurensohn auf dem Wasser notlanden und das Beste hoffen müssen.
Kabine: *[Dreimaliges Klopfen.]*
Haynes: Sperren Sie die verdammte Tür auf.
Copilot: Aufsperren.
Haynes: Wir haben ... verloren ... keine Hydraulik. Wir haben keine Hydraulikflüssigkeit. Das ist zum Teil unser Hauptproblem.
United Airlines Chicago Headquarters Dispatch: United Zwei Zweiunddreißig, wollen Sie das Ding jetzt gleich auf den Boden setzen, oder wollen Sie nach Chicago kommen?
Flugingenieur: Okay, wir sind, äh, wir wissen nicht, was machbar ist. Wir glauben nicht, daß wir überhaupt in der Lage sein werden, jetzt gleich auf die Landebahn zu kommen. Wir haben fast überhaupt keine Kontrolle ...

Kapitän auf dem Klappsitz: *[Kommt ins Cockpit zurück.]* Okay, Ihre beiden Innen-Querruder stehen in die Höhe. Soviel kann ich sagen. Ich weiß nicht ...
Haynes: Na ja, weil wir lenken ... Wir drehen gerade eine Maximalkurve.
Kapitän auf dem Klappsitz: Sagen Sie es mir. Rufen Sie, was Sie haben wollen, und ich helfe Ihnen.
Haynes: Rechter Schub. Eins schließen, zwei hochstellen. Wir brauchen die Kontrolle über die Höhenruder. Und ich weiß nicht, wie wir die kriegen.
Kapitän auf dem Klappsitz: Okay, äh ...
Flugingenieur: *[An Dispatch]* Roger, wir brauchen jede Hilfe, die wir von SAM kriegen können, darüber was wir damit machen sollen. Wir haben überhaupt nichts. Wir wissen nicht, was wir tun sollen. Es fällt uns schwer, sie [die Maschine] zu kontrollieren. Wir befinden uns im Sinkflug. Wir sind auf siebzehntausend Fuß unten. Wir haben ... äh, fast keine Kontrolle.
Haynes: *[Zum Kapitän auf dem Klappsitz]* Die einzige Hilfe, die wir haben können, ist der Autopilot, und ich habe es versucht, aber er arbeitet nicht.
Kapitän auf dem Klappsitz: Er arbeitet nicht. Okay ...
Haynes: Los, versuchen Sie es noch einmal. Ziehen Sie zurück, ziehen Sie zurück, ziehen Sie zurück.
Dispatch: Okay, verstanden, Zwei Zweiunddreißig. San Fran[cisco ist in der] Leitung. Geben Sie ihnen alle Hilfe, die Sie können. Wir werden Sie weiterleiten nach Chicago, [um] Sie sobald wir können auf den Boden zu bringen ...
Haynes: Sie wollen volles Querruder und volles Höhenruder. Nein, nein, nein, nein, nein, noch nicht. Warten Sie eine Minute. Warten Sie, bis sie sich stabilisiert. Jetzt.
Flugingenieur: *[An Dispatch]* Na gut, Chicago können wir machen. Wir müssen irgendwo hier draußen landen, vermutlich auf einem Flugplatz.
Haynes: Wie weit sind Sie mit den Evakuierungsvorbereitungen?

Kapitän auf dem Klappsitz: Sie verstauen Sachen, aber sie beeilen sich nicht besonders.
SAM: United Zwei Zweiunddreißig, wir [verstehen, daß Sie auf] dem nächstgelegenen Flugplatz landen müssen, dem nächstgelegenen Flugplatz. Äh, ich versuche herauszufinden, wo Sie alle drei Hydrauliksysteme verloren haben.
Haynes: Gut, sie beeilen sich besser. Wir werden auf dem Wasser notlanden müssen, glaube ich.
Kapitän auf dem Klappsitz: Ja.
Haynes: Okay.
Kabine: *[Es klopft an der Tür.]*
Haynes: Ich glaube nicht, daß wir es bis zum Flugplatz schaffen.
Copilot: Nein. Wir haben überhaupt keine Hydraulik.
Kabine: *[Warnhorn des Fahrwerks setzt ein.]*
Kapitän auf dem Klappsitz: Runter mit dem Ding. Wir stecken in der Tinte ...
Flugingenieur: *[An SAM]* Bestätigt. Wir haben alle drei Hydrauliksysteme verloren. Wir haben keine Flüssigkeit und keinen Druck auf irgendeinem Hydrauliksystem ...
Haynes: *[An Sioux City Approach]* Sir, wir haben keine Hydraulikflüssigkeit, was bedeutet, daß wir keine Höhenruderkontrolle, fast keine, haben und nur sehr wenig Querruderkontrolle. Ich habe ernste Zweifel, daß wir es bis zum Flugplatz schaffen. Haben Sie irgendeinen Platz hier in der Nähe, äh, auf den wir runter können? Wenn wir das Flugzeug nicht unter Kontrolle bekommen, setzen wir es auf, wo immer es sich ergibt.
SAM: Äh, United Zwei Zweiunddreißig, Sie haben alle manuellen Flugkontrollsysteme verloren?
Flugingenieur: Das trifft offenbar zu.
SAM: United Zwei Zweiunddreißig, äh, im Flughandbuch [auf Seite] dreiundsechzig ...
Haynes: Muß die Landeklappen etwas ausstellen und sehen, ob das hilft ...
Flugingenieur: *[An SAM]* Ich bin auf [Seite] dreiundsechzig.

Copilot: Wollen Sie sie [die Klappen] jetzt?
Haynes: Ach zum Teufel. Machen wir's. Schlimmer als im Augenblick kann es nicht werden ...
Copilot: Die Slats sind draußen?
Kapitän auf dem Klappsitz: Nein, Sie haben keine Slats.
Haynes: Wir haben keine Hydraulik, also kriegen wir auch nichts.
Approach: United Zwei Zweiunddreißig, können Sie den augenblicklichen Kurs halten, Sir?
Haynes: Der ist Sioux City, Iowa. Dahin sollen wir fliegen.

Es herrscht Verwirrung, wo sie sind und wie weit sie noch von Sioux City entfernt sind.

Haynes: *[An Approach]* Wo ist jetzt der Flugplatz für [United] Zwei [Zweiund-]dreißig? Wir drehen uns in Kreisen.
Kapitän auf dem Klappsitz: *[Vermutlich zum Copiloten]* Gehen Sie auf Nummer eins und fragen Sie sie, wo zum Teufel wir sind.
Haynes: *[An Approach]* Wo ist der nächste Flugplatz, wenn wir hier hinuntertrudeln?
Approach: United Zwei Zweiunddreißig, Sioux City Airport ist ungefähr auf zwölf Uhr und drei sechs [sechsunddreißig] Meilen.
Haynes: Okay. Wir versuchen geradeaus zu fliegen. Wir haben nicht viel Glück damit.
Kapitän auf dem Klappsitz: In Ordnung, ich habe Sie auf siebenhundert auf dem Squawk, also können sie Sie [auf dem Radar] finden.
Copilot: Er hat uns auf dem Radar.
Haynes: Sobald die Nase nach oben geht, müssen wir die Steuersäule nach vorne schieben.
Kapitän auf dem Klappsitz: Wir haben nichts auf Nummer zwei, Nummer zwei [Motor]?
Haynes: Nein, nein, wir haben ihn abgestellt.
SAM: United Zwei Zweiunddreißig, ich bekomme jetzt Kontakt mit Flight Ops [Abteilung Flugbetrieb]. Bleiben Sie bitte dran.

Haynes: Ich will einen Kurs von ungefähr drei null null. Wir fliegen fast wieder horizontal.
Kapitän auf dem Klappsitz: Okay, wenn Sie in dichtere Luft kommen, sollten Sie [wieder horizontal fliegen können]. Was auch kommt, das haben Sie.
Haynes: Ein bißchen besser.
Kapitän auf dem Klappsitz: Okay, äh, ich schaue mal ...
Haynes: *[Lacht.]* Das haben wir bei meinem letzten [Leistungscheck im Simulator] nicht gemacht.
Kabine: *[Gelächter.]*
Copilot: Nein.
Haynes: [Ich] habe über alles Kaffee geschüttet ... es ist nur Kaffee. Wir kriegen dieses Ding auf den Boden. Keine Sorge.
Copilot: Es scheint kontrollierbar, oder, Al?
Kapitän auf dem Klappsitz: Ja. Je weiter nach unten Sie kommen, desto dichter wird die Luft [und] desto besser wird es für Sie. Okay?
Haynes: Ich sag' Ihnen, was wir brauchen. Wir bringen das Ding nach Sioux City. Geben Sie mir ... *[An Approach]* Sioux City, United Zwei Zweiunddreißig, könnten Sie uns bitte unsere ILS-Frequenz, den Kurs und die Länge der Landebahn geben?
Approach: United Zwei Zweiunddreißig Heavy, bestätigt. Die Landestrahlfrequenz ist eins null neun Komma drei, und Sie sind augenblicklich ungefähr fünfunddreißig Meilen nordöstlich. Sie brauchen ungefähr einen Kurs von zwei zwei zwei drei fünf zwei vier null, um ihn einzufangen.
SAM: United Zwei Zweiunddreißig, hier ist SAM.
Kabine: *[Warnhorn des Fahrwerks setzt ein.]*
Flugingenieur: *[An SAM]* Sam, Zwei Zweiunddreißig. Wir werden es versuchen und sie nach Sioux City bringen.
Dispatch: SAM, hier ist Dispatch. Ich konnte Zwei Zweiunddreißig nicht verstehen. Wir hören ein Gerücht, daß sich das Flugzeug im Anflug auf Sioux City befindet. Als letztes hörten wir, es sei auf siebzehntausend Fuß und es wäre vielleicht zu langsam für eine Auf-

rechterhaltung des Kontakts unsererseits mit ihm. Machen Sie weiter ...
Approach: United Zwei Zweiunddreißig, verstehe, Sie versuchen es bis Sioux City zu schaffen. Auf dem Weg liegt kein Flugplatz, der für Sie geeignet ist, Sir.
Haynes: Okay, wir nehmen Kurs auf Sioux City. Wir haben jetzt wieder ein bißchen Kontrolle. Wie lang [ist] Ihre Landebahn?
Flugingenieur: *[An SAM]* Zwei Zweiunddreißig ist gerade stark beschäftigt. Wir versuchen es nach Sioux City. Wir werden uns melden, sobald ich kann ...
Approach: Zwei Zweiunddreißig Heavy, der Flugplatz, die Landebahn ist neuntausend Fuß lang ...
SAM: Er hat keine Kontrolle. Er arbeitet mit der Sinkrate, glaube ich. Das ist es, was er macht. Er hat bestimmt alle Hände voll zu tun.
Haynes: Okay, danke. *[Zum Kapitän auf dem Klappsitz]* Sie sind ein bißchen mehr ... Schauen Sie mal, ob Sie eine Linkskurve drehen können.
Kapitän auf dem Klappsitz: Linkskurve. In Ordnung. Ihre Geschwindigkeit ist wie hoch? Das macht mir Sorgen. Ich will Sie nicht in einen Strömungsabriß bringen.
Dispatch: *[An Sam]* Okay, wir wollten [von Flug Zwei Zweiunddreißig] nur wissen, wo er ist, damit wir die Rettung rausschicken können. Vielen Dank, SAM.
Flugingenieur: *[Zu Haynes]* Sie wollen eine Landung ohne Flaps und ohne Slats, richtig?
Haynes: Versuchen Sie, nicht mehr [an Höhe] zu verlieren, als unbedingt sein muß.
Copilot: Was? Höhe?
Haynes: Ja.
Copilot: Okay. Also los, ablassen.
Kapitän auf dem Klappsitz: Sie hat ihr Gewicht. Sie hat ihr Gewicht. Sie muß nur ungefähr tausend Pounds [Treibstoff] verlieren.
Copilot: Okay.

Kapitän auf dem Klappsitz: Das Ding scheint mehr nach rechts gehen zu wollen als nach links, oder?
Approach: United Zwei Zweiunddreißig, wissen Sie, wie viele Menschen sich an Bord befinden?
Haynes: *[Zur Crew]* Wie viele Personen sind wir? *[An Approach]* Ich muß Ihnen sagen, im Augenblick haben wir nicht einmal die Zeit, die Mädchen [die Stewardessen in der Passagierkabine wegen der Zahl der Mitreisenden] anzurufen ...
Flugingenieur: Äh, Zwei Zweiunddreißig.
Approach: Roger.
Haynes: Leicht mit dem Schub zurück.
Kapitän auf dem Klappsitz: Okay, [die] Nase geht hoch.
SAM: Alle Hydrauliksysteme sind weg ...
Approach: Okay, danke.
Copilot: Ja, wir gehen nach oben.
Haynes: Ja, das weiß ich. Ich schiebe mit allem, was ich habe.
Kapitän auf dem Klappsitz: [Die] Leistung kehrt zurück. Leistung kehrt zurück ...
Haynes: Sobald sie wiederkommt ... Okay, komm ...
Kapitän auf dem Klappsitz: Die Leistung kommt wieder in ...
Haynes: Bringen [Ziehen] Sie sie nach rechts mit dem rechten. Sie müssen nach links. Wir kurven einfach weiter nach rechts. Immer noch nach rechts ...
Kapitän auf dem Klappsitz: Das versuche ich doch ...
Haynes: *[An Approach]* Zwei Zweiunddreißig, wir müssen einfach dauernd nach rechts kurven. Wir können nicht viel tun, um nach links [zu kurven]. Wir versuchen wieder herum auf den Kurs zu kommen ...
Copilot: Ist das Sioux City da unten rechts?
Haynes: Das ist Sioux City.
Approach: United Zwei Zweiunddreißig, roger. [Wir] brauchen Sie ungefähr auf Kurs zwei drei fünf, Sir, wenn Sie das schaffen und halten können.
Haynes: Na gut, schauen wir, was passiert ...

Kapitän auf dem Klappsitz: [Wir] gehen jetzt runter. Ich stelle ein bißchen mehr Schub ein. Ich werde versuchen ungefähr neunzig Prozent einzustellen [und dann] schauen [wir], ob das gut für Sie ist. Versuche die richtige Schubeinstellung zu finden, damit Sie diese Längsneigung fliegen können.
Copilot: Lassen Sie es leicht nach rechts.
Haynes: Haben Sie SAM eigentlich erwischt?
Flugingenieur: Yep. Hab' keinerlei Hilfe bekommen.
Haynes: *[Lacht.]* Okay. Haben Sie denen gesagt, sie sollen Dispatch von unserer Lage unterrichten und mitteilen, was wir tun?
Flugingenieur: Ja, er weiß Bescheid.
Haynes: Keine Rechtskurven mehr, keine mehr. Äh, ich meine, äh, wir wollen nach rechts einkurven. Er [Sioux City Approach] will, daß wir nach rechts kurven.
Kapitän auf dem Klappsitz: Sie wollen eine Kurve ziehen ... richtig?
Haynes: *[Schnauft.]*
Copilot: *[An Approach]* Wo ist von unserer augenblicklichen Position aus gesehen Sioux City, United Zwei Zweiunddreißig?
Approach: United Zwei Zweiunddreißig, es ist ungefähr auf zwanzig [Grad] und siebenunddreißig Meilen ...
Copilot: [Da ist ein] Flugplatz direkt unter uns, aber ...
Haynes: Sie sagten, er ist nicht für uns geeignet.
Copilot: Okay.
Haynes: Schauen Sie doch, ob Sie uns mit den Schubhebeln in einer Zehn- bis Fünfzehn-Gradkurve halten können ...
Kapitän auf dem Klappsitz: Gut. Ich werde mit ihnen [den Schubhebeln] spielen. Ich spiele mit ihnen herum. Ich jage den Motor Nummer drei hoch und versuche Ihnen zu helfen.
Haynes: Sie hatten das Ding für eine Minute horizontal.

Denny Fitch, ein Schulungspilot von United, der in der Ersten Klasse mitflog, kommt ins Cockpit, um seine Hilfe anzubieten. Der Kapitän auf dem Klappsitz überläßt ihm seinen Platz und geht in die Kabine, wo er im hinteren Teil des Flugzeugs Platz nimmt.

Haynes: Ich heiße Al Haynes.
Fitch: Hallo, Al. Denny Fitch.
Haynes: Wie geht es Ihnen, Denny?
Fitch: Ich will Ihnen mal was sagen. Wir werden zusammen ein Bier trinken, wenn das alles hier vorbei ist.
Haynes: Na ja, ich trinke an sich nicht, aber ich werde eines trinken, darauf können Sie Gift nehmen. Kleine Rechtskurven, kleine Rechtskurven.

Ein paar Sekunden lang sprechen Haynes und seine Crew über Schubeinstellungen und Kurse.

Fitch: Sie haben einen Motor verloren, häh?
Haynes: Ja, ja. Er explodierte. Wir konnten nichts dagegen tun. Wir haben ihn abgestellt.
Fitch: Ja.
Flugingenieur: *[An SAM]* Geben Sie uns jede Hilfe, die Sie uns geben können.
SAM: United Zwei Zweiunddreißig, verstehe, daß Ihre Motoren [Nummer] eins und drei funktionieren. Sie haben absolut keine Hydraulikleistung. Sie haben keine Kontrolle über das Flugzeug. Ist das richtig?
Haynes: *[Zu Fitch]* [Mir] fällt nichts ein, das wir nicht versucht hätten ... Für so etwas gibt es keine festgelegte Prozedur.
Fitch: Nein, das einzige, das Ihnen meiner Ansicht nach ein bißchen helfen könnte, [ist] das Fahrwerk runterzulassen, das könnte die Nase ein bißchen nach unten halten.
SAM: Okay, United Zwei Zweiunddreißig, jemand vom Operational Engineering ist auf dem Weg zu mir, und zum augenblicklichen Zeitpunkt tun Sie gerade alles, was Ihnen möglich ist. Ihre Flaps und Slats, denke ich, sind ausgefahren, oder nicht?
Approach: Wenn Sie auf diesen Zwei-vierzig-Kurs gewendet haben, Sir, wird der Flugplatz ungefähr auf zwölf Uhr siebenunddreißig Meilen vor Ihnen liegen.

Copilot: Okay, wir versuchen allein mit dem Schub zu steuern. Wir haben überhaupt keine Hydraulik, also tun wir unser Bestes auf diese Weise.
Approach: Roger, und wir haben die [Rettungs-]Mannschaften draußen in diesem Gebiet alarmiert. Sie stehen bereit.
Flugingenieur: *[An SAM]* Das ist bestätigt. Das ist bestätigt. Das ist bestätigt. Können Sie es ablesen?

Kapitän Haynes bestätigt bestimmte Frequenzen und Kurse für den Endanflug.

Haynes: Sind alle bereit?
Fitch: Alles über ungefähr zwei zehn [Knoten] zieht Ihnen die Nase nach oben ...
Haynes: Wir haben fast keine Kontrolle über die Maschine.
SAM: United Zwei Zweiunddreißig, in Ihrem Handbuch auf Seite einundneunzig, einundneunzig ...
Copilot: Wir haben keinerlei Hydraulik.
Haynes: Es wird hart werden, wird rauh werden ...
Stewardeß: Also werden wir evakuieren?
Haynes: Ja. Na ja, wir werden das Fahrwerk draußen haben.
Stewardeß: Ja.
Haynes: Und wenn wir die Maschine am Boden halten und aufrecht stehend stoppen können, dann geben Sie uns ein, zwei Sekunden, bevor Sie evakuieren.
Flugingenieur: *[An SAM]* Wir haben schon [den Anflug] ohne Flaps und ohne Slats eingestellt und machen uns bereit. Wir werden versuchen, in Sioux City mit ausgefahrenem Fahrwerk reinzugehen.
Copilot: Okay ... ziehen Sie ein bißchen mehr zurück.
Haynes: *[Zur Stewardeß]* Das Zeichen wird »Brace« sein; es wird über die Bordsprechanlage kommen – Brace, Brace, Brace.
SAM: United, Sie versuchen in Sioux City zu landen. Wir kontaktieren Sioux City und haben die Rettungsmannschaften verfügbar.

Stewardeß: *[Zu Haynes]* Und das heißt, wir evakuieren?
Haynes: Nein, das heißt Brace-Position für die Landung.
Stewardeß: Aha.
Haynes: Und dann, wenn Sie evakuieren sollen, erhalten Sie das Befehlssignal dafür, aber ich habe wirklich Zweifel, daß wir aufrecht stehen bleiben, meine Liebe. Viel Glück, Schätzchen.
Stewardeß: Danke, gleichfalls.
Flugingenieur: *[An SAM]* Okay, versuchen wir da [in Sioux City] reinzukommen.
SAM: Okay, United Zwei Zweiunddreißig, ich bleibe dran.
Flugingenieur: Okay, wir warten, falls Sie noch etwas haben sollten.
SAM: Wir wieseln herum, und ich habe Leute, die mehr Informationen suchen.
Haynes: Der Kurs ist zwei vierzig.
Fitch: Okay, ich versuche Sie auf ungefähr zwei zehn zu halten. Ich schaue nur, ob es einen Unterschied macht, wenn ich es ... in die Luft hochtreibe. Das könnte der Welt größtes Dreirad sein ...
Flugingenieur: *[Zur Crew, nachdem er über Interphon mit der Stewardeß gesprochen hat]* Sie sagt, da scheint an dem einen Flügel ein Schaden zu sein. Soll ich nach hinten gehen und ihn mir ansehen?
Fitch: Nein, dafür haben wir nicht die Zeit.
Haynes: Okay, tun Sie das. Gehen Sie und schauen Sie nach, nicht daß das etwas nützen würde. *[Zu Fitch]* Ich wünschte, wir hätten ein bißchen mehr Kontrolle über das Höhenruder ... Sie sagten uns, das würde der Autopilot übernehmen, aber das tut er mit Sicherheit nicht. Versuchen Sie es noch einmal mit Ihrem.
Copilot: Kann ihn nicht zum Laufen bringen.
Haynes: Gut, wir haben es äh ... äh.
Fitch: Gut, wir sind frei.
Haynes: Dreh rum, Baby.
Fitch: In welche Richtung wollen Sie, Al?
Haynes: Links.

Copilot: Links.
Haynes: Geh zurück, geh zurück, geh zurück ... Sobald es vertikal ist, nichts wie los. Achten Sie auf die vertikale Geschwindigkeit, sobald es sich zu bewegen beginnt. Komm wieder, komm wieder, komm wieder. Los. Wenn wir das mit dem Höhenruder unter Kontrolle bekommen, dann können wir uns um die Steuerung kümmern.
Kabine: *[Gelächter.]*
Fitch: Wir müssen wieder nach links, um bereit zu sein für ...
Haynes: Sie gehen weiter auf zwei vierzig, denn wir haben noch zweitausend Fuß vor uns. *[An Approach]* United Zwei Zweiunddreißig, wir werden noch eine Rechtskurve mehr machen müssen. Wir haben die Höhenruder bei drei- oder vierhundert Fuß ganz gut unter Kontrolle, aber wir können immer noch nicht viel mit der Lenkung machen.
Approach: United Zwei Zweiunddreißig, roger. Verstehe, Sie [haben] die Höhenruder möglicherweise [genug] unter Kontrolle, [um] die Höhe [zu halten]?
Copilot: Knapp.
Haynes: Negativ. Haben wir nicht, aber wir sind besser, das ist alles.
Approach: Roger.
Fitch: Sie wollen nach rechts kurven?
Haynes: Ja, kurven wir nach rechts.
Fitch: Gut, also los.
Haynes: *[An Approach]* Wie weit ist der Flugplatz bitte noch entfernt?
Approach: United Zwei Zweiunddreißig Heavy, Sie sind im Augenblick dreiunddreißig Meilen nordöstlich.
Kabine: *[Es klopft dreimal an der Tür.]*
Haynes: Danke. *[Zu Fitch]* Lassen Sie sie ein wenig runter. Ich wünschte, sie würden die verdammte Tür aufsperren [oder] den Sicherungsknopf an dieser Tür rausziehen. Sperren Sie sie auf, ja?

Crew: Okay.

Approach: United Zwei Zweiunddreißig Heavy, es gibt da in Ihrer Nähe ein paar wirklich kleine Flugplätze, und Storm Lake ist viertausendzweihundert Fuß auf fünfundsiebzig [Fuß]. Das ist ungefähr fünfzehn Meilen östlich von Ihrer Position.

Flugingenieur: *[Kommt nach der Inspizierung des hinteren Flugzeugbereichs ins Cockpit zurück.]* Na gut, ich bin nach hinten gegangen, und wir haben einen großen Schaden am Schwanzabschnitt. Wir konnten durchs Fenster schauen.

Copilot: *[An Approach]* Roger, wir gehen noch immer runter [und] versuchen sie zu kontrollieren. Sobald wir ein wenig tiefer sind, werden wir es herausfinden.

SAM: Okay, United Zwei Zweiunddreißig, Sie haben eine starke Beschädigung des Schwanzabschnitts?

Flugingenieur: Die Vorderkante des Höhenruders ist beschädigt. Ich meine, das ist der Schaden, den ich sehen kann. Ich weiß nicht, wie groß der ist, den ich nicht sehen kann. Ich kann den an der Vorderkante, an den äußeren Teilen sehen.

SAM: United Zwei Zweiunddreißig, nun sind Techniker da und hören uns zu.

Kapitän Haynes gibt den Passagieren Anweisungen zur Aufforderung »Brace«.

Flugingenieur: *[Zu SAM]* Okay, [unser] Motor Nummer zwei ist explodiert. [Es gab] starke Erschütterungen und Vibration im ganzen Flugzeug, als er explodierte. Dann versuchten wir bei Nummer zwei den Schub zurückzunehmen, [aber] er ging nicht zurück. Er war festgefroren. Wir schlossen ihn [und] stellten die Treibstoffzufuhr für diesen [Motor] ab [und wir] zogen seinen Feuergriff, und wir konnten die Richtung nur durch Schub kontrollieren ... Wir sind unten auf neuntausend [Fuß] und versuchen Sioux City zu erreichen. Wir müssen mit dem Schub spielen, um das Fahrwerk runterzulassen. Ich denke, wir werden recht beschäftigt sein. Wenn es etwas gibt, das ich mit Ihnen besprechen möchte, werde ich das versuchen. Wenn Sie irgendwelche Vorschläge haben, lassen Sie einen Schrei los.

Approach: United Zwei Zweiunddreißig Heavy, bei zwölf Uhr und sieben Meilen liegt ein kleiner Flugplatz. Die Landebahn ist siebentausend Fuß lang.

Copilot: Hej, ich habe sie [die Maschine] jetzt unter Kontrolle. Sobald der Kapitän wieder da ist, wird er mir helfen. Er spricht gerade über die Bordsprechanlage.

Haynes: *[Zur Crew]* Okay, bringen wir das Baby ein bißchen weiter runter.

Fitch: Okay, verstellen Sie Ihren Schub ein wenig.

Haynes: Hat irgendwer eine Idee [was mit dem Fahrwerk zu tun sei]? Er [der Flugingenieur] spricht mit SAM.

Fitch: Ja, er spricht mit SAM. Ich werde Ihnen mit Wechselschub zur Hand gehen. Vielleicht hilft das sogar. [Aber] wenn wir keine [Hydraulik-]Flüssigkeit haben, weiß ich nicht, wie Ihnen die äußeren Querruder nützen sollen.

Haynes: Wie bekommen wir das Fahrwerk raus?

Fitch: Na ja, es kann frei fallen. Wir spielen nur mit dem Schub. Sind die [Fahrwerks-]Luken offen?

Haynes: Yep.

Copilot: Wir werden auch mit dem Halten Probleme haben.

Haynes: Oh, ja. Wir haben keine Bremsen.

Copilot: Keine Bremsen?

Haynes: Na ja, wir können ein bißchen bremsen [aber nicht stark].

Fitch: [Das Bremsen] wird sein wie einen einzigen Schuß zu haben. Sie müssen sie rausdrücken, einmal rausdrücken. Mehr geht nicht. *[Zu Haynes]* Ich werde Sie umdrehen. [Ich werde] Ihnen eine Linkskurve zurück zum Flugplatz geben. Ist das in Ordnung?

Haynes: Verstanden. *[An Approach]* Okay, United Zwei Zweiunddreißig, wir beginnen mit einer Kurve zurück zum Flugplatz. Da wir keine Hydraulik haben, wird das Bremsen zu einem echten Problem. [Ich] schlage vor, die Rettungsmannschaften warten am

hinteren Ende der Landebahn. Ich denke, unter diesen Umständen werden wir, ganz gleichgültig in welchem Zustand sich die Maschine befindet, wenn wir halten, evakuieren. Deshalb könnten Sie der Bodenmannschaft mitteilen, das wir es so machen werden.
Approach: United Zwei Zweiunddreißig Heavy, verstanden, Sir. Falls Sie die Linkskurve weiter bis ungefähr auf Kurs zweiundzwanzig ziehen können, Sir, kommen Sie genau zum Flugplatz.
Copilot: Zwei zwanzig, roger.
Haynes: *[An Approach]* Wo hängt die Wolkendecke im Augenblick?
Fitch: Wie weit sind wir noch vom Flugplatz weg? Wie weit bis zum Flugplatz?
Approach: Äh, die Wolkendecke liegt bei viertausend, aufgelockert, und die Sicht darunter beträgt eins fünf.
Haynes: Und die Höhe des Flugplatzes?
Approach: Eintausendachtundneunzig [Fuß über dem Meeresspiegel].
Copilot: Na gut, [auf] fünftausend Fuß [über dem Meeresspiegel] sollten wir durchbrechen [durch die Wolken]. *[Zu Haynes]* Wenn Sie an die Spoiler denken, Al, die haben wir auch nicht, oder?
Haynes: Ich glaube nicht, daß das helfen würde. Ich bin eine Sekunde weg, um mich anzuschnallen.
Copilot: In Ordnung.
Fitch: Sie können mir sagen, was Sie brauchen. Sagen Sie, was Sie brauchen ...
Haynes: Was hat SAM gesagt? Viel Glück?
Flugingenieur: Er hat überhaupt nichts gesagt.
Haynes: Okay, na schön, vergessen wir die. Sagen Sie ihnen, Sie gehen aus der Leitung und helfen uns hier ... und schalten Sie ab. Drücken Sie sie [die Nase] ein klein wenig hinunter.
Fitch: Wann können Sie sie fragen, wie weit wir weg sind?
Haynes: *[An Approach]* Wie weit ist es jetzt noch bis zum Flugplatz?
Approach: Fünfunddreißig Meilen, und wenn Sie die Linkskurve

noch um zehn bis fünfzehn Grad weiter fliegen können, kommen Sie genau auf die Landebahn.
Haynes: Okay. Wir haben keinen Landeanflugsender oder Gleitpfad, deshalb ...
Approach: Ja, Sir. Sie sind dafür im Augenblick zu weit nördlich.
Haynes: Okay.
SAM: United Zwei Zweiunddreißig, noch einmal. Keine Hydraulikflüssigkeit, ist das richtig?
Haynes: Jetzt sind wir ein wenig horizontal stabilisiert. Wir sind jetzt sechstausend Fuß über dem Flugplatz. In ungefähr achtzehn Meilen wollen wir auf dem Gleitpfad sein. Wir müssen noch ungefähr zwölf Meilen fliegen, bevor Sie –
Flugingenieur: *[An SAM]* Bestätigt, bestätigt, bestätigt.
Fitch: Oh, ja, wir werden Schub haben.
Flugingenieur: Noch ein paar Knoten [Geschwindigkeit] mehr, denn die da drehen hoch.
Fitch: In Ordnung.
Haynes: Hat irgendwer eine Idee, wie wir das Fahrwerk jetzt runterkriegen?
Fitch: Gut, ich hätte eine. Ich würde vorschlagen ...
Haynes: Sollen wir es einfach fallen lassen?
Copilot: Ja, ja. Ich muß hier weg, damit ich an die Tür komme [für das manuelle Ausfahren des Fahrwerks].
Haynes: Lassen Sie es herunter.

In den folgenden Sekunden bespricht die Crew, wie das Fahrwerk am besten ohne Hydraulikdruck ausgefahren werden könne. Entweder nutzen sie die Schwerkraft und lassen es aus den Schächten fallen, oder sie kurbeln es nach unten.

Haynes: Okay, runter damit.
Fitch: Ich weiß nicht. Ich habe auch keine gute Idee.
Copilot: Versuchen Sie es.
Approach: United Zwei Zweiunddreißig Heavy, Ihr augenblicklicher Kurs sieht gut aus.

Haynes: *[An Approach]* Wir werden sehen, wie gut wir ihn halten können.
Copilot: Ein bißchen mehr Gas.
Fitch: Ich kann Sie etwas verlangsamen. Wollen Sie auf eins fünfundachtzig [Knoten] gehen?
Haynes: Nee ...
Flugingenieur: [Alle] Grünen [Kontrollampen, Zeichen dafür, daß das Fahrwerk unten ist].
Haynes: Also los. Machen Sie. Halten Sie es [das Flugzeug] auf [eins] fünfundachtzig. Okay, jetzt runter. Leicht zurück.
Flugingenieur: Gashebel runter. Gashebel runter.
Haynes: Okay, alles wegsperren und wegschaffen.
Fitch: Oh, Scheiße, die Slats gehen raus.
Haynes: Eine leichte Rechtskurve. Haben nicht viel zu tun. Hinsetzen und alles festmachen. Was macht er mit dem Schub ... Okay, Rechtskurven. Erst horizontal werden lassen. Oder gleichen Sie Ihre Kurve aus. Gerade aus der Kurve heraus. Jetzt alle anschnallen.
Kabine: *[Ächzen.]*
Haynes: Jetzt horizontal stabilisieren.
Approach: United Zwei Zweiunddreißig, können Sie noch leichte Rechtskurven fliegen?
Haynes: Ja. Rechtskurven sind kein Problem, nur die Linkskurven ...
Approach: Roger.
Haynes: Na gut, Mama. Wir werden die Baseballspiele ja wohl [schaffen oder verpassen].
Copilot: Sind Sie gut und fest drin?
Fitch: Ich bin überhaupt nicht drin, Bill.
Copilot: Nein, nicht Sie. Aber er ...
Fitch: Ja. Sieht aus, als ob [wir] mehr Schub auf dem rechten Motor brauchen.
Approach: United Zwei Zweiunddreißig Heavy, Sie sind viel zu weit nördlich.
Haynes: Zurückziehen. *[An Approach]* Das wissen wir.

Approach: Zwei Zweiunddreißig Heavy, Ihr augenblicklicher Kurs ist ein wenig zu eng, Sir. Können Sie eine weite Linkskurve von ungefähr zehn Grad fliegen?
Haynes: Ich versuche es.
Copilot: Bin wieder an den Kontrollen.
Fitch: Ich muß meine Brille aufsetzen, sonst sehe ich überhaupt nichts.
Copilot: *[An Approach]* Wo ist der Flugplatz?
Approach: United Zwei Zweiunddreißig, der Flugplatz ist im Moment bei zwölf Uhr und zwei eins [einundzwanzig] Meilen.
Haynes: Einundzwanzig Meilen und tausend Fuß. Wir müssen in die Gerade kommen.
Approach: United Zwei Zweiunddreißig Heavy, Sie müssen nur ein bißchen weiter nach links außen ziehen, Sir, damit Sie die Wende zum Endanflug schaffen, und so kommen Sie auch von der Stadt weg.
Haynes: Ein kleine Neigung nach links. *[An Approach]* Was Sie auch tun, halten Sie uns von der Stadt fern. *[Zur Crew]* Zurück, zurück.
Fitch: Halten Sie das Ding horizontal, wenn Sie können.
Haynes: Horizontal, Baby, horizontal, horizontal ...
Flugingenieur: Wir wenden jetzt.
Fitch: Mehr Gas, mehr Gas, geben Sie mehr Gas.
Copilot: Mehr Gas, Vollgas.
Fitch: Der Schub hebt sie hoch.
Approach: United Zwei Zweiunddreißig Heavy, fliegen Sie Kurs eins acht null, eins achtzig ...
Haynes: Ich glaube nicht, daß uns das gelingt, aber wir versuchen es. Können wir nach links kurven?
Approach: Sie sind im Augenblick eins sieben Meilen nordöstlich vom Flugplatz. Sie machen das gut ...
Haynes: Es muß eine Rechtskurve auf eins achtzig sein. Wir können da überhaupt nichts machen ...
Flugingenieur: Wollen Sie diesen Sitz?

Fitch: Ja, wenn es Ihnen nichts ausmacht?

Flugingenieur: Es macht mir nichts aus. Ich denke, Sie wissen, was Sie zuvor getan haben.

Haynes: Gerade fliegen.

Approach: United Zwei Zweiunddreißig Heavy, da ist fünf Meilen rechts von Ihnen ein Turm, der ist dreitausendvierhundert ... auf der Höhe.

Copilot: Roger.

Fitch: Weiter nach rechts, Al. Ziehen Sie weiter nach rechts.

Haynes: Sie müssen das Baby horizontal kriegen. Das einzige, vor dem ich Angst hatte, war das Ausfahren des Fahrwerks – für den Fall einer Notwasserung.

Approach: United Zwei Zweiunddreißig, wie eng können Sie eine Rechtskurve ziehen, Sir?

Haynes: Ungefähr eine Dreißig-Grad-Neigung.

Approach: United Zwei Zweiunddreißig Heavy, roger. Gehen Sie nach rechts, Kurs eins acht null.

Copilot: Eins achtzig.

Haynes: Wir müssen das Baby horizontal stabilisieren. Komm schon, komm schon, komm schon.

Fitch: Ich kann so eine enge Kurve nicht fliegen. Ich kriege so eine enge Kurve nicht hin.

Approach: United Zwei Zweiunddreißig Heavy, [ich habe] erfahren, [daß] es in diesem Gebiet eine vierspurige Autobahn gibt, Sir, wenn Sie die nehmen können.

Haynes: Okay, wir sehen, was wir tun können. Wir haben bereits das Fahrwerk runtergelassen, und wir müssen auf etwas Festem aufsetzen, wenn's geht ...

Fitch: Verdammt. Ich wünschte, wir hätten das Fahrwerk nicht draußen.

Flugingenieur: Äh, ja.

Fitch: Wir wissen es nicht.

Haynes: Bleiben Sie weiter in der Kurve, wenn Sie können.

Fitch: Wohin wollen Sie?

Haynes: Wir müssen auf eins achtzig. Nach rechts fliegen ist unsere einzige Möglichkeit. So können wir das Flugzeug nicht steuern. Auf diese Weise ... *[Lacht.]*
Copilot: Na gut, wir müssen es geradeaus versuchen, Al. Ich denke, wir müssen ...
Approach: United Zwei Zweiunddreißig Heavy, wenn Sie diese Höhe halten können, Sir, brächte Sie die Rechtskurve auf eins achtzig, ungefähr zehn Meilen östlich des Flugplatzes.
Haynes: Genau das versuchen wir ja.
Copilot: Schauen wir mal, ob wir einen leichten Gleitflug hinkriegen, Al.
Haynes: Das versuche ich gerade ... Dieses Ding unter Kontrolle zu bekommen. Wenn es hoch geht, schieben Sie vor.
Copilot: Okay. Also los. Kräftig schieben, kräftig schieben.
Fitch: Wenn die Geschwindigkeit abnimmt, versuchen Sie, sie zu halten. Also, wohin wollen Sie?
Haynes: [Ich] will weiter nach rechts kurven. Will zum Flugplatz.
Fitch: Sie wollen zum Flugplatz.
Haynes: Ich will so nah wie möglich an den Flugplatz kommen.
Fitch: Okay.
Haynes: Wenn wir das Ding in den Sand setzen müssen, setzen wir es in den Sand. *[Zum Copiloten]* Gehen Sie an den Funk und sagen Sie ihnen, es wird noch ungefähr vier Minuten dauern.
Copilot: *[An Approach]* Wir brauchen noch ungefähr drei oder vier Minuten, wie es aussieht.
Haynes: Bordsprechanlage, Bordsprechanlage ... Sagen Sie den Passagieren, [sie sollen die Brace-Position einnehmen].
Flugingenieur: *[Über die Bordsprechanlage]* Es sind noch vier Minuten bis zum Aufsetzen, vier Minuten bis zum Aufsetzen ...
Approach: United Zwei Zweiunddreißig Heavy, roger. Können Sie dort eine Straße oder so etwas finden?
Copilot: Wir versuchen es. [Wir wechseln unsere Höhe] noch immer irgendwo zwischen zweitausend [Fuß] und fünfzehnhundert Fuß, in Wellen.

Fitch: *[Zu Haynes]* Wohin wollen Sie?
Haynes: Rechts, rechts, rechts. Wir müssen nach –
Fitch: [Der] Flugplatz ist da unten. Ich sehe ihn.
Haynes: Ich sehe ihn noch nicht.
Copilot: Sobald es nach unten geht, gehen wir wieder zurück ... Okay, jetzt können Sie sie hochbringen. Da ist der Flugplatz.
Approach: United Zwei Zweiunddreißig Heavy, der Flugplatz liegt ungefähr achtzehn Meilen südöstlich von Ihrer Position, ungefähr auf Kurs zwei zwanzig, aber wir werden Sie zunächst in den Süden, von der Stadt weg bringen müssen. Wenn Sie den Kurs eins achtzig halten können ...
Copilot: *[An Approach]* Wir versuchen es, versuchen es hinzubekommen.
Fitch: Wenn ich Sie auf ungefähr zweihundert Knoten halte, bekomme ich anscheinend genügend Kontrolle ...
Approach: United Zwei Zweiunddreißig Heavy, wenn Sie eine Straße oder irgend etwas, worauf Sie möglicherweise landen können, finden könnten.
Haynes: *[An Approach]* Okay, wir sind auf Kurs einhundertachtzig Grad. Was wollen Sie jetzt?
Approach: United Zwei Zweiunddreißig, wenn Sie die Höhe halten können, wird der Einsachtzig-Kurs für rund sieben Meilen gut sein.
Haynes: Okay, wir versuchen zu wenden. *[Zu Fitch]* Vorwärts, gehen Sie in eine Linkskurve, links ...
Fitch: Überhaupt keine Linkskurve [möglich].
Haynes: Überhaupt keine Linkskurve?
Fitch: Ich werde Ihnen eine geben.
Copilot: Okay, jetzt ist es –
Haynes: Zurück, zurück, zurück, zurück ... vorwärts, vorwärts, vorwärts ... Wird das nicht eine lustige Landung? Zurück ... *[Lacht.]*
Approach: United Zwei Zweiunddreißig Heavy, können Sie diesen Kurs halten, Sir?
Copilot: Ja, wir sind jetzt eine kleine Weile drauf.
Approach: United Zwei Zweiunddreißig Heavy, roger. Der Kurs wird

Sie im Moment fünfzehn Meilen nach Nordosten vom Flugplatz bringen. Wenn Sie ihn halten können, setzt er Sie auf etwa drei Meilen Endanflug.
Copilot: Okay, wir geben ihr Power.
Haynes: Ich sag' Ihnen was. Ich werde Ihnen das verdammte PC [Piloten-Zertifikat] ausstellen, falls wir das schaffen ... sobald wir das geschafft haben. Halten Sie den Kurs wenn möglich. ... Das ist gut. Nach links. Helfen Sie mir, nach links zu fliegen, damit wir wissen, was sie macht. Zurück, zurück, zurück ...
Approach: United Zwei Zweiunddreißig, der Flugplatz liegt im Augenblick bei zwölf Uhr und eins drei [dreizehn] Meilen von Ihnen entfernt.
Copilot: Okay, wir halten nach ihm Ausschau.
Haynes: Vorwärts, vorwärts, vorwärts ...
Copilot: Zwölf Uhr und dreizehn Meilen. Wir müssen runter, aber ...
Fitch: Erfragen Sie die Flugplatzhöhe.
Haynes: *[An Approach]* Wie hoch ist die Flugplatzhöhe noch mal?
Copilot: Tausendachtzig.
Approach: Äh, elfhundert Fuß, eintausendeinhundert ...
Haynes: Okay, danke.
Fitch: Gehen wir runter. Wir müssen es sanft sinken lassen.
Haynes: *[An Approach]* Wir gehen jetzt ein bißchen runter. Wir haben ein bißchen mehr Kontrolle über das Höhenruder.
Approach: United Zwei Zweiunddreißig Heavy, roger. Der Flugplatz liegt im Moment von Ihnen aus auf ein Uhr, eins null [zehn] Meilen.
Haynes: Lassen Sie es sinken, lassen Sie es sinken ...
Kabine: *[Ächzen; Ausschnaufen.]*
Fitch: Ich habe die Landebahn, wenn Sie nicht ...
Haynes: Tu' ich nicht ... Komm wieder, komm wieder.
Fitch: Sie ist dort rechts.
Copilot: Da rechts. Mal sehen, ob wir [eine Sinkrate von] fünfhundert Fuß in der Minute halten können.
Approach: United Zwei Zweiunddreißig Heavy, wenn Sie den Flugplatz nicht erreichen, Sir, gibt es eine Interstate, die von Nord nach

Süd verläuft, im Osten des Flugplatzes. Es ist eine vierspurige Interstate.

Fitch: Sehen Sie? Wir haben [den] Tower genau auf ein Uhr unten [in Sicht] ...

Haynes: *[An Approach]* Wir fliegen gerade über sie [die Autobahn] weg. Wir versuchen es mit dem Flugplatz. [Zu Fitch] Ist das da rechts die Landebahn? *[An Approach]* Wir haben die Landebahn in Sicht. Wir haben die Landebahn in Sicht. Wir haben die Landebahn in Sicht. Wir werden gleich bei Ihnen sein. Herzlichen Dank für Ihre Hilfe.

Fitch: Bringen Sie sie jetzt auf Sinkflug ... Langsamer werden.

Copilot: Oh, Baby.

Fitch: Langsamer werden.

Haynes: Sagen Sie ihnen [den Passagieren], daß wir in zwei Minuten landen.

Approach: United Zwei Zweiunddreißig Heavy, der Wind ist im Augenblick aus drei sechs null auf eins eins drei sechzig mit elf. Sie sind freigegeben zur Landung auf irgendeiner Bahn ...

Haynes: *[Lacht.]* Roger. *[Lacht.]* Sie nehmen es ganz genau und nennen das eine Landebahn, häh?

Flugingenieur: *[Über die Bordsprechanlage zu den Passagieren]* Zwei Minuten.

In der Passagierkabine beginnen die Stewardessen den Passagieren zuzurufen, sie sollen die Köpfe senken. Die Erste Stewardeß ruft Kommandos.

Fitch: Wie ist der Wind?

Haynes: *[An Approach]* Geben Sie bitte den Wind noch einmal durch.

Approach: Der Wind kommt aus null eins null mit eins eins ...

Copilot: Ja, wir wollen jetzt runtergehen.

Fitch: Ja, ich kann die Landebahn sehen, doch ich muß sie unter Kontrolle halten.

Copilot: Ziehen Sie es ein wenig zurück.
Haynes: Versuchen Sie uns in eine Linkskurve zu fliegen.
Copilot: Linkskurve, gerade ein Haar breit, Al.
Haynes: *[An Approach]* Okay, wir reden alle drei gleichzeitig. Geben Sie ihn [den Wind] noch einmal durch.
Approach: Null eins null mit eins eins, und da ist eine Landebahn, die geschlossen ist, Sir, die könnte vermutlich für den Süden gehen. Sie verläuft von Nordwesten nach Südosten.
Haynes: Wir sind sehr gut auf der Linie von der hier ...
Fitch: Ich ziehe die Spoiler [Speed Brakes] beim Aufsetzen.
Haynes: Ziehen Sie die Bremsen gleichzeitig mit mir.
Approach: United Zwei Zweiunddreißig Heavy, roger, Sir. Das ist eine geschlossene Landebahn, Sir, das wird gehen, Sir. Wir schaffen das Gerät von der Bahn. Sie [die Rettungseinheiten] werden sich an der aufstellen.
Haynes: Wie lang ist sie?
Approach: Sechsundsechzighundert Fuß, sechstausendsechshundert. Rettungsmannschaften kommen raus.
Haynes: *[Zur Crew]* Ziehen Sie den Schub zurück. Das ist gut. Ziehen Sie den linken [Schubhebel] zurück.
Copilot: Den linken zurückziehen.
Approach: Am Ende der Landebahn ist nur offenes Feld.
Cockpit, nichtidentifizierte Stimme: Linker Schubhebel, linker, linker, linker, linker ...
Cockpit, nichtidentifizierte Stimme: Gott!
Kabine: *[Aufschlaggeräusch.]*

Ende der Aufzeichnung.

Die Erste Stewardeß beschrieb den Aufschlag in der Passagierkabine später als »ein[en] Wind, der über ein Feld bläst und das Gras niederdrückt«. Alle Passagiere hielten die Köpfe nach unten. Einige Passagiere hoben vor dem Aufprall die Köpfe, und die Stewardessen schrien sie an, die Köpfe unten zu lassen. Während des Auf-

schlags herrschte ein »unglaublicher Lärm«, wie die Erste Stewardeß erzählte. Sie beobachtete, daß zwei Staufächer an der Decke aufzuklappen begannen, und sie spürte, wie ein Feuerball durch die Kabine raste. Der Feuerball kam an der linken Seite der Kabine entlang und ging auf dreiviertel des Weges über die Erste Stewardeß hinweg, und wenige Sekunden später kam das Flugzeug zum Halten. Die Stewardeß preßte sich mit gesenkem Kopf in den Sitz. Unter Schwierigkeiten gelang es ihr, den Sitzgurt zu lösen. Sie glitt nach unten und erhob sich inmitten von Flugzeugteilen, doch sie konnte gerade stehen. Sie sah einen Mann vor sich liegen, dessen Knöchel in einem Spalt des Wracks eingekeilt waren. Sie befreite ihn. Sie sah einen Lichtspalt und hörte Passagiere sagen, da sei eine Öffnung. Sie ging zu der Öffnung und begann, die Passagiere nach draußen zu schieben. Sie meinte, der Teil des Flugzeugs vor ihrem Klappsitz in der Ersten Klasse sei verschwunden. Es gab »keine Türen ... nichts Wiedererkennbares«. Sie sah grauschwarzen Rauch aus der Kabinenmitte kommen. Er »wirbelte, rollte nach vorne«. Sie stieg aus dem Flugzeug in ein Maisfeld und rannte von der Maschine weg. Sie versuchte einen freien Fleck zu finden, auf dem sie die Überlebenden sammeln konnte, doch da der Mais sehr hoch stand, konnte sie keine freie Fläche entdecken. Sie fing an, die Maispflanzen platt zu treten. Sie entdeckte einen Steward, der benommen wirkte.
Flugbegleiterin Nummer zwei erinnerte sich, daß die Maschine so auf den Boden aufgeschlagen sei: »Ein metallisches Kreischen zurück und vor und zurück und vor, und die Lichter gingen aus und wieder an.« Eine Menge Sachen wurden »herumgeschleudert«. An mehr konnte sie sich nicht erinnern. Sie war beim Aufprall nicht angeschnallt gewesen. Man fand sie mit Schmutz in Mund und Nase in einem Areal, in dem andere Personen nicht überlebt hatten. Sie war schwerverletzt.
Flug 232 setzte auf der Schwelle und links vom Mittelstrich auf der geschlossenen Landebahn 22 auf. Als erstes berührte die rechte Tragflächenspitze den Boden. Das rechte Hauptfahrwerk riß unter

dem ersten Aufschlagspunkt den Beton auf. Die Maschine schleuderte von Landebahn 22 und überschlug sich dann. Der Hauptrumpf kam auf dem Rücken in einem Maisfeld zwischen Landebahn 17 und Taxiway L zum Stehen. Er besaß noch beide Tragflächen, wenn auch der größte Teil der rechten abgebrochen war. Der Schwanz war beim ersten Aufprall abgebrochen; er schlitterte und trudelte die Landebahn entlang und blieb auf Taxiway L liegen.

Der Hauptrumpf und der Schwanz kamen 3650 Fuß hinter der ersten Aufschlagstelle zum Halten.

Ein Passagier, ein sechsunddreißigjähriger Mann, der vor dem Aufprall die Brace-Position eingenommen hatte, beschrieb ihn später als ein bißchen härter als eine normale Landung. Doch der zweite Aufschlag war »so hart, daß ich meinte, ich würde das Sitzpolster durchbohren«. Es gab eine »gewaltige« Explosion, und er wurde auf seinem Sitz herumgeworfen. Die Lichter gingen aus. Die Lichter des Notausstiegs im Boden flackerten, bevor sie ganz erloschen. Er sah Rauch und es herrschte ein »fürchterlicher Gestank«. Er wurde von anderen Passagieren, die aus ihren Sitzen fielen, getroffen. Aus den Ablagefächern flogen Koffer nach unten. Er erhob sich von seinem Sitz und lief an der Decke entlang durch eine Öffnung im Rumpf nach draußen.

Kurz vor dem Aufprall setzte eine fünfundzwanzigjährige Mutter ihren dreiundzwanzig Monate alten Sohn auf den Boden und deckte ihn mit einem Tuch zu. Sie quetschte zwischen seinen Kopf und die Kabinenwand ein Kissen, dann nahm sie die Brace-Position ein und hielt ihren Sohn mit einer Hand auf dessen Beinen und der anderen Hand auf dessen Brust nieder. Die Maschine berührte den Boden und kippte nach rechts. Sie hörte Metall kratzen, und Schmutz und Kunstoffteile wirbelten um sie herum. »Mein Sohn flog in die Luft, und ich schaffte es, ihn um die Taille zu packen«, sagte sie später. »Er schlug mehrmals mit dem Kopf auf, bevor das Flugzeug zum Halten kam, und einige Male mußte ich ihn zurückziehen, da er meinem Griff entglitt.« Als die Maschine anhielt,

lag sie auf dem Rücken, und sie hielt noch immer ihren Sohn fest. Als sie ihren Sitzgurt löste, fiel sie auf die Decke der umgedrehten Kabine. Sie landete auf der Schulter, und ihr Sohn schlug mit dem Kopf auf. Ein Mann, der neben ihr saß, half ihr aufzustehen und stieß sie nach vorne zu dem Loch im Rumpf, durch das andere Passagiere die Maschine bereits verließen. Sie ging barfuß durch Kunststoffteile und Gepäckstücke. »Als ich ausstieg«, sagte sie, »sah ich nach rechts und erblickte eine ältere grauhaarige Frau, die noch in ihrem Sitz angeschnallt war. Ich zeigte der Person hinter mir mit ausgestrecktem Finger die Frau, doch diese bewegte sich nicht.«
An Bord von Flug 232 hatten sich zweihundertsechsundneunzig Passagiere und Besatzungsmitglieder befunden. Einhundertfünfundachtzig Menschen überlebten das Unglück, darunter auch sieben Stewardessen und drei Cockpitmitglieder. Einhundertzehn Passagiere und eine Stewardeß kamen ums Leben.

Glossar

ACARS: Air-to-ground Communication and Reporting System. Ein Kommunikationssystem zwischen Cockpit und Boden, das Nachrichten auf einem Display anzeigt oder auf einem Drucker ausdruckt. Über ACARS erfährt die Cockpitbesatzung unter anderem die Gatenummern von Anschlußflügen, die sie dann vor der Landung an die Passagiere weitergeben kann.

ADF: Automatic Direction Finder. Anzeige für den an Bord installierten automatischen Peiler.

Air Traffic Control: Oberbegriff für die Vielzahl von Flugsicherungsdiensten.

Anzeigepanel: Auch Annunciator Panel. Amaturenbrett, das mittels Kontrollämpchen vor technischen Unregelmäßigkeiten warnt.

Approach: Anflugkontrolle.

APU: Auxiliary Power Unit. Eine Turbine mit Generator, zumeist im Heck des Flugzeugs untergebracht, für die Erzeugung von Elektrizität und Hydraulikdruck, wenn die Hauptmotoren abgeschaltet sind.

Autopilot: Computersystem, das die Maschine automatisch fliegt, bei Beeinflussung der Flugrichtung durch Wind korrigierend eingreift und das Flugzeug horizontal wie vertikal auf Kurs oder auf dem Leitstrahl hält. Es wird beim Start so programmiert, daß es bis zum Ende des Fluges die Steuerung übernehmen kann; es dirigiert mit seinen Daten den Flight director.

Before-Landing-Checkliste: Checkliste, die vor der Landung verlesen wird, um sicherzustellen, daß alle notwendigen Einstellungen vorgenommen wurden, z.B. daß das Fahrwerk ausgefahren ist und dies durch drei grüne Lichter bestätigt wird.

Blackbox: Bei Flugunfalluntersuchungen ist mit der Blackbox ein Kästchen gemeint, das den Cockpit Voice Recorder und den Flight Data Recorder enthält.

Bleeds: Luftschächte, über die erwärmte Luft aus einem Düsentriebwerk in die Passagierkabine geleitet wird um diese zu beheizen, einen Druckausgleich darin herzustellen und um die pneumatischen Systeme zu betreiben. Wenn die Bleeds im Triebwerk offen sind, werden diese Systeme mit Luft versorgt.

Braceposition: Körperhaltung, die Passagiere bei einer Notlandung einnehmen sollen; sie sollen sich mit nach unten gebeugtem Kopf quasi in Hockstellung begeben.

Cross feeds: Ventile, die die Umverteilung von Treibstoff zwischen den einzelnen Tanks regeln.

CVR: Cockpit-Voice-Recorder.

Departure: Abflugkontrolle der Flugsicherung.

Dispatch: Abfertigungsabteilung einer Fluggesellschaft.

DME: Distance-Measuring Equipment. Zeigt auf einem Display die Entfernung von einem VOR- oder einem ILS-Strahl auf einem Flugplatz an.

Fahrenheit: In angelsächsischen Ländern gebräuchliche Meßskala für die Temperatur. Zum Beispiel sind 32° F = 0° C; 50° F = 10° C; 70° F = 21,1° C.

Fan: Die vorderen Stufen des Verdichters in einem Düsentriebwerk.

FDR: Flight Data Recorder

Flaps: Landeklappen; Einrichtungen an der Hinterseite der Tragfläche, die deren Auftrieb beim Start und vor allem bei der Landung verstärken. Wenn im Text von »Klappen« die Rede ist, sind diese Flaps gemeint.

Flight director: Ein Gerät, das die Rohdaten verarbeitet und den perfekten Flugkurs berechnet. Der Flight director nimmt Anweisungen vom Autopilot entgegen, einem Computersystem, das das Flugzeug vom Start bis zur Landung kontrolliert.

Fuß: Ein Fuß entspricht 0,305 Metern; Höhenangaben werden in der Luftfahrt in Fuß gemessen.

g: Gravitation, Erdanziehungskraft (9,81 m/sec).

Gallone: 3,785 Liter.

Gleitpfad: Flugweg auf entsprechender Höhe und richtigem Kurs für eine sichere Landung, die Anflugslinie auf eine Landebahn im Rahmen des ILS.

Go-around: Durchstarten, wenn eine sichere Landung unmöglich wird.

GPWS: Ground Proximity Warning System. Warnt durch optisches und/oder akustisches Signal, wenn das Flugzeug ungewollt und irregulär zu niedrig fliegt.

Heavy: Zusatzbezeichnung im Funkrufzeichen für ein größeres Flugzeug, gewöhnlich für eine dickbauchige Boeing 747, DC-10 oder L-1011 verwendet, aber in einigen Fällen auch für eine DC-8, deren Startgewicht mehr als 25 000 Pounds beträgt.

Hydraulik: Das System (Hydraulikflüssigkeit unter Druck), das die beweglichen Einrichtungen (Höhenruder, Seitenruder, Querruder, Flaps etc.) bewegt.

ILS: Instrument Landing System, Instrumenten-Landesystem.

INS: Inertial Navigation System, Trägheitsnavigationssystem.

Klappen: siehe Flaps

Knoten: Nautische Meilen pro Stunde.

Leitstrahl oder Landekurssender: Ein elektrischer Strahl, der die Mittellinie der Landebahn anzeigt und zum ILS gehört.

LNAV: Lateral Navigation. Moderne Flugzeuge wie die Boeing 767 verfügen über LNAV- und VNAV-Funktionen. Mit LNAV wird ein Flugzeug automatisch horizontal navigiert. Das VNAV steuert die Maschine automatisch in vertikaler Richtung. Beides sind computergesteuerte Systeme.

Mach: Geschwindigkeit im Verhältnis zur Schallgeschwindigkeit.

Meilen: Nautische Meilen; eine Meile entspricht 1,852 km.

Microburst: Sonderform von Windscherungen. Microburst entsteht, wenn eine fast senkrecht nach unten gerichtete Windböe beim Auftreffen auf den Boden in alle Richtungen auseinanderströmt.

NTSB: National Transportation Safety Board, Nationales Amt für Transportsicherheit.

Outer Marker: Ein Instrumentenlämpchen und ein Warnton im Cockpit zur Anzeige des Endanflugs, wodurch die Piloten erfahren, daß sie in die Endphase des Anflugs eingetreten sind oder sich auf dem Gleitpfad befinden; gehört zum ILS. Der nächste ist der Middle Marker, der etwa 200 Fuß über Boden erreicht wird. Bei manchen Anflügen gibt es auch einen Inner Marker.

Positiv: Positive Steigrate. Beim Start muß, bevor das Fahrwerk hochgezogen werden kann, durch eine Anzeige der vertikalen Geschwindigkeit eine positive Steigrate bestätigt werden, die die Steighöhe in Fuß angibt.

Pound: 0,453 kg.

Purser: Oder Purserette; Chefsteward bzw. Chefstewardeß.

Rotieren: Die Flugzeugnase während des Startvorgangs von der Bahn heben, sobald die abhängig vom Gewicht der Maschine erforderliche Geschwindigkeit erreicht ist.

RPM: Revolutions per minute; Drehungen pro Minute.

Seitenruder-Ratio: Begrenzt den Umfang der Seitenruderkraft, die bei hoher Geschwindigkeit angewendet werden kann. Das Ratio ist kleiner bei großen Höhen und größer bei niedrigen, insbesondere wenn das Flugzeug landet.

Sinkrate: Gibt an, wie schnell das Flugzeug nach unten sinkt.

Slats: Vorflügel, Einrichtungen an den Vorderseiten der Tragflächen, die letzteren zusätzlichen Auftrieb geben und zumeist zusammen mit den Landeklappen oder Flaps agieren.

Speed Breakes: siehe Spoiler.

Spoiler: Geräte an den Tragflächenspitzen, die nach dem Aufsetzen ausgefahren werden, um den Auftrieb an den Tragflächen zu stoppen. Spoiler werden manchmal auch im Flug eingesetzt, um das Flugzeug zu »bremsen« und die Flughöhe zu reduzieren; in diesem Fall werden sie Speed brakes genannt.

Squawk: Sekundärradar der Flugsicherung mit kodiertem Echo.

Stall: siehe Strömungsabriß.

Stick shaker: Eine Warneinrichtung in Zivilflugzeugen, die die Steuersäule in den Händen des Piloten wortwörtlich rüttelt und auf diese Weise vor einem bevorstehenden Strömungsabriß warnt.

Strömungsabriß oder Stall: Die Fluggeschwindigkeit, bei der die Tragflächen nicht mehr genug Auftrieb haben, um einen Absturz der Maschine zu verhindern. Um aus einem Strömungsabriß herauszukommen, muß die Maschine ausreichend Höhe haben, damit sie wieder die entsprechende Geschwindigkeit erreichen kann; dazu wird die Flugzeugnase abgesenkt und zusätzlicher Schub gegeben.

Taxiway: Verbindungswege zwischen den Landebahnen.

Transponder: Ein elektronisches Gerät an Bord von Flugzeugen, das ein Signal an das Radar der Flugsicherung und anderer Maschinen sendet und dabei seine Identifikationsnummer und zumeist auch die Flughöhe sowie manchmal die Richtung des Flugzeugs angibt.

Vektoren: Kompaßkurse, die von der Bodenkontrolle ausgegeben werden.

V 1: Die Geschwindigkeit während des Starts, bei der ein Pilot entscheiden kann, ob er das Flugzeug auf der Startbahn zum Halten bringt, falls ein Triebwerk ausfällt, oder ob er abhebt und das Ende der Landebahn mit fünfunddreißig Fuß überfliegt.

V 2: Die Geschwindigkeit, bei der das Flugzeug auch mit nur einem Triebwerk weiter steigen kann, falls ein Motor in dieser kritischen Flugphase ausgefallen sein sollte.

V rotate: Der Punkt, an dem das Flugzeug eine ausreichend hohe Geschwindigkeit hat, um die Nase von der Startbahn heben zu können.

VFR: Visual Flight Rules, Sichtflugregeln.

VOR: Very high frequency Omnidirectional Radio range. Ein Funkfeuer, das sich in Form radialer Speichen in einem 360-Grad-Rad beschreiben läßt; eine alte Navigationshilfe.

Windscherungen: Luftströmungen, die bezüglich Richtung und Geschwindigkeit von dem allgemein gerade vorherrschenden Wind abweichen.

Danksagung

Ich möchte mich bei Ted Lapactkiewicz, dem stellvertretenden Direktor für öffentliche Angelegenheiten des Nationalen Amts für Transportsicherheit NTSB (National Transportation Safety Board) in Washington, D. C., für seine Hilfe mit dem vorliegenden Material bedanken, ebenso bei dem Ersten Offizier Bryan Reich von American Airlines, der das Manuskript mit dem kritischen Auge des Profis geprüft hat.